TACTICS OF FAMILY ASSETS

家族财富攻守道

恒天睿信家族办公室团队
编著

经济日报出版社

图书在版编目（CIP）数据

家族财富攻守道 / 恒天睿信家族办公室团队编著
. —北京：经济日报出版社，2020.4
ISBN 978－7－5196－0667－1

Ⅰ. ①家… Ⅱ. ①恒… Ⅲ. ①家族一私营企业一企业管理一财务管理一研究一中国 Ⅳ. ①F279.245

中国版本图书馆 CIP 数据核字（2020）第 051326 号

家族财富攻守道

编　　著	恒天睿信家族办公室团队
责任编辑	陈　悦
责任校对	徐建华
出版发行	经济日报出版社
地　　址	北京市西城区白纸坊东街 2 号 A 座综合楼 710（邮政编码：100054）
电　　话	010－63567684（总编室） 010－63584556　63567691（财经编辑部） 010－63567687（企业与企业家史编辑部） 010－63567683（经济与管理学术编辑部） 010－63538621　63567692（发行部）
网　　址	www.edpbook.com.cn
E － mail	edpbook@126.com
经　　销	全国新华书店
印　　刷	北京鑫瑞兴印刷有限公司
开　　本	710×1000 mm　1/16
印　　张	19.25
字　　数	226 千字
版　　次	2020 年 4 月第 1 版
印　　次	2020 年 4 月第 1 次印刷
书　　号	ISBN 978－7－5196－0667－1
定　　价	88.00 元

序言一

让世界看见中国家族力量

2020年，是我国全面建成小康社会和“十三五”规划收官之年，我国要实现第一个百年奋斗目标。70余年，中国经济和国家实力创造了震惊世界的“中国速度”！与中国速度相匹配的是中国私人财富的增长速度，历史的机遇赋予了一批批勤劳智慧的中国人实现财富自由的机会。

2020年，是恒天财富创业的12周年，恒天财富的今天得益于改革开放的时代机遇，得益于国泰民安的大好环境。奋斗未有穷期，行者永不止步。从寂寂无名到声势大盛，从单一产品线到3000余只常年在线产品，从资产配置专家到美好生活守护者，从社会发展惠利者到社会公益践行者，恒天财富创业以来，已走过千山万水，未来我们仍将激流勇进。

2020年，是我个人金融从业的第25个年头，对于我而言最大的收获是与客户相伴成长的过程。在财富管理的背后我看到的是一个个鲜活的以中国企业家为代表，“中国奇迹”创造者艰苦奋斗的故事，他们是我的客户，更是我的良师益友，他们的创业精神不断地激励着作为恒天财富管理者的我求新求变。他们有血有肉，有喜有悲，有激情也有焦虑。他们相信时势造英雄，他们也担心“单纯靠运气赚到的钱最终都将凭实力亏回去”。我一直做的就是要帮助这些曾经的“中国奇迹”的创造者继续用财富投资中国的未来，投资世界的未来，让靠“运气”赚到的钱成为“聪明”的钱。

然而当市场环境越来越复杂，监管政策趋严，创富的一代逐渐老去，我们发现财富管理已不再仅仅是让钱生钱的故事。他们曾经的创富故事有多辉煌，当下的财富焦虑就有多凸显。刚性兑付打破，如何避免投资踩雷？选择不做什么？又选择做什么？企业经营风险加剧，如何进可攻退可守，构建家企隔离防火墙？接力传家，人类历史上规模最大的财富转移运动如何平稳过渡？

这些问题不仅是单个客户的焦虑，而是这个时代给每一个创富者出的考卷，这份考卷关系到他们未来财富命运的转向。如果财富管理是一座城池，恒天财富创业的这 12 年重点为客户做的就是不断进攻，开疆拓土，然而在当下我们看到了客户新的需求，我们希望帮客户做的是攻守结合，稳固疆域。

我更深知，以企业家为代表的中国高净值人群的财富攻守之道，不仅是关系着一个个中国家庭的奋斗故事，更关系到改革开放 40 余年来的成果能否顺利传承。家族是人类的基本生存形态，是人类社会的细胞，家庭生活形态蕴藏着人类社会发展的密码，家族传承不仅是家事，也是社会发展的基石。

习近平总书记说：“生逢其时，也重任在肩。”一代人有一代人的担当，一代人有一代人的责任。如何打造能传世百年的家族，续写中国经济发展的奇迹，让世界看见中国家族力量？恒天财富作为一家独立第三方财富管理公司，12 年来服务的高净值人群超 10 万。他们是改革开放的受益者，而这批客户家庭如何顺利实现财富传承，是否有机会诞生百年中国家族，续写中国经济发展的奇迹？我希望恒天财富能有机会助客户家族一臂之力，同时也承担起时代赋予我们的使命。

经过内部反复思索讨论，借鉴海外先进模式，我们决定组建家族办公室团队，2016 年 7 月 10 日，恒天财富家族办公室正式开业。4 年来，家族办公室经营模式在不断转型摸索，其中也有艰难挣扎期，从产品销售为导向到客户服务为导向的转型不是一件简单的事，但好在我们一直坚守着情怀和初心。我们选择了一条正确的路，剩下的只有坚持。吴晓波曾说："新的世界露出了它锋利的牙齿，要么被它吞噬，要么骑到它的背上。"而在家族办公室行业，我想恒天财富正在打开一个新世界。

值此恒天财富创业 12 年之际，感恩时代，感恩一路同行的客户朋友，感恩每一位恒天的奋斗者，带着时代的新命题，我们聚力各团队专家智慧及实战经验，献上《家族财富攻守道》。谨以此书为我国全面建成小康社会，实现第一个百年奋斗目标献礼！向"中国奇迹"的创造者们及其家庭致敬！祝愿祖国富强昌盛，祝愿每一个中国家庭安享盛世！

恒天财富

周斌

2020 年 1 月 北京

序言二

坚守家族办公室的情怀和初心

作为恒天财富家族办公室的负责人，首先，我很欣喜我们的团队越来越壮大，也越来越成熟。可能很多读者朋友还不太了解我们的团队，我们的团队全称叫作“恒天睿信家族办公室”，诞生于恒天财富平台，定位于服务超高净值家族客户。

恒天睿信家族办公室因何而来?

恒天财富成立以来，随着财富管理行业的发展和展业经验的逐步积累，我们的董事长周斌总意识到，依赖传统的金融产品销售，难以维持在财富管理行业中的领先地位，要想成为行业的领头人，需要有更多的创新和更长远的布局。于是，在 2016 年这一具有里程碑意义的一年里，恒天财富同时创建了恒乐会和家族办公室，以服务为理念，分别从两个角度满足超高净值客户的需求，恒乐汇的定位是高净值客户的私享俱乐部，为客户提供高端的订制活动、丰富的圈层人脉资源等增值服务；而家族办公室的定位是满足这个层级客户资产保值增值及家族发展方面的需求，实现高端客户高端体验。

2016 年上半年可以说是我们团队的萌芽时期，当年的 7 月 10 日，恒天财富家族办公室正式成立了，到如今已经走过了 4 个年头，恒天家办创立的初衷是打破产品导向、销售导向的业务模式，以服务核心。在当时国内家办对销售佣金的依赖仍较强的背景下，恒天家办是为数不多的定位于从超高净值客户的需求角度出发提供服务的团队。

当然，我们也走过艰难的创业期，成立之初至 2017 年上半年我们仍然没有完全摆脱产品的影子，主要提供的服务是全权委托形式的全资产配置投资。随着 2017 年中私募基金管理人分类备案新规的出台，出于合规的考虑，同时也经过对国内金融产品的详细调研和考察，我们于当年下半年开始与信托公司合作，主推家族信托，家族信托在资产隔离和财富传承方面的优势确实是十分显著的。

然而，2018 年四季度，我们的董事长周斌对家办的业务提出了一些疑问，周斌认为恒天财富创设家族办公室的初衷是打破产品导向、销售导向的业务模式，而目前的家办业务有向“卖产品”模式回归的趋势。家族信托架构是信托公司搭建的，而恒天家办扮演的是投资顾问的角色，在业务实践的过程中，卖产品思维又逐渐占据了主流，回首我们的初衷，恒天家办的创设初心便是告别“产品导向”。

于是，经过多番思索后，2018 年底，恒天家办全面升级服务体系，同时也明确了我们更独立的服务定位，以“恒天睿信家族办公室”的新身份服务客户。

转型以后新的问题又来了，我们发现，新的服务模式和服务内容对恒天财富的客户和理财师来说都是无比陌生的，过去大家的认识仅停留在金融产品销售层面上，我们转型了，他们也得跟着从认知上转型才行。其实我们有很多理财师已经意识到延续传统的产品销售模式已无法服务如今的超高净值客户了，具备更全面、更综合的知识才能真正成为客户的私人财富管家，但对于如何转型他们很困惑，来找我问能否推荐一些专业书籍让他们学习一下。当然，也有客户提出同类的需求，我曾见过一个客户，白手起家创立了家族企业，虽然过去的打法是比较粗犷的，但是他已经认识到未来的市场是知识的市场，老一辈的做法是无法在新市场、新环境中立足的，于是他提出让孩子多学习金融方面和家族事务方面的知识，不用钻研到很深的程度，有概念、有了解，不会被人轻易的忽悠就可以了，这对以后的实业经营是很有帮助的。

这种时候我确实觉得比较为难，展业以来，我们也研读了许多市场上的书籍，我们发现虽然市场上的同类书籍并不少，但两极分化也比较明显，有的著作是产品营销的思路，专注于某一类型的传承工具，例如我们常用的传承工具——家族信托、保险；有的书籍则偏向于专业问题的深度探讨，少有书籍专门面向普通客户或者销售人员提供专业的解答。于是，我们开始萌生一个想法，写一本书，一本让没有任何专业基础的人就能轻轻松松看懂的书，把专业的工具说的通俗、晦涩的名词说的直白就是我们这本《家族财富攻守道》的初衷。

从 2019 年初萌生了这个念头以后，我们的团队就开始紧锣密鼓地准备书籍内容，经过无数次的团队调研和探讨，我们整理了展业过程中理财师和客户问得最多的问题和答案，形成了这本书，与其说是一本专业著作，不如说是面向非专业人士的 Q&A。历经一次次的修改，写完了以后交给普通的非专业人士阅读提意见，终于完成了全书的撰写，希望本书能成为广大读者朋友们的工具之书。

综上所述，欢迎读者们的交流、批评和指正，可以通过书中提供的联系方式联系我们，将由来自各专业领域，平均从业近20年的专家团队为您答疑解惑。

家族办公室在中国的发展历史较短暂，作为年轻的恒天睿信家族办公室，许多地方我们仍有不足之处，但我们坚守做国内领先的本土化家族办公室的情怀和初心，在这个过程中，我们也在不断学习和提升，感谢大家的关注，大家的鼓励和信任是我们前进的动力。

恒天家族办公室

郁隽

2020年3月

前言

攻守有术道自清

自 2013 年至今，“家族传承”四个字似乎已经成为中国财富管理行业炙手可热的显学，无论是什么行业，都有意无意地想把这四个字带入业务范畴。可惜的是随着时间的流逝，有需求的企业家至今所接收到的信息，大多仍然是传承的理论及“重要性”，至于如何做、怎么做的实务方法，得到的信息大多稀少且破碎。

另外一方面，国内高净值人士无论身份、资产性质、资产所在地，都已经不再局限于国内，所以涉及资产规划的实务，涉及各国的法律税务，更需要加上冲突法及英美衡平法的应用，这些细节如果要了解透彻，绝非一蹴可成。

因此，如何写一本可让企业家及从业人员作为实务运用基础参考的书籍，就成为本书作者群对自身的一个期许。

因为资产规划涉及的问题与方案是一种综合性的应用与排

列组合，因此作者群花了许多时间讨论如何呈现才能清楚地介绍给读者。最终决定书的内容分为“攻”与“守”两大部分。

顾名思义：“攻”就是投资获取收益的方式，书中从房产、保险到REITs、FOF等各种角度简单直接地分析投资模式；而“守”就是资产保护的模式，读者可以读到针对婚姻、继承、资产、税务等不同的问题及解决方案。

每一章节的思路也非常简单：全书采用一种主题搭配一个案例，以客户咨询问答的标准场景，将较硬的理论与知识点，简化为通俗易懂的口语，读者可以依照自身状况，寻找类似的案例参考。

在此要提醒读者一个注意点：每个需要“传承”的读者，都有自己的一本故事。当人的身份、资产性质、资产所在地、需要达到目的都有所不同的时候，整个解决方案是会产生化学变化的，所以千万不要认为把几个案例解决方案加在一起就是答案。本书“全球资产规划之三”的章节，就可以简单说明这样的变化。

匆促付梓之际，内容恐仍有疏漏，也恳请各位读者不吝随时赐教斧正。如果有更进一步问题，也可以扫描书内二维码与作者直接互动。透过这种主动/被动的综合讯息渠道，冀望能对读者有实际的帮助。

目录

CONTENTS

第一部分

守

第一篇

安排明白家族财产

个人名下的住宅应该如何传承

案例：

李太太是当地有名的房姐，早年购入大量的住宅用于出租，现李太太年事已高，子女3人均已成家立业，考虑到百年以后房子终归是要传承给子女，李太太开始规划如何选择一个合理的方式来传承不动产，从而避免家庭纠纷以及尽量减少传承成本。

1. 不动产常见的传承有哪些方式？

在家族财富传承中，大量财富是以住宅、商铺等物业形式存在的，总体来说，不动产的传承可以采用交易转让、无偿赠与（生前）、继承（去世后）等方法实现，也可以通过家族信托传承的方式完成。

交易转让是指父母与子女达成合意，订立房屋买卖协议，并依法在房地产交易中心进行不动产变更登记的交易行为。买卖双方在交易过程中须提交《房地产登记申请书》《房地产买卖合同》、申请人身份证明、房地产权属证书、契税完税或减免税凭证、国有土地使用证等材料。交易过户是一种程序规范、税费清晰的生前传承方式。交易过户需要缴纳的税种主要包括：契税（买方缴纳）、增值税及附加（卖方缴纳）、个人所得税（卖方缴纳）、印花税（双方，暂免）等税种。在实务中通过家族信托传承不动产的方式实质上属于交易过户，因为目前的实际操作，需要先通过交易转让将不动产出售给信托公司，才能完成信托财产的置入。

无偿赠与是赠与人将赠与物无偿给予受赠人，受赠人表示同意的法律行为。赠与行为一般以签订、履行赠与合同的形式完成。在不动产传承过程中，父母或长辈将住房无偿赠与给子女或晚辈也是很常见的。但是，根据相关法律法规的要求，不动产在办理赠与过户手续时，必须出具经公证机关公正的相关材料。

继承过户是在被继承人去世以后，继承人根据法定继承或遗嘱继承对被继承人的不动产进行分割的行为。交易过户和赠与过户发生在不动产所有权人生前，而继承过户必然发生在不动产所有权人去世之后。依据有无遗嘱，继承过户又分为有遗嘱的继承过户和无遗嘱的继承过户。根据有效的公证遗嘱进行继承过户时，继承人须向房产交易部门提交《房地产登记申请书》、被继承人死亡证明、该套房屋的产权证明或其他凭证、被继承人与法定继承人亲属关系的证明文件、身份证明、公证遗嘱等材料。根据相关法律法规规定，法定继承过户可享受契税、增值税和个人所得税的免税政策，其主要的费用是按一定比例征收的遗嘱公证费。

通过交易、赠与和继承过户进行代际的财富传承各有利弊，需要根据不动产所有权人的状况与房屋本身的具体情形做出理性选择，也需要考量和家族相关的各种综合因素。

2. 这三种传承方式在税收上都有什么差异，哪种传承方式税收成本最低？

我们来总结一下常见的传承方式相关税费及优惠政策，详见下表：

税种	继承（去世后）	无偿赠与（生前）	交易转让
增值税及附加	免	√（受赠人符合条件免）	√（有条件免）
个人所得税	免	√（受赠人符合条件免）	√（有条件免）
印花税	√（区域减半征收）	√	免
契税	√（法定继承免）	√	√

通过继承来传承不动产，增值税及附加、个人所得税可享受免税政策，印花税需要缴纳，但在很多区域有减半征收的优惠政策，契税在法定继承的情况下可以享受免税政策。注意，并非所有的继承都可以享受契税免税政策，我们强调法定继承，根据《中华人民共和国继承法》规定的法定继承人（包括配偶、子女、父母、兄弟姐妹、祖父母、外祖父母）继承土地、房屋权属才可以免征契税。而非法定继承人根据遗嘱承受死者生前的土地、房屋权属，属于赠与行为，应征收契税。

无偿赠与在符合一定条件下可以享受增值税及附加、个人所得税的免税政策，免税条件主要依据赠与人和受赠人的关系，要求两者之间的关系为配偶、父母、子女、祖父母、外祖父母、孙子女、外孙子女、兄弟姐妹、对其承担直接抚养或者赡养义务的抚养人或者赡养人。

交易转让的方式目前印花税免税，但增值税及附加和个人所得税在大多数情况下需要征收，免税政策主要和不动产的状况相关，如满五年且唯一的住宅可以享受个人所得税免税政策，若住宅位于非北上广深的城市且满两年可以享受增值税及附加免税政策。

在如何选择税收成本最低的传承方式角度，我们要考虑不动产本身的状况和拟传承对象的情况，建议大家从以下几方面考虑：

（1）持有期限，2年、5年都是一些关键的时间点，注意这个标准是如何确定的，一般是按照取得不动产登记证的日期，或者契税缴纳开票的日期，按照孰先原则。

（2）准备传承的是第几套房，是否唯一住房会对税收成本产生影响。

（3）房屋面积，90平方米以上还是以下，普通还是非普通住房等，都会对转让过程中的交易成本产生影响。

（4）拟传承对象的身份，若选择通过生前无偿赠与的，被赠与人是否为直系亲属、抚养赡养义务人，不同的传承对象在获得不动产时的成本和手续存在差异，在某些情况下非直系亲属之间的赠与成本可能比交易转让的成本更高。

（5）拟传承对象的房产持有情况，未来若房产税开征，拟传承对象通过受赠获得的不动产可能会对其自身整体的税负水平产生影响。

（6）不动产所在地税收政策，我们可以看到大多数情况下法定继承取得成本是最低的，但通常我们在传承不动产的时候要考虑的因素往往非常多，不仅限于单次转让的税收成本；传承方式可能会对受赠人的其他持有成本和财产的分割同样产生影响。

3. 如果通过继承的方式来传承的税收成本远低于无偿赠与和交易转让，是不是通过继承就是最好的传承方式呢？

不尽然，通过继承进行传承可能会存在以下问题：

（1）法定继承中多继承人存在导致继承手续繁琐

若存在多继承人，需共同继承或其他继承人放弃继承权，在共同继承的情况下，若房屋产权由其中一个继承人取得，其他继承人应按照继承房屋的部分产权，由产权取得人折价后以现金形式给付现金补偿。同时，根据我国继承法的规定，第一顺序继承人为配偶、子女、父母。第二顺序继承人为兄弟姐妹、祖父母、外祖父母。当继承开始后，由第一顺序继承人继承，第二顺序继承人不继承。没有第一顺序继承人继承的，由第二顺序继承人继承。这里所述的子女，包括婚生子女、非婚生子女、养子女和有扶养关系的继子女。父母，包括生父母、养父母和有扶养关系的继父母。兄弟姐妹，包括同父母的兄弟姐妹、同父异母或者同母异父的兄弟姐妹、养兄弟姐妹、有扶养关系的继兄弟姐妹。

（2）通过遗嘱继承的方式传承遗嘱的效力备受争议

如果被继承人通过遗嘱指定的方式进行不动产的传承，可能会因为遗嘱效力的问题引起纠纷，现实中很多案例已经带给大家警醒，在此情境下遗嘱的法律效力尤为重要。一般情况下，自书遗嘱或代书遗嘱的真实性经常会引发争议，公正遗嘱要优于前两者，但若将多份意思表达不一致的公证遗嘱分别交由多人保管，依旧会引起不小的争议，导致传承过程中的家庭纠纷。

（3）遗产税开征引发的财富缩水风险

目前我国尚未开征遗产税，但是遗产税一旦开征，即会对不动产的传承带来较大的冲击，从海外遗产税开征的情况来看，这一税收负担将会引发传承过程中资产的巨大缩水。同时，不动产由于无法即刻变现的问题，可能引发继承人无足额现金缴税，从而丧失继承资格的风险。

4. 担心通过继承方式来传承引发的一系列风险，是不是通过无偿赠与来传承就比较好呢？

也不尽然，通过无偿赠与（非继承）传承可能存在的问题：

（1）过早的赠与可能引发的房产税负担

根据目前我国房产税的进程，房产税的开征已经迫在眉睫，我们参考上海市房产税试点的政策，免征起点为60平方米/人，若子女家庭本身资产已超过60平方米/人，超出的面积将会被列入房产税的征税范围，若房产税实际出台后实行累进税率（即面积越大税率越高），那么无疑名下持有过多的不动产将会产生较高的税负，此时应综合评价所有家族成员的税负水平，进行合理持有。

（2）赠与不动产导致后续买房成为二套、三套

正常房地产交易，无论是税负水平还是银行贷款比例都和买方本身的房屋持有情况和买房历史相关，受赠人通过受赠持有房产，当受赠人再次购买房产时可能会成为二套甚至三套以上，通过分析无偿赠与的各项税收优惠我们发现，在无偿赠与过程中无论是法定继承还是非法定继承，均与受赠人本身的房产状况无关，和被赠与资产的状况也无关，那么当受赠人本身也有购置不动产的需求时，先买后赠无疑可以在一定程度上降低税负水平。

（3）由于婚变和债权债务纠纷引起的资产分割

受赠人获得不动产后即成为其个人资产，那么其个人由于债权债务纠纷和离婚所导致的财产分割，都将对所传承的不动产带来影响，在离婚关系中，根据我国的婚姻法，继承或赠与所得的财产，归夫妻双方共同所有，但遗嘱或赠与合同中确定只归夫或妻一方的财产除外；若赠与亲属时未对不动产做出任何说明，该不动产的赠与即属于其婚内共有财产，因此，在赠与时应考虑通过赠与合同的书立强调此事项。

不动产的传承是一个集法律、税务和家庭关系于一体的综合课题，每一个家族在传承时都要综合考虑其各方面的影响因素，找到最适合的传承方式。

如何规避婚姻中的夫妻共同债务风险

案例：

王先生与王女士相濡以沫20余年，王先生创业小有成就，王女士40岁全职太太。王先生遇到李女士后产生婚外情，并有一非婚生子，王先生向王女士提出离婚。王女士看婚姻无法挽回，心灰意冷同意离婚。王女士原认为先生创业多年，财富积累不少，股权、房产、现金，自己至少可以分得1000万元，可保证今后生活无忧。但王先生提出，这两年生意非常难做，房产、股权等都对外抵押为公司债务担保，并拿出与刘总、长总等人签署的借款协议。王女士大吃一惊，没想到人到中年，不但被离婚，难道还要被负债吗？

她来到家族办公室咨询，问道："如果真的离婚，先生欠的债，我需要一起还吗？听说最近出台了一个新婚姻法司法解释，说是要共债共签，我先生对外的借款协议上我又没有签字，是不是不用还呢？"

1. 夫妻本是同林鸟，有债临头一起背？

根据《中华人民共和国婚姻法》（以下简称《婚姻法》）第四十二条："离婚时，原为夫妻共同生活所负的债务，应当共同偿还。"也就是只要认定为夫妻共同债务，双方都有偿还的义务。在婚姻关系存续期间夫妻双方共同签字，或者一方签字，另一方追认的债务，都属于夫妻共同债务。这类情形都很好理解。但让无数女性寝食难安的问题是在不知情的情况下，一方所负债务是否会被认定为夫妻共同债务呢？

（1）曾经的婚姻法 24 条为何饱受争议

如果本案发生在 2018 年 1 月 18 日前，根据婚姻法司法解释 24 条，一方所负债务推定为夫妻共同债务，除非夫妻一方能够证明此为个人债务。也就是说，债权人向法院起诉要求夫妻承担还款责任，如果夫妻一方没有办法证明这是一方的个人债务，债权人就可以向夫妻中的任何一方要求承担连带还款责任。那什么是个人债务呢？一是债权人与债务人约定为个人债务，二是夫妻间有婚内财产协议，约定分别财产制，且债权人明确知道的。

著名的小马奔腾案让公众对婚姻法 24 条的威力之大有了直观认识，小马奔腾创始人李明的遗孀金燕女士因“夫妻共同债务”，已被一审法院判决要在 2 亿元范围内承担连带清偿责任。修正前的婚姻法 24 条让众多女性不幸遭遇渣男后，感情没有了，伤心又伤钱，夫妻共同债务可谓是婚姻中的最大的雷区，一不小心，人财两空。

（2）最新的婚姻法司法解释三是否有望让女性告别“被负债”

如果本案发生在 2018 年 1 月 18 日后，根据最高院《关于审理涉及夫妻债务纠纷案件适用法律有关问题的解释》第三条规定：“夫妻一方在婚姻关系存续期间以个人名义超出家庭日常生活需要所负的债务，债权人以属于夫妻共同债务为由主张权利的，人民法院不予支持，但债权人能够证明该债务用于夫妻共同生活、共同生产经营或者基于夫妻双方共同意思表示的除外。”简言之，一方所负债务只要超出了家庭日常所需的，就会被推定为不属于夫妻共同债务，除非债权人能够证明该债务用于夫妻共同生活、生产经营或者基于夫妻共同意思表示的。媒体纷纷解读，婚姻法 24 条终于被废止了，女性将告别“被负债”的极端案例。

最高院新司法解释真的让女性可以避免掉入共同债务“雷区”吗？

答案是不一定。新司法解释仅是对举证责任做了重新分配，如果债权人能够证明债务为夫妻共同生产经营，则女性仍有可能掉入被债务陷阱。而对于共同生产经营的认定则是一个较为模糊的概念，在新司法解释颁布后，浙江省高院《关于妥善审理涉夫妻债务纠纷案件的通知》（以下简称《通知》）指出，有证据证明“举债用于举债人单方从事的生产经营活动，但配偶一方分享经营收益”可以考虑认定为夫妻共同债务。因此，对于王女士而言，如果该案发生在浙江，如债权人提出了合理的证据证明王女士在举债期间与先生分享了经营收益，则仍旧很有可能被认定为夫妻共同债务，要求承担连带清偿责任。在其他省市法院会如何判决，我们不得而知，但可以肯定的是浙江省高院《通知》是有导向性作用的。另外，浙江省高院《通知》中还指出“单笔举债或对同一债权人举债金额在 20 万元（含本数）以下的”可以认定为夫妻共同债务，也给了我们一个参考标准。

在本文撰写修订的过程中，也就是在婚姻法司法解释三出台的一年后，小马奔腾金燕案终审判决已正式公布，金燕女士仍以败诉告终，意味着她在先生去世后承担了 2 亿元债务的连带责任。新司法解释并没有如媒体预期般给主人公带来转机，举证责任的调整并未实质性改变夫妻共同债务认定的标准。对于金燕在不知情的情况下“被负债”，债权人举证证明该债务用于夫妻共同经营，最终法院根据金燕在先生去世后就入主公司成为董事长、此前即是海外控股公司的董事等证据，认为该公司是由夫妻共同经营的。而金燕此前一直声称她自己并不知道公司的经营状况，甚至连海外控股公司中担任董事协议是何时签署的都不记得，而这些无力的反驳显然是无法影响判决的。而除了金燕之外，现实中有多少妻子作为先生公司挂名的股东或者董事，实际完全不参与经营，只在家相夫教子，想想结婚真是件严肃谨慎的事，不对另一半做个资产及风险评估，还真是不知道是不是“入坑”了。

2. 如何规避婚姻中的夫妻共同债务风险?

曾经，当企业家谈婚论嫁，大多数人考虑的都是婚姻风险隔离，要防止辛苦打拼的企业外流。而如今，我们发现当婚姻涉及财富时，除了强势的一方要多考虑些风险，弱势一方也不得不小心谨慎夫妻共同债务风险。难道婚姻在财富面前，似乎只剩下算计？其实，当我们真正通过工具方法隔离风险的时候，隔离的也是财富的诱惑，让感情变得更加纯粹。

（1）在婚姻中留一份安全资产

不管是夫妻感情好，一方患难与共而“不得不被负债”，还是夫妻感情破裂，一方不想“被负债”，为自己，更为家庭，女性都需要在婚姻中留下一份安全资产，也就是不要把所有财产都放在夫妻名下。特别是企业家太太，对于先生的企业经营的具体状态可能不是特别了解，如果先生冲锋在前，太太更需要为家庭、为企业提前做好经营风险隔离，也为自己做好共同债务风险隔离。安全资产可以通过家族信托、代持、赠与、保险等诸多方式实现，但不同的方案各有利弊，需结合自身具体情况定制。

（2）“不得不签”的婚内协议

另一种共同债务的隔离方式就是婚内协议，通过签署婚内财产协议，明确企业股权及增值属于一方婚内个人财产（债权人明确知晓）。这种情况在融资时较常见，投资人往往会要求创始人签署《配偶同意函》，“土豆条款”，以保证企业股权结构的稳定性。对于配偶来说，常常是处于“不得不签”的境地，感觉是对配偶满满的敌意。但其实权利义务是一致的，作为婚内个人财产的股权产生的债务，也就不存在共同债务问题，说不定这看似满满敌意的“土豆条款”，最终有可能在企业危机关头保全另一半，也保全家庭，同时为翻身重振留下腾挪的空间。当然，如果一方觉得自己有净身出户的可能，夫妻双方也可在私下另行签署一个婚内财产协议，但该协议就不具有对抗第三人的效力，但可以避免配偶同意函所带来的“零和游戏”的困扰，真正走到一拍两散的地步，私下签的协议多少可以平衡下原配偶同意函，不至于满盘皆输。如果感情没有了，至少不要伤心又伤财。

家有孤独症儿童可以提前做哪些安排

案例：

王老和李阿姨早年创业老来得子，生下儿子小王，全家都非常期待。但不幸的是，小王2岁之后家人逐渐发现他一直无法正常交流，特别容易狂躁焦虑，后经多方诊断，小王原来是患有自闭症。自闭症儿童又被称为来自星星的孩子，自闭症是目前医学界尚无法完全治愈的疾病之一。在孩子小的时候，王老和李阿姨重心一直扑在如何能让孩子康复上，他们参加了各类自闭症儿童自助团体，经过音乐疗法等方式，小王病情得到了控制。现在小王已经15岁，可以进行简单的生活自理，但仍无法与人交流，无法理解稍复杂的社会活动，王老和李阿姨也从过去的无法接受、痛苦自责到如今心怀感恩。2018年，王老突发脑中风去世，李阿姨伤心至极，身体也越发不如从前，不禁开始为孩子和自己的未来做打算。如果自己也老糊涂了，小王该怎么办？如果自己过世之后，小王又该怎么办？还有自己老了动不了了，谁来养自己？

每个孤独症家庭都面临着两大终极难题。一个是人的问题，如何寻找合适的人来照顾孩子？另一个是财产的问题，留给孩子的财产如何能够安全地用在孩子身上。孤独症家庭在“人”与“财”上的保全和传承该如何运用法律、金融工具解决终极难题，让孤独症孩子即使在父母离去时也能过上有尊严的生活。

1. 终极难题之一：人的问题，余生谁来守护？

像李阿姨的担忧，的确是目前所有心智障碍子女家长都会面临的问题。当夫妻两人接受了老天的礼物，这个来自星星的孩子，在有生之年，倾尽心血呵护照顾他们。但他们的余生，谁来守护？

在没有做任何安排的情况下，如果父母不在了，或者父母自己也没有行为能力了，会发生什么情况呢？很明显，对于小王来说，他是心智障碍的孩子，属于无民事行为能力人，一旦母亲不在了，很可能出现无人愿意做监护人的局面，而李阿姨自己如果一旦患有阿尔茨海默症或者其他疾病丧失民事行为能力，则会出现需要有两个监护人分别照顾李阿姨和小王的情况。或者由于王老留给小王的家财颇丰，又会不会出现亲属因觊觎财产而争抢做监护人的情况呢？当然，如果自己没有事先考虑人身监护方面的安排，法律也会帮你做决定。按照《民法总则》第三十一条规定：“对监护人的确定有争议的，由被监护人住所地的居民委员会、村民委员会或者民政部门指定监护人，有关当事人对指定不服的，可以向人民法院申请指定监护人；有关当事人也可以直接向人民法院申请指定监护人。”第三十二条：“没有依法具有监护资格的人的，监护人由民政部门担任，也可以由具备履行监护职责条件的被监护人住所地的居民委员会、村民委员会担任。”虽然法律能为我们提供兜底性保护，但相信没人愿意自己孩子在法庭上面对亲人的推诿，或是最终由居委会作为监护人。对于特殊家庭，不管最终是协商或者是指定监护人，都会是一个漫长的博弈过程，而对于一个心智障碍的孩子或者老人来说，监护人缺位的每一天面临的可能都是常人无法想象的生存的挑战，没有监护人的签字，他们甚至都无法顺利住进养护机构，更不用说这期间对他们造成的身心伤害。

（1）意定监护，为自己守护余生

相信李阿姨是预见到了可能的结局，才会四处问询可能的解决方案。而在家庭财富管理领域中，当你预见并承认风险时，其实90%的财富保全的工作已经完成。对于自闭症子女家庭，首先是家长自己的人身风险，由于自闭症孩子的照料全部有赖于李阿姨，无法养儿防老，万一李阿姨年迈丧失了民事行为能力，谁来照顾他们？在李阿姨身体健康之时，如果选中了合适的人或者机构作为自己未来的监护人，并提前做好相应的协议及公证安排，这将解除王老家庭一个巨大的人身风险隐患。这份协议的安排就叫做意定监护协议。根据《民法总则》第三十三条："具有完全民事行为能力的成年人，可以与其近亲属、其他愿意担任监护人的个人或者组织事先协商，以书面形式确定自己的监护人。协商确定的监护人在该成年人丧失或者部分丧失民事行为能力时，履行监护职责。"

看似简单的制度安排，其实蕴藏着巨大的社会价值。当我们不再逃避每个人都会有老去的一天（丧失或部分丧失民事行为能力），仔细考虑谁是我们值得托付的人，当我们老了，监护人就可以挺身而出、有名有份为我们决定如何处分财产，决定如何养老，为我们在手术台上签字。而不是等待着命运的安排，当我们一无所知之时，由某机构指定的他人为我们做关系到生命尊严的一切决定。我们是在爱中被孕育诞生，我们也值得在意定之爱中走向终点，让自己决定生命的终局是一件多么美好的事情。

然而，值得注意的是，对于意定监护人来说，一定要时刻保持对委托人的关注，一旦发现委托人出现精神障碍等，建议及时到法院申请认定被监护人为无民事行为能力人，快速履行监护职责。因为从过往的案例中，如慈善家李春平案，我们可以看到在老人患病后，不排除会有身边的亲属利用老人，以老人名义签署协议处分财产。而在未被法院认定为无民事行为能力人之前的处分行为往往由于无充分证据证明委托人在交易时已丧失民事行为能力，法院大概率会认定为有效，而这对于意识已处于不清醒状态的委托人来说无疑是一个巨大的风险。

（2）委托监护，让爱时刻守护爱的人

通过意定监护安排为李阿姨自己做好了“养老”安排，如果李阿姨年老体弱，自己住进养老院，失去监护能力（注意非民事行为能力），小王怎么办呢？这时候委托监护就派上用场了。

根据《最高人民法院关于贯彻执行〈民法通则〉若干问题的意见（修改稿）》（以下简称《民通意见》）第二十二条：“监护人可以将监护职责部分或者全部委托给他人。因被监护人的侵权行为需要承担民事责任的，应当由监护人承担，但另有约定的除外；被委托人确有过错的，负连带责任。”民事责任。《中华人民共和国未成年人保护法》第十六条规定：“父母因外出务工或者其他原因不能履行对未成年人监护职责的，应当委托有监护能力的其他成年人代为监护。”委托监护是指父母在意志清醒时选择信任的人或者社会监护人组织，双方约定在未来发生意外情况如出现昏迷、丧失监护能力等情况时，他人作为监护人履行职责，照顾孩子。

因此，李阿姨可以为小王早做打算，提前签署好委托监护协议并做好公证，将部分或全部的监护职责委托给信任的人或机构，以备不时之需。需要提醒的是，在李阿姨没有丧失民事行为能力时，委托监护并不会取消李阿姨的法定监护职责及相应的责任。也就是说，如果小王在外万一闯祸需要赔钱，是由李阿姨承担赔偿责任，除非委托监护人因故意或重大过失导致的。当然，也可以根据需要，提前在委托监护协议中注明相关的权责关系。

在我们的实际生活中委托监护很常见，父母将子女委托给寄宿学校、抚养机构等都属于委托监护。李阿姨丧失民事行为能力也许是低概率事件，但年老体弱没办法事事亲力亲为却是大概率的，提前为孩子找到一个合适的养护机构，签署委托监护协议，尽可能详细约定相应的权责义务，不仅可以让李阿姨安享晚年，同时也让爱时刻守护在小王身边。

（3）遗嘱监护，让爱不留遗憾

很多自闭症家庭父母都希望“我不会老，孩子不要长大，当我 90 岁，他 60 岁，我照顾他到终老，这一辈子也就值了”。这也许是自闭症家庭最完美的结局，相依相伴终生。然而现实总是残酷的，我们都没有办法控制自己的生死。对于李阿姨而言，王老去世了，只剩她和小王相依为命，只有为孩子找到一个值得托付的监护人，她才能不留遗憾。通过遗嘱提前安排指定监护人，为孩子选择合适的养护机构，由监护人定期探望照顾孩子并支付抚养费用，这个方案可以说是孤独症家庭必备选项。而这个方案的法律依据是《民法总则》第二十九条：“被监护人的父母担任监护人的，可以通过遗嘱指定监护人。”

以上的监护方案，其中最大的难点是如何选择值得信任的监护人。意定监护协议本身虽然无法帮助孤独症家庭解决寻找合适监护人的问题，但却为更多机构成为取得监护资格带来了可能。按照我国法律规定，监护人的权利涵盖财产、人身各个方面，虽说所有的民事行为必须是基于被监护人利益考虑，但在现实中，由于被监护人无民事行为能力，监护人的不当行为是难被发现的。“白帝城托孤”般的监护责任不仅考验人性，也让监护人背负着道德压力，其他亲属可能会质疑是不是贪图被监护人的财产，从而让监护人的选择可能慎之又慎。可喜的是，机构受托人、社会监护组织在逐渐兴起，让心智特殊家庭有了新的监护选择，同时公证处也可承担起监督人的角色，以监督监护人履行职责。父母不再需要执着于在亲属间为孩子做选择，通过监护协议可以在更广的范围内寻找合适的监护主体。

2. 终极难题之二：留给孩子的财产如何安全用到孩子身上?

意定监护、委托监护、遗嘱监护都各自防范了不同阶段的心智障碍家庭的人身风险，但有一点根本性的问题并未解决，如果李阿姨留给了小王巨额的遗产，由某机构做监护人，而在同一个机构内涉及多个心智障碍孩子时，如果有某个孩子的监护财产全部花光了，会不会出现“搭便车”的可能。孩子都是无辜的，用公益慈善的力量让这些孩子继续生活也是理所应当。但是，当监护人拥有巨额财产的处分权时，不管是个人还是机构，道德风险的确是不容忽视的问题。如何平衡和制约监护人的财产处分权利，是心智障碍家庭需要更深入考虑的问题。

李阿姨可以在生前提前设立一个家族信托，将部分现金类资产装入家族信托，让自闭症孩子和自己作为受益人，定期分配收益，同时委托人和监护人分别签署意定监护、委托监护、遗嘱监护协议。如果自己和孩子丧失了民事行为能力，监护人则可行使监护权，处分受益人的财产，用于支付抚养机构费用和被监护人的日常开支。如此一来，由于信托财产持续增值，可以让委托人及子女生活、医疗都有所保障，同时，信托收益为定期分配，监护人无法控制全部的资产，有效地降低了监护人的道德风险，并且监护人行使监护权也无心理压力。

来自星星的孩子，他们是这个世界特别的存在，他们和我们一样值得好好活着。以爱守护不但要发自内心，更需要通过精妙的法律架构安排来平衡人心深处的另一面，四位一体的架构设计——“意定监护 + 委托监护 + 遗嘱监护 + 家族信托”，能够让各方形成相互制衡的效果。实际上，“监护协议 + 家族信托”的组合不仅适用于孤独症家庭，这个法律与金融工具的组合同样是其他心智障碍家庭、独居老人等群体在“人”与“财”上的保全与传承的标配。

孤独症家庭“人”与“财”的保全与传承矩阵图

阶段	焦虑点	解决方案
第一阶段	父母年纪大了腿脚不方便，自己没办法照顾孤独症孩子	与养护机构签署委托监护协议，父母仍是法定监护人
第二阶段	父母丧失民事行为能力，没办法照顾自己，也没办法照顾孤独症孩子	意定监护解决父母本人监护问题，委托监护解决孩子的照养问题
第三阶段	父母去世，孩子无人照顾	遗嘱监护解决父母去世后孩子监护问题，家族信托对意定监护人的财产管理权形成制约，减轻意定监护人的心理负担及道德压力

如何通过遗嘱传承资产

案例：

李老先生和太太两人有一子一女，但是儿子婚后跟二老关系不好，几乎断绝往来，夫妻二人全部靠女儿一家赡养。李老先生在八十岁生日当天，当着老伴和女儿一家的面写下一份遗嘱，自己去世后的所有遗产包括现金五十余万、房产三套都留给女儿，儿子一分钱都拿不到。两年后，李老先生因病去世，当女儿去房产中心要求过户时，交易中心的人要求所有法定继承人都在场并且同意，儿子小李听说后前来要求分割遗产，发现父亲在自己不知情的情况下曾立过遗嘱，便主张遗嘱无效，要求获得自己应有的继承权。双方争执不休，儿子小李一纸诉讼将自己的老母亲和姐姐告上了法庭。

1. 遗嘱有那么多问题，还要不要立遗嘱?

很多人认为，看过很多立了遗嘱但是最后被认定无效的案例，当事人满足传承的意愿不仅没有得到满足，还经历了复杂的诉讼程序以及付出的资金、人力成本，这么麻烦倒不如不立遗嘱。其实这种说法是不正确的。

在没有做传承安排的情况下，遗产继承会按照法定继承的顺序来执行。《中华人民共和国继承法》(以下简称《继承法》)，第十条继承人范围及继承顺序规定："遗产按照下列顺序继承：第一顺序：配偶、子女、父母。第二顺序：兄弟姐妹、祖父母、外祖父母。继承开始后，由第一顺序继承人继承，第二顺序继承人不继承。没有第一顺序继承人继承的，由第二顺序继承人继承。本法所说的子女，包括婚生子女、非婚生子女、养子女和有扶养关系的继子女。本法所说的父母，包括生父母、养父母和有扶养关系的继父母。本法所说的兄弟姐妹，包括同父母的兄弟姐妹、同父异母或者同母异父的兄弟姐妹、养兄弟姐妹、有扶养关系的继兄弟姐妹。"如果家族内部存在矛盾，法定继承一般很难满足被继承人的意愿，因此需要通过传承工具来提前安排。

在传承工具的选择上，虽然目前传承的方式有很多，每种传承工具都各有所长，但遗嘱却是适用性最广也最简单的传承方式。遗嘱与保险、家族信托等其他传承工具相比，它不仅没有起点金额的限制，也没有资产种类的障碍，现金、股权、不动产、古董字画等所有财产都能包含在内，是最为灵活方便的工具。在生前不可能将所有的财产都装入家族信托中，保险也只能做到现金类别并且对年龄有限制，目前情况下股权、不动产、艺术品等传承存在障碍，而遗嘱作为所有传承工具中兜底的一种方式，可以解决家族信托或保险中没有囊括进去的资产，也可以灵活安排做到定向传承。所有的传承工具应当相辅相成，各取所长，来满足不同的传承意愿。

同时，不能因为遗嘱有被挑战的可能性便因噎废食否定遗嘱作为最基础传承工具的重要性。著名相声大师侯耀文因为没有在生前订立遗嘱，导致其家人因财产分配问题产生分歧。国画大师许麟庐手写遗嘱悬挂于家中客厅，去世后儿子对遗嘱的真实性产生质疑，与 90 余岁的老母亲和兄长对簿公堂，虽然前后经历了长达 5 年的诉讼，但最后被法院认定遗嘱有效，21 亿遗产之争尘埃落定，最终达成了许老的遗愿。因此，遗嘱虽然有被挑战的可能，但只要遗嘱是真实有效的，经过裁决还是能够最大程度地按照被继承人的意志来执行。

2. 怎么立一份有效的遗嘱?

既然遗嘱也是必不可少的传承工具之一，那么什么样的遗嘱才算是一份有效的遗嘱?

（1）遗嘱形式

遗嘱一般分为五大类：公证遗嘱、自书遗嘱、代书遗嘱、录音遗嘱和口头遗嘱。《继承法》第十七条规定：“公证遗嘱由遗嘱人经公证机关办理。自书遗嘱由遗嘱人亲笔书写，签名，注明年、月、日。代书遗嘱应当有两个以上见证人在场见证，由其中一人代书，注明年、月、日，并由代书人、其他见证人和遗嘱人签名。以录音形式立的遗嘱，应当有两个以上见证人在场见证。遗嘱人在危急情况下，可以立口头遗嘱。口头遗嘱应当有两个以上见证人在场见证。危急情况解除后，遗嘱人能够用书面或者录音形式立遗嘱的，所立的口头遗嘱无效。”

其中，公证遗嘱是经过国家公证机关公证的遗嘱，其法律效力在所有形式的遗嘱中是最高的，最能有效地体现立遗嘱人处分生前财产的意思表示，也是最为推荐的遗嘱形式，这样其他非遗嘱继承人在挑战遗嘱效力时难度要大得多。

本案李老先生立的遗嘱属于自书遗嘱，自书遗嘱必须要由立遗嘱人亲笔书写签名并注明年、月、日，订立方便，不需要见证人，是目前最常见的遗嘱方式。但现实很多遗产继承诉讼案件中，非遗嘱继承人为了推翻遗嘱效力，会对立遗嘱人在立遗嘱时的行为能力、遗嘱内容的真伪等方面提出质疑，容易造成遗嘱被认定为无效。《继承法》第二十二条规定：“无行为能力人或者限制行为能力人所立的遗嘱无效。遗嘱必须表示遗嘱人的真实意思，受胁迫、欺骗所立的遗嘱无效。伪造的遗嘱无效。遗嘱被篡改的，篡改的内容无效。”因此，建议在自书遗嘱时进行录音录像来佐证遗嘱的有效性。

（2）遗嘱内容

首先，遗嘱的内容必须要合法，不能违反法律强制性的规定，不得违反社会公共利益和社会道德。《继承法》第十九条特留份规定：“遗嘱应当对缺乏劳动能力又没有生活来源的继承人保留必要的遗产份额。”也就是说，如果遗嘱中取消了缺乏劳动能力又没有生活来源的继承人的继承权，会导致遗嘱该部分内容无效。其次，需要厘清遗嘱的遗产范围，必须是遗嘱人的合法财产，包括遗产的范围、名称和数量均要有所交代。第三，需要明确遗嘱继承人的财产归属、继承份额和执行方法。如果遗嘱中没有写明继承的份额，一般会被推定为均等享有继承权，由遗嘱继承人平均分配遗产。对于遗嘱中没有交代的遗产，一般会按照法定继承的顺序来处理。

（3）遗嘱见证人

遗嘱见证人是指证明遗嘱真实性的第三人，在代书遗嘱、录音遗嘱、口头遗嘱等形式中存在遗嘱见证人。遗嘱见证人不是任何人都能够胜任的，需要是与立遗嘱人、继承人没有利害关系的具有完全民事行为能力的人。《继承法》第十八条遗嘱见证人中明确规定："下列人员不能作为遗嘱见证人：（一）无行为能力人、限制行为能力人；（二）继承人、受遗赠人；（三）与继承人、受遗赠人有利害关系的人。"

本案中李先生自书遗嘱时在场的当事人只有李老太太和女儿一家，他们都是与遗嘱有利害关系的人，因此不能认定为遗嘱见证人。如果李先生在立遗嘱时通过录音录像的方式证明自己是自愿的、不被胁迫，并且神志清醒、具有完全民事行为能力，则会对验证遗嘱的真实有效提供保证。当然，最直接有效的方式是李先生去公证处进行遗嘱公证，强化遗嘱的法律效力。

3. 遗嘱继承和继承权公证是什么关系？

遗嘱继承在实践中面临的最大障碍是继承权公证。所谓继承权公证，是指所有法定继承人和遗嘱继承人均需要对遗嘱中的遗产分配方案表示认同。如果家庭本身存在矛盾，法定继承人对于遗嘱中的条款不满意，一般很难达成一致，会引发诉讼问题。同时，公证处在办理继承权公证时，会按照遗嘱金额收取公证费，这也是一笔不小的成本。尽管 2017 年后取消了房产过户强制继承权公证程序，但是按房产交易中心规范仍要求全部法定继承人到不动产登记机构进行继承材料查验。因此，如果涉及房产、股权等遗产仍然避免不了继承权公证这一关。

本案中的李先生一家因为遗产中包括了房产，难逃继承权公证这一问题，因此在儿子小李不认同遗嘱的情况下引发了诉讼。

家家有本难念的经，因遗产纠纷导致兄弟阋墙、亲人反目的事件屡见不鲜，在法定继承无法满足被继承人的意志时，遗嘱是最简洁、最灵活、最包容的财富传承安排方式，是作为所有传承工具中的兜底框架。在做传承规划时，应当考量当事人的所有财产类别、传承需求，综合配置各类工具取长补短，才能实现财富传承的最优化方案。

我的投资所得会不会被征税

案例：

王太太，全职在家负责家庭资产的投资，从 2008 年开始王太太就赶上了政策红利，在房地产市场还位于低点的时候买入了十几套住宅和几套商铺，现长期出租收租金盈利；闲来无事王太太也在家自己炒股票，这几年也赚了不少钱；同时，王太太还参股了一位好友的公司，成为了一个小股东，平时不参与经营管理，年底拿股东分红；除此以外，王太太的现金类资产还在金融机构购买了很多金融产品，在理财经理的建议下也做了分散配置，包括证券私募基金、股权投资基金都有持仓。王太太感觉年事渐高后，开始关心家族传承的问题，在朋友的建议下正在考虑以家族信托的形式来传承现金资产，但是，王太太最近听美国的亲戚说在美国投资收益都是要主动申报纳税的，王太太在中国好像从来没有为投资所得上过税，因此表示疑惑，这些投资的收益到底要不要上税呢？过去的投资行为会不会存在什么税收风险？

我们来分析一下王太太的投资所得，王太太的投资可以分成几个类型：不动产投资、股权投资、股票投资、金融产品投资，下面逐一分析这些投资到底要不要交税。

1. 王太太持有的不动产长期出租，租金收入要不要征税？

王太太持有住宅和商铺两种性质的不动产，其出租在优惠政策上有所差异，面临的税收种类有增值税、房产税、个人所得税。关于增值税，根据财税〔2016〕36 号文，自然人出租住房，按照 5% 的征收率减按 1.5% 计算应纳税额，自然人出租不动产（不含住房），按照 5% 的征收率计算应纳税额，王太太出租的不动产属于住宅和商铺的应分别适用于不同的增值税税率。关于房产税，依照房产租金收入计算缴纳的，房产税税率为 12%，但根据财税〔2008〕24 号文，对个人出租住房，不区分用途，按 4% 的税率征收房产税。王太太出租的住房和商铺分别适用不同的税率。关于个人所得税，个人出租房屋取得的租金收入应按“财产租赁所得”项目计算缴纳个人所得税，税率为 20%。但根据财税〔2000〕125 号文的优惠政策，对个人按市场价格出租的居民住房取得的所得，自 2001 年 1 月 1 日起暂减按 10% 的税率征收个人所得税。且根据新个税法由纳税人负担的租赁财产实际开支的修缮费用可以在一定限额内扣除，同时各地方还有关于出租住房个人所得税暂免等特殊税收优惠政策。

为什么王太太觉得从来没有为出租房屋收入上过税呢？因为在很长一段时间内，我国的个人出租房租金征税实操一直比较困难，出租房屋的行为常见是两个自然人之间的行为，若并未主动申报，税务局实质上很难判断该房屋是自用还是用于出租，但近年来随着个人持有不动产房产税的呼之欲出，各地税局都在加强相关房产租赁市场的监管，同时伴随着部分地区的落户相关政策，使得承租人和出租人不得不向不动产所在地房管局和税务局申报并纳税，从整体趋势上来说出租房屋收入的征税行为正在逐步规范。

从现行的税收政策来看，相较于机构持有和其他主体持有不动产，自然人持有并出租不动产确实是税收成本最低的形式，若王太太担心潜在的税收成本过高可能引发的风险，可以考虑降低不动产的持有量，转化成其他类型的投资。

2. 王太太是好友公司的股东，股东分红所得要不要征税？

根据我国《个人所得税法》，股东分红是需要按照利息股息红利所得缴纳个人所得税的，税率是20%，同时根据相关规定，利息、股息、红利所得实行源泉扣缴的征收方式，其扣缴义务人应是直接向纳税义务人支付利息、股息、红利的单位。因此正常情况下王太太获得的股东分红是已经完税了的，王太太大可不必担心。

3. 王太太自己在家炒股票，在股市中的盈利要不要征税？

股票投资所得涉及的税种有个人所得税和印花税，根据我国现行政策，目前境内上市公司股票、沪港通、深港通股票、非原始取得的新三板挂牌股票都是免征个人所得税的，但除了沪港通、深港通以外的境外上市公司股票、原始取得的新三板挂牌股票和限售股都是需要缴纳个人所得税的。在印花税方面，对买卖、继承、赠与所书立的A股、B股股权转让书据的出让方按1‰的税率征收证券（股票）交易印花税。内地投资者通过沪港通买卖、继承、赠与联交所上市股票，按照香港特别行政区现行税法规定缴纳印花税。在税收实务上，股票投资所得和股东分红所得一样，相关税费也会由证券交易机构代扣代缴，因此王太太炒股票的所得是税后的，也无需担心税收问题。

4. 王太太做的金融产品投资，买的证券私募基金、股权私募基金和家族信托要不要征税？

金融产品投资所得的个人所得税征收一直以来也是业内讨论比较多的问题，根据财税〔2002〕128号《关于开放式证券投资基金有关税收问题的通知》规定，对个人投资者申购和赎回基金单位取得的差价收入，在对个人买卖股票的差价收入未恢复征收个人所得税以前，暂不征收个人所得税。因为目前被法定免税的只有开放式证券投资基金，其他类型的金融产品，如股权类私募投资基金和家族信托，均不属于免税范围，股权类私募投资基金的纳税人为投资人，在此案例中若王太太是投资人，则纳税义务人为王太太，而家族信托中的纳税义务人为受益人，一般为王太太指定的家族信托结构里作为受益人的亲属在获得收益分配时产生纳税义务，但由于目前现行税法并没有要求受托人代扣代缴信托投资收益的个人所得税，因此，私募管理人和信托公司都不承担代扣代缴责任。

家族信托是什么

案例：

许总，60岁，曾经营实体企业，后来将企业卖掉，获得了大量现金。从那时起，许总开始投资各类金融产品和房地产，并积极参与股权项目，获益不菲。许总和太太结婚近四十年，感情稳定夫唱妇随，育有一子一女，皆已成家生子。许总心态开放，乐于探究新鲜事物，早年间便为家族成员购买了保险，目前在考虑利用家族信托进行财富的传承。

1. 家族信托是什么?

按照2018年银保监信托函［2018］37号文中的标准化定义，家族信托是指信托公司接受单一个人或者家庭的委托，以家庭财富的保护、传承和管理为主要信托目的，提供财产规划、风险隔离、资产配置、子女教育、家族治理、公益（慈善）事业等定制化事务管理和金融服务的信托业务。

用通俗的方式来讲，家族信托就是个保险箱，是高净值家庭未雨绸缪，为保护和传承自己家庭财富预先搭建起来的结构。作为保险箱，一方面是要足够安全，能够将家庭的财产与潜在的婚姻风险、传承风险、企业经营风险等隔离开来，接下来的几篇文章会对具体案例做出展示；而另一个特点就是有着独特的提取机制，只有手握钥匙、掌握密码的人，才能够从保险箱中取走财产，这在家族信托中体现为个性化的分配条款。无论是以年金的形式向受益人分配信托利益，还是采用触发性条款在特定的时间节点为受益人提供支持，抑或是设置激励 / 惩戒条款对家族成员的发展方向进行引导，委托人对于家族财富的各类传承规划都可以通过家族信托落地实现。当然，放在保险箱中的财产并不是沉睡的，家族信托在其存续期间可以通过合理的资产管理与投资配置，管控财富的流动性，确保收益与风险的合理匹配，实现资产的保值增值。

2. 家族信托的风险隔离有什么确切的保障？

作为一个大陆法系国家，一项业务在中国是否合法有效，法律的规定是最为有力的准绳。家族信托所依托的法律是我国 2001 年颁布实施的《信托法》，作为统领性的法律，对信托基本概念、法律性质、结构设计、隔离传承等方面都进行了规定。其中，《信托法》第十五条明文规定：信托财产与委托人未设立信托的其他财产相区别。这也从法律的角度明确了家族信托隔离效果的有效性。

自 2013 年我国首只家族信托产品成功设立之后，作为信托回归本源与金融发展创新的重要方向，家族信托受到监管机构的重视与推动。2018 年的银保监信托函［2018］37 号文中，更是对家族信托的定义、门槛、模式等进一步细化与规范。正是在法律、监管双重保驾护航之下，中国家族信托业务顺应着客户不断涌现的需求，正在蓬勃发展。包括银行、信托公司、券商、三方财富管理公司在内的各类金融机构纷纷依托自身特有的客户、产品或牌照优势，开展家族信托业务；律师、税务师、会计师作为专业机构人员，在家族信托的设立与运行阶段提供了专业支持；移民、海外医疗、高端养老机构等作为家族业务的有益延伸，为高净值客户的家庭提供了更为全面的服务。

3. 家族信托和普通的信托产品有什么区别？

从家族信托的定义中不难看出，家族信托本身特指以家族财富保障与传承为目的的事务管理类信托结构，与以往为高净值人群所熟知的投资类信托产品不同，家族信托的服务核心在于帮助客户实现财富风险的整体规划与管理，而非单纯的投资与增值。具体而言，通过搭建合理的家族信托结构，客户可以实现资产隔离保护、财富传承规划、资产配置管理、隐私信息保密、法律税务策划、社会公益慈善等多重功能，而这些都是集合类信托产品以及各类金融投资产品无法实现的。

4. 我想设个家族信托，我在里面是个什么角色？

通常来说，家族信托有三个基本角色，分别是委托人、受托人和受益人。

如果您准备设立一个家族信托，那么您的角色就是委托人。目前，家族信托的委托人通常是具有完全民事行为能力的自然人，当然也有少数以家庭作为委托人的家族信托。作为信托的设立者，您除了将自己合法的所有财产纳入信托结构外，还需要为家族信托订立运行规则，包括信托财产的管理方式、受益人人选与受益条件、信托财产分配规则、特定事件发生时的处理方式等。简单来说，您一方面给予家族信托财产之“血肉”，一方面赋予家族信托规则之“灵魂”，将家族信托塑造为可以独立自主运行的有机体。甚至在您百年之后，家族信托依然可以按照您的意愿，长期稳定的运行下去。

5. 谁来管理和执行我的家族信托？

设置好家族信托之后，信托财产就会成为独立于您个人的财产，接受您的财产托付、按照您制定的规则执行和管理财产的受托人是否能够尽职尽责，就至关重要。家族信托的受托人是具有完全民事行为能力的自然人或者法人，虽然目前司法判例和公证实践中已经出现了少数以自然人或者非信托机构作为受托人的案例，但由于信托公司作为受银保监会监管的金融机构，其牌照含金量高，运行和监管更为严格，因此，依然是国内家族信托业务受托人的绝对主流。受托人会按照信托文件的约定，本着诚实、信用、谨慎、有效管理的原则，以受益人的最大利益管理与处置信托财产。

6. 谁能从家族信托里面拿钱呢，这个有什么要求？

能从您的家族信托中获得财产分配的人被称为受益人。通常情况下，受益人是委托人的家族成员。委托人自己也可以作为受益人，但是为保障家族信托的风险隔离与传承的有效性，不建议委托人作为唯一的信托受益人。另外，委托人也可以设定受益人的认定条件，从而为尚未出生的潜在家族成员预留信托权益。

7. 家族信托里还有其他角色吗？

家族信托的可拓展性是很强的，除了上述三个基本角色，衍生出的其他角色还包括投资顾问、托管人、监察人等。

投资顾问：受托人在管理与处置信托财产的过程中，会涉及事务管理与投资管理两部分工作。所谓事务管理，主要指信托账目记录、信托资产收支等事务性工作，与投资并没有直接关联。而投资管理顾名思义，是指通过对信托财产进行投资，实现保值增值。实际展业过程中，很多信托公司会将投资管理工作交由专业的投资顾问来规划实施。投资顾问通常是专业的投资机构，会在遵循委托人对于信托财产的管理要求的基础上，平衡收益、风险与流动性需求，以分散化资产配置为原则，结合宏观市场的情况，在市场上遴选产品，形成合理的投资组合，并持续追踪组合的业绩，并适时对配置进行调整。

托管人：指信托项下货币形式信托财产的保管人，通常情况下为银行的托管部门。受托人在管理现金类家族信托时，通常会在银行的托管部门开设信托专户，该专户仅允许家族信托相关的款项进出，从而确保资金不会与委托人、受托人等角色的财产相混同，体现家族信托的独立性。

监察人：属于家族信托中非必要的角色，通常是委托人指定的，在信托运行过程中监督受托人和投资顾问，确保信托事务管理符合受益人最大利益的人。由于设定监察人的家族信托委托人意愿各有不同，监察人的职责和权限也千差万别，从监督受托人、投资顾问等角色是否诚实尽责的履行了相关义务，并在相关角色违约时向法院提起诉讼，到具备某些实质性权力，譬如对于相关角色的某些行为具有否决权，甚至具有更换受托人或投资顾问的权力等。委托人在设定监察人的时候，必须仔细考虑设定该角色的必要性，以及角色的权责范围，以确保家族信托结构的长期稳定。

8. 我手里有不少股权和房产，还有一些名家字画和古董，这些东西能否放到家族信托中？

当然是可以的。虽然目前国内的家族信托以现金类为主流，但是将其他类型的财产纳入家族信托框架下，本身并没有实质性障碍。以股权类家族信托为例，通过适当的结构安排，可以集中投票权，避免分散，明确家族对于企业治理的决策模式，梳理家族内部管理与家族企业管理方面的复杂问题，有助于家族避免日后冲突。另一方面，可以在家族内部形成良好的决策和利益分配机制，让有能力的家族成员掌舵家族财富，同时让整个家族的所有成员共享家族财富的利益。无论是股权还是不动产类的家族信托，因为涉及财产过户的问题，会产生相应的税费，也会受到当时当地政策的一些制约。至于以古玩字画等实物类资产作为家族信托财产的模式，

则需要甄选专业评估机构进行确真、确权、估值，聘请专业保管机构进行保存保管。在未来财产的处置方面，也需要针对不同类别的财产进行特别约定。

9. 家族信托是怎么收费的?

家族信托根据设立与管理的机构不同，收费方式也会有所差异。在设立环节，机构可能会按照固定金额或是信托财产的一定比例收取设立费用。信托运行过程中，受托人、投资顾问、托管银行通常会按照信托财产的一定比例收取年度管理费用。除此之外，部分投资顾问还会为客户设定业绩比较基准，当家族信托总体收益高于业绩比较基准时，按照一定比例对高出的部分收取超额业绩报酬。而当律师、税务师、会计师等专业机构人员为家族信托提供服务时，也会根据服务的性质与时长收取费用。

10. 听说在海外也能够设立家族信托，我到底应该在境内做，还是去境外做?

简单来说，海外家族信托是指在中国境外搭建的信托结构，用以持有和管理客户家族的各类资产。比较常见的海外家族信托设立地点有中国香港地区、新加坡，以及大家耳熟能详的各类海岛，比如开曼群岛、英属维京群岛、耿西岛、泽西岛、百慕大、库克群岛等。设立海外家族信托通常会选择具有相对健全的信托法律与丰富判例的国家和地区，另外一方面，因为每个设立地点的法律和税务要求都有所差异，因此在规划信托结构，设计委托人、受托人、受益人、保护人相关权责的过程中，需要结合个性化与合规性等多方面因素进行考量。与境内家族信托相类似，海外家族信托同样能够根据客户需要量身定制，帮助客户实现资产隔离保护、财富传承规划、资产配置管理、隐私信息保密、法律税务策划、社会公益慈善等多重功能，某些国家和地区由于拥有着特别的法律和税收规则，甚至可以帮助客户落地在国内无法实现的某些功能。当然，这要根据每位客户的具体情况来量身定制了。

客户应当在何处设立家族信托，主要由其家庭成员以及财产所在地决定。境外家族信托多以外币或境外资产设立，若基于目前的外汇管制情况，资金离境具有难度，那么针对国内资产需要隔离和传承的部分，我们建议在国内设立家族信托，对于客户已经在海外的资产，建议同时再设立海外家族信托。

境内、境外家族信托本身并无优劣之分，是互补而不是互斥关系，委托人应当从自身实际情况出发，根据需求选择合适的地点设立家族信托。不过，在设立境外家族信托结构时，为了有效适应境外与境内不同的法律税务环境，根据 CRS、FATCA 等法税要求的变化动态调整家族信托结构，进行规范合理的税务信息报送，有效监督受托人管理和执行情况。建议在境内选择值得信赖的专业服务团队，作为客户的“耳目”和“手杖”，辅助客户对境内外家族信托进行统筹监督与管理。

如何通过家族信托保障离异家庭的子女成长

案例：

张先生今年 41 岁，张太太 39 岁，两人早年间是同学，夫妻搭档白手起家共同创业，事业成功之余，感情亦算美满，育有一子一女，儿子今年 12 岁、女儿 10 岁。也许是共患难易、同富贵难，跨过了一

个七年之痒后，两人的关系开始逐步恶化，不仅是感情上开始互相猜忌，在公司经营甚至财务问题上也是纠纷不断，目前两人之间的信任与感情已经完全破裂，正在着手办理财产分割事宜，双方协商孩子抚养权归张太太，两人将在不久后协议离婚。张先生、张太太对孩子未来的成长以及两人的关系存在诸多担忧。

张太太：我有在担心没办法确保他每月付抚养费，我觉得这个人无论人品还是能力都有很大问题，对他毫无信任感。

这个问题确实存在着不确定性，根据我们国家的法律规定，两人结束婚姻关系后，对亲生子女仍然有抚养和教育的义务。对于普通家庭而言，通常抚养费定为按月总收入的20%-30%，您二位属于高收入人群，未必一定要遵循这个比例。具体付多少、按什么频率付、付多少年，需要根据二位商议的结果，通过离婚协议确定。正常情况下，给付子女抚育费的期限为18周岁。从法律上讲，孩子上大学后，法律便不会规定强制的抚养义务了，张先生也就可以选择不再支付了。

至于执行阶段，就要看张先生是否能够按照协议的内容按时打款了。现在因为没有按照离婚协议约定交付抚养费而造成的纠纷案例有很多，如果支付抚养费的一方不履行离婚协议，可以依法起诉要求张先生履行协议义务，支付孩子抚养费，孩子作为原告，您作为拥有抚养权的一方可以作为孩子的法定代理人。法院判决后对方还是拒不履行，您可以向法院申请强制执行。但是用打官司的途径解决，一方面比较劳时费力，另一方面来说也只能解决已经发生的欠费问题，诉讼解决后，对方接下来会不会再次出现拖欠难以保证，甚至于有些离异家庭每过几年就要打一次抚养费官司。当然，如果张先生未来企业经营真的出现了问题，那肯定就更难以保证抚养费的按时交付了。

张太太：是的，我和张先生之间已经不存在未来了，但是希望两个人可以对子女将来的生活、教育、创业等方面都提前做好规划。

其实在离婚的过程中，因为夫妻双方感情破裂、信任感不复存在，导致在财产分割和子女未来的抚养问题上会存在诸多争议。因此家族信托作为一种财富规划工具，在这种特殊时刻往往可以发挥其功能与价值。

两位可以在婚内规划出部分用于养育两个子女的财产来设立家族信托，将两个未成年的子女设定为信托受益人，将这部分财产定向传承给子女。并根据二位的意愿为子女设定信托利益分配条件，如在受益人年满18周岁之日可申请获得成人礼金、在子女升学阶段提供教育保障金、婚嫁时通过信托一次性给付婚配喜金、受益人生育时可给予生育奖励金、创业阶段可以申请提供创业金，每一个里程碑式的重要节点都会有两位对于子女的祝福与期许。两位也可以设定一些激励和惩罚条款，敦促孩子们向上、向善，不要走歪路。甚至可以设置部分资金作为专项医疗保障金，用于支付受益人因住院治疗及出院后的康复治疗所发生的基本医疗保险所不能覆盖的医疗费的部分。家族信托可以按照两位的需求为子女从方方面面做到完善的规划，保障子女一生衣食无忧。

其次，因为家族信托和两位的个人资产都具有隔离性，因此，这部分财产将不会受到两位发展的影响。不论您二位的公司经营出现问题或是婚姻状态有变化，这部分资金已经牢牢锁定在了家族信托中，全部属于作为受益人的孩子们。可以同时实现两位经营风险隔离、婚前财产保全，以及家族财富精准传承这三大目标。

张太太：这确实是个办法，我一直存在一个担心，就是如果他后续再婚，对于孩子抚养费的支付没办法保障。

对的，家族信托是可以作为孩子们长期的避风港，不论未来两位是否有再婚考虑，对于存续在家族信托中的资金都会以两个子女的健康成长为信托目的来长期存续。

另外，可以通过特殊条款设置，限制任意一方修改信托条款或挪用信托财产。鉴于两个孩子都是未成年，我们可以在家族信托架构内设置监察人的角色，来监督整个家族信托的运营及信托目的的实现。在任何意外发生的情况下，两位信任的监察人可以代为行使委托人的部分权利，直至两个孩子成年有能力支配资产。

张太太：分配流程会不会很麻烦，另外信托资金投资是否需要我们自己进行打理？我不想跟张先生再有过多交集。

家族信托可以按照信托合同中设定好的分配规则由受益人提交分配申请或选择进行自动分配，信托资金可以以全权委托的形式交付给像恒天家族办公室这样的专业机构为您打理，我们会通过家族办公室独有的风险测评体系以及两位对于收益率波动的要求，为您定制专属的组合投资策略，量身打造全资产配置家族传承账户，定期为两位出具投资策略及投后管理报告，持续跟踪产品净值，您两位可以省心省力，不用为这部分资产的打理费神。

婚姻中的弱势一方如何防范婚姻风险

案例：

李女士是一位家庭主妇，健康状况不是太好，丈夫是一位成功的李女士是一位家庭主妇，健康状况不是太好。丈夫是一位成功的企业家，长期在外出差，和前妻育有一子，今年16岁。李女士和丈夫育有一女，今年3岁。

李女士：6年前认识我丈夫那会儿，他和前妻离婚3年。他说他们两个人都是事业型，打拼来打拼去，事业成功了，家庭却散了。我那会儿还有一份稳定也相对清闲的工作，他说喜欢我温柔体贴，能够在生活上照顾他。结婚后我就为了他辞去了工作，一心一意操持家务，也照顾他和前妻生的儿子。但是自从我生了女儿，恢复期好像出了点问题，身体一直很虚弱，气色也不好，脾气也暴躁，两个人的关系就变得好好坏坏，再加上他特别忙，一直在外出差，我很担心，会不会他在外面有点什么……未来要是他真的离开我了，我该怎么生活呢?

每个人都有选择自己生活方式的权利，您当初因为心软和母性选择了回归家庭，牺牲了自己的时间和工作去经营婚姻，照顾这个家，但是以您目前的情况，您的担心不无道理，经济基础决定上层建筑，您作为全职太太已经和外界脱节了6年，没有独立的经济收入，如果未来真的出现婚变，您是否能够顺利回归社会重新开始工作，实现经济独立，是存在不确定性的。

婚姻中经济基础是一个非常重要的决定因素，而且未来如果您和您的丈夫真的走到了离婚这一步，在财产分割方面会遇到各种问题，譬如到底有多少夫妻共同财产可供分割，简单来说，就是您丈夫的产业到底有多大，价值多少，您是否清楚？我们更进一步讲，如果您丈夫隐匿或者转移了财产，您是否能够发现呢？甚至来说，夫妻双方的抚养能力和抚养条件等都会作为离婚时法院对于抚养权判决的考虑因素，您要是缺乏独立生存、持续赚钱的能力，在女儿的抚养权争夺中都未必会有优势。我们尊重您在自己婚姻中的定位，也充分理解您的选择，但是如何保障自己和女儿的合法权益，如何让这段婚姻变得感情美满且彼此势均力敌，是需要多方面进行考量与把握的。

李女士：你说的有道理，我也希望两个人能够恩恩爱爱，一起走到最后。但是抛开我和丈夫的关系不谈，现在我的身体状况自己也清楚，今年好像还不如去年。继子虽然和我们一起生活，但是和我几乎不怎么说话，对妹妹也非常冷淡，他俩年龄差这么大，很怕未来我要是有个万一，女儿该怎么办?

别人以为全职太太的工作很轻松，其实这并不是一份闲职，而是一个主内的隐形职业，如果量化一下全职太太的劳动付出，我们会发现这是一份艰难的工作，因为身上肩负着多重职业角色，她们是母亲、是妻子、是儿媳、是厨师、是保姆、是管家，甚至是营养师、育儿师、心理咨询师。大家往往对于全职太太的工作存在误解，而忽视了这份“全年无休”的工作会带来沉重的身体和心理压力。全职太太背后的心酸和付出，往往藏在别人看不见的角落。

所以我们希望您分摊多一些时间给自己，身体逐渐好起来，健健康康地陪伴孩子一起成长。但是如果真的出现了您说的情况，女儿的未来也确实存在很多潜在问题。譬如您先生工作繁忙，对于女儿的照顾上可能无法亲力亲为；继子和妹妹关系冷淡，未来不知道是否愿意悉心呵护这个妹妹；如果未来您先生再婚，继母对您女儿的态度也是我们目前无法预知的。感情上存在不确定性，财产上也是一样，是不是能够有足够的经济支持，让您女儿平安快乐地成长，这是个理性的问题，是需要您和您先生预先去做规划的。

李女士：我该怎么办？

其实这些都是需要综合考虑的事情，也可以运用多种传承工具相配合进行规划。譬如您可以通过遗嘱，将属于您的财产定向传承给女儿；通过保险，能够为女儿的未来预先做出初步保障；通过监护协议，即使您未来真的不在了，也可以指定您的亲属或者信任的人来作为女儿的共同监护人，和您先生一起照顾女儿的成长。另外也可以选择签署婚内财产协议，在婚内划定出哪些财产属于您的个人财产，即使出现婚变也不会被分割。不过以上的方式相对而言都比较生硬，如果现在操作，可能会影响您和丈夫的关系，甚至更进一步激化矛盾。

夫妻关系是这个世界上最难经营的一种关系，采用家族信托的方式会相对温和一些，您可以与丈夫一起商议，将一部分夫妻婚内共同财产拿出来，专门成立一个家族信托，将您、女儿，包括继子都作为家族信托的受益人。等于是提前给自己和孩子们搭建了一个避风港，未来无论是出现婚变还是其他情况，家族信托里的资产都可以用来作为保障。同时您二位可以设定各种条款，一方面保障女儿的日常生活所需，另一方面在她譬如创业、结婚、生子等人生中比较重要的时间节点，通过信托的分配提供经济支持，让她能够一直感受到您二位的关爱和陪伴。您二位也可以考虑将企业的股权纳入家族信托之中，为孩子们做出家族企业传承的规划，一来避免了家族企业控制权在继承的过程中分散，二来能够让全家族的人，无论是否在家族企业内部就职，都能够从家族企业的发展中获得收益。同时还可以设立一些激励性的条款，譬如鼓励家人为企业做出贡献，鼓励家人团结向善，从而增强整个家族的凝聚力、树立良好的家风。

最后，还是希望您和您先生找到更为合适的沟通方式，相互理解、相互包容，希望您也可以在生活中掌握平衡之术，与您的丈夫通力合作，齐头并进。

如何做好子女婚前财产隔离

案例：

老王总是一位化工行业的企业家，60岁，性格非常强势，父母已病故，太太几年前也因为意外去世了。独生子小王总32岁，名校计算机专业毕业，性格很像父亲。事业方面，小王总不愿意接班，目前正在独立创业中，对事业有很强的追求，公司发展状况良好。感情方面，小王总不顾父亲的反对，和女友同居在一起，准备近期领结婚证。因为小王总对理财不怎么关心，家庭财务管理掌握在女友手中。

老王总：小王他有自己的事业，这点很好，我也非常支持，不想接班也就算了，但是他找的这个女朋友，我实在是不满意！平时穿得花蝴蝶似的，买个包就花几万块，哪里像个过日子的！把我儿子弄得五迷三道的，这才认识多久就同居了！我知道现在年轻人不比我们那会儿，两口子一过一辈子。这姑娘要是过几年就离婚，我未必就不开心，但她会不会把我们家财产也分走啊?

老王总，婚姻这种事儿，归根结底还是得看他们两个人能不能过到一起，不过您刚说到的这个确实是婚姻中不得不提前考虑做好防范的问题。夫妻财产是婚前防护和离婚分割中核心的问题，根据《最高人民法院关于适用 < 中华人民共和国婚姻法 > 若干问题的解释（二）》第11条规定，婚姻关系存续期间一方以个人财产投资取得的收益，属于夫妻共同财产。在

《最高人民法院关于适用<中华人民共和国婚姻法>若干问题的解释(三)》第5条规定："夫妻一方个人财产在婚后产生的收益，除孳息和自然增值外，应认定为夫妻共同财产。"这一条的意思是，夫妻一方个人财产在婚后所产生的收益，通常包括自然增值和主动增值两个部分。自然增值指财产因通货膨胀或价格上涨等财产所有人以外的变化因素而产生的价值增长。这部分财产自然增值的部分，包括一方的婚前财产，属于个人财产。但是比如两口子婚姻存续期间任何一方的工资奖金、生产经营所得、知识产权收益，还有无论是拿个人财产还是夫妻共同财产投资得到的收益，都属于主动增值，婚姻法明文规定，这部分属于夫妻共同财产，甚至继承或者受赠所得，如果没有明确说明是归为一方的，也会被算作夫妻的共同财产，需要在离婚时进行分割。

老王总：这意思是不是我要是哪天没了，我的财产还得给我儿媳妇一半？她又不是我的继承人！

如果您没留遗嘱，那么就需要走法定继承程序，这种情况下法律规定的第一顺位继承人是您的配偶、父母、子女。按照目前的情况您唯一的继承人是小王总，根据婚姻法的规定，法定继承的财产是夫妻共同财产，那么如果未来儿子儿媳离婚，这部分财产儿媳妇是可以要求分割的。以前就出现过类似的判例，李女士婚后不久由于性格不合被丈夫起诉离婚，但在诉讼期间李女士的父亲去世并留下近4亿元的遗产，因为突然离世没有留下书面遗嘱，李女士是遗产的唯一继承人，李女士在离婚诉讼期间继承了父亲约4亿元遗产，其丈夫，也请求法院分割该笔婚内取得的共同财产4亿元。最终，法院判决准许李女士与丈夫离婚，且支持丈夫分割走近2亿元的遗产。

如果您提前写了遗嘱，并且讲明遗产只给小王总，情况会好一些，但是未来也有可能因为财产混同，导致离婚时部分财产外流。

老王总：这还真是没有想到啊！那一旦两个人离婚，除了财产会被分割，还会有其他的影响吗?

婚姻关系破裂对于高净值家庭来讲，因为资产种类复杂且数额巨大，所以影响还是比较大的。除了感情破裂、子女抚养、财产分割问题之外，夫妻离婚对于企业股权持有者来说甚至会对企业造成致命打击。为此目前很多投资人把项目创始人的婚姻状况及夫妻关系也当做考察因素之一，以此来规避因大股东婚姻或家庭问题带来的风险。

比如金融投资圈里赫赫有名的“土豆条款”，起因就是土豆网创始人王微夫妻财产纠纷，土豆网曾经是我国网络视频行业的领军企业，发展非常迅速，前途一片光明，在经过了5轮融资后，土豆网向美国纳斯达克申请上市，然而就在提交申请的次日，创始人王微的前妻杨蕾将王微告上法庭，要求分割财产并保全冻结了王微名下的土豆网13.4%的股权。股权重大权属纠纷直接阻碍了土豆网上市进程，错失了最佳的上市良机。此后两人协议离婚，王微付出700万美元现金补偿了结离婚案，而土豆网上市已经被搁置了半年有余，最终无奈被其竞争对手优酷网并购。该案被认定为“国内资本市场离婚第一案”，因为离婚直接影响了一家优秀创业公司的上市，这个案子对于超高净值家庭家事因素以及婚姻风险防范问题上真的是敲响了警钟。

老王总：看来是得做点防护措施，我早先听说婚前财产协议有用，想要摁着这小子签掉，结果他说什么“如果我女朋友是冲着我人来的，那签这个东西没用，反而小人之心度君子之腹，伤了感情婚结不成；如果我女朋友是冲着我钱来的，那签这个东西更没用，把人家那点念想给绝了，这婚更结不成”。这臭小子，我让他学理工不是为了拿辩证法和我抬杠的！

你来和我分析分析，签婚前财产协议到底好不好，有没有用啊?

婚前协议肯定还是有用的。《婚姻法》明确规定了，夫妻两个可以用书面的方式，约定婚前和婚姻期间各类财产的归属，所以无论是婚前财产协议，还是婚内财产协议，对于保护小王总的财产，终归是可以起到一定的帮助作用。

但小王总的话也不是完全没有道理，婚前或婚内财产协议的最大弊病之一就是伤感情。两个人在感情好的时候都会希望跟对方分享自己的劳动成果，不应该互相提防，更不愿意去想两人未来会走到离婚的地步。而站在您的角度上，则是希望为儿子设立婚姻保护，确保自己的财产未来能给到儿子和孙辈，这点也是人之常情。但是在这个问题上，您和儿子对于婚姻财产隔离的观点产生了分歧，而婚姻财产协议的签署双方是您儿子和儿媳妇，您在这个协议中是没有签字权的，当然也就缺乏强制力，即使儿子现在愿意签署这个协议，也难以确保他以后会不会背着您撤销协议。

婚姻财产协议的另一个弊病是信息暴露，婚姻财产协议中，为了明确财产指向及财产范围，需要将财产具体情况一一说清楚，必然的结果将会导致相关财产的曝光，是否有必要这样做，还是需要您来斟酌的。

老王总：我还有一个担心是儿子的钱都让她管着，被挪用了都不知道。

您这个担心确实是婚姻财产纠纷的难点，这个问题经常在婚姻财产纠纷中显现。现实生活中，有些人离婚是有预谋的，之前就采取措施转移夫妻之间共同财产，而另一方却毫不知情。按照我国的《婚姻法》规定，如果在离婚时，婚姻一方隐藏、转移、变卖、毁损夫妻共同财产，或者伪造债务企图侵占另一方财产，那么最后在分割夫妻共同财产时，对于隐瞒、转移、变卖、毁损夫妻共同财产或伪造债务的一方，是可以少分或不分的。法院会对转移财产妨害民事诉讼的行为，依照民事诉讼法的规定予以制裁。但是如何证明对方隐藏、转移、变卖了财产，如何证明债务是伪造的，却不是一件简单的事情。尤其是对于擅自转让财产的，根据各法院的实际案例，普遍会被认定转让有效，除非一方能举证证明属于恶意转让，才认定无效。但“恶意”的认定对于举证方来说往往较难。

老王总：那我该怎么办?

归根结底，婚姻是家族内部关系中的重要组成部分，存在着诸多变数与纠纷，因此解决婚姻风险最重要的就是防患于未然。

家族信托作为解决信息保密，以及婚姻资产隔离的工具，对于客户的现金和股权资产尤其有效。以您的情况来说，既然未来小王总不愿意接班，您可以将自己的企业股权和现金纳入到家族信托框架下。这个过程中，您是在梳理统筹自己的财产，作为委托人设立家族信托无需小王总或者您未来的儿媳妇同意或者知晓，有效实现了信息保密，同时也不会牵扯到强迫小王总签署婚姻财产协议这种容易激化矛盾的话题。另外一方面，根据信托法的有关规定，家族信托中的财产不算做您的遗产，因此只要预先做好筹划，就不用担心在给到小王总时变成夫妻共同财产。最重要的一点是，因为家族信托本身和小王总是独立隔离的，因此也就不会涉及到小王总婚姻变故时的财产分割。甚至您可以通过加设某些特定条款，加固家族信托的婚姻隔离属性，确保家族信托的财产在您的直系血亲中永续传承。

当然，家族信托并不是万能的，遗嘱、婚姻财产协议、保险等也具备各自功用，高净值家庭最好是根据需要做全面配置，无论是传承方案，还是子女婚姻、企业债务风险隔离。因此，对您而言更需要的是一个专业的机构来帮助您做好财富的规划，解除后顾之忧。

国内家族信托如何解决争产问题

案例：

陈老板59岁，是当地最大的皮鞋厂老板，企业经营稳定，盈利状况良好，陈老板早年有过一段婚史，与前妻所生的大女儿和大儿子已成年，后陈老板与现任太太结合，有了8岁的小女儿和5岁的小儿子，陈老板已经有了退休的想法，但是太太最近闹得他不得安宁。陈老板与前妻离婚时，大女儿和大儿子均已懂事，因此对于陈老板现任太太有较大的抵触情绪，一直无法和睦相处，且子女之间年龄差距较大，陈老板现任太太的两个孩子年纪尚幼，因此陈老板太太很担心如果未来大女儿或者大儿子接班，会对自己的孩子不公平。

在高净值人士思考的诸多问题中，如何平稳高效地传承家族财富往往是令人头疼的问题，家产传承传给谁、怎么传，会受到多种因素影响，比如感情上的亲疏远近难免让父母有失偏颇，比如子女各自的生活现状又让父母难免会对哪个孩子多一份担忧和心疼。如何做到利益平衡，使得家族财富平稳过渡到下一代的手中，保证家族关系融洽，保证家族后代在家族利益问题上的观点保持高度一致，才能使得家族财富代代相传，薪火不息。因为没有提前做好传承规划导致子女争产家门不得安宁的案例屡见不鲜，我们耳熟能详的侯耀文遗产纠纷、王永庆遗产风波等，都是因为家大业大，却没有做好传承规划，家人、亲戚、朋友因为财产对簿公堂。为此，需要通过合法合理的工具来实现防争产、公平传承的目的，陈老板有多种传承工具可以选择，比如赠与、遗嘱、人寿保险、家族信托等，各有利弊，综合考量陈老板的资产量以及家庭情况复杂程度，我们推荐家族信托作为传承规划工具。

陈老板：我现在想想未来子女争产就头疼，但是也不知道该怎么解决，干脆就顺其自然吧，我哪怕什么都不做，反正也会按照《继承法》分配的。

很多人和您一样，认为继承其实并不复杂，无需做出特殊安排，根据我国《继承法》，法定继承人可以按照继承顺序享有财产继承权。这样的安排从法律角度上看是合理的，但是却最容易产生风险和纠纷，因为有极高的不确定性和无法预见的问题，后患无穷。您这么做会给子女和后代带来很多麻烦和苦恼。

而且，法定继承顺序不能合情地反映财产所有人的真实意愿，应当按照本人的意愿通过法律手段将资产的分配及传承安排变为既定事实，从而从根本上避免矛盾发生的可能性，未雨绸缪，才能给予家族成员最为稳妥的保障。

因此，对于超高净值人士，如果说以《继承法》为基础，通过专业人士协助拟定遗嘱作为传统的财富传承工具是基础手段，那么，家族信托则是在遗嘱的基础上应运而生的更适用于高净值家庭的，可以满足更为复杂的定制化需求的“进阶版”财富传承及规划的工具。

陈老板：家族信托是否可以代替遗嘱？即使哪天我不在了，还是否能持续按照我的意愿传承？

家族信托的身后传承功能有《信托法》明确的法律支持，《信托法》第五十二条规定：“信托不因委托人或者受托人的死亡、丧失民事行为能力、依法解散、被依法撤销或者被宣告破产而终止，也不因受托人的辞任而终止。”也就是说，家族信托在委托人去世后依然存在法律效应，因此，只要委托人在专业机构的协助下，对信托财产的管理、分配、处置进行精密详细的安排，信托财产即可按照委托人的意愿进行投资和分配。信托财产将不会被作为遗产，属于独立于委托人和信托公司的信托财产，信托公司需要按照信托合同的约定管理、处分和分配信托财产。

为了使家庭和睦，不为争产闹纠纷，家族信托可以设定为不可撤销家族信托，不可撤销信托指在信托合同中没有设置撤销条款，委托人没有信托撤销权，不可撤销的信托只有在信托意图已经实现，或是确认信托意图不可能实现的情况下，基于委托人和全体受益人的申请和法院判决消灭，因此一般情况下，不可撤销信托的资产隔离和保护作用优于可撤销信托。

另外，家族信托合同条款中会有委托人声明条款，委托人本人声明财产的法定继承人、遗嘱继承人及受遗赠人无权依据继承权对该家族信托存续期限内的全部或部分信托财产提出权利主张（若该法定继承人、遗嘱继承人、受遗赠人为本信托的受益人，则有权根据信托合同的约定提出权利主张），无提出信托无效或撤销信托的权利。受益人亦对信托财产归属无权提出异议。

陈老板：那设立家族信托必须要配偶知晓吗？我不想让我现任太太知道我给了我和前妻的孩子多少钱。

《婚姻法》第十七条规定："夫妻对共同所有的财产，有平等的处理权"，在《最高人民法院关于适用 < 中华人民共和国婚姻法 > 若干问题的解释（一）》中也有做出说明："夫妻对共同财产作出重要处理决定时应当平等协商，取得一致意见。"那就是说，如果设立家族信托的时点委托人是已婚的，且是用婚姻关系存续期间所得的财产设立家族信托，那就需要配偶签署《配偶同意设立信托函》作为信托合同生效的必要条件之一。

《配偶同意设立信托函》中会明确约定配偶同意将本人与委托人共有的财产交付给受托人设立该信托，上述财产以及未来可能产生的利益的所有权属自信托成立日起自委托人及配偶本人不可撤销地转移至受托人，这其实是夫妻共同财产处分权和管理权的让渡。

陈老板：我的几个子女互相会知道其他人占多少比例的信托份额吗?

目前委托人对受益人的指定无需受益人或其他人同意或知情，即四个兄弟姐妹并不会知晓各自的家族信托份额比例或是分配方案。

根据《信托法》第三十三条受托人必须保存处理信托事务的完整记录。受托人应当每年定期将信托财产的管理运用、处分及收支情况，报告委托人和受益人。受托人对委托人、受益人以及处理信托事务的情况和资料负有依法保密的义务。信托公司会按照您的意愿进行分配，但是负有法律规定的保密义务，不会让各受益人知道其他人的信托分配方案，有极高的保密性。

陈老板：我还有一个担心，小儿子和小女儿还没成年，两个小孩子的钱会不会被他们妈妈拿去花了?

从实际操作来说，若孩子为未成年人，需要监护人陪同其开立银行账户作为信托受益账户，因此，若客户要求针对未成年人的监护人保密，我们一般建议客户定制信托分配方式，至小孩成年后再分配信托利益，避免未成年人的监护人知晓或发生侵占未成年人利益的行为。

在未来 5 年 ~10 年里，跟随国家改革开放步伐富裕起来的第一代民营企业家逐渐退出舞台，全国有将近 400 万的民营企业处在财富交接的关口，传承问题日趋紧迫。合理运用财富传承工具使得家族财富平稳传承是一个无法回避的话题，对于老一辈而言，家人幸福生活是最重要的，是老一辈为之奋斗一生的目标，而财富传承的意义正是在于对家人的关怀和保护。

国内家族信托有败家子条款吗

案例：

李总，65岁，在北方某小城市拥有水泥厂、冶炼厂等多家传统企业，积累了一定的资产，与妻子相伴40多年感情深厚。两人育有一独子，儿子今年26岁，夫妻两人为打拼事业忽略了家庭，无暇对儿子多加管教，加上老来得子，全家对这个“独苗”极尽溺爱，造成了儿子性格较为跋扈，对父母缺乏尊重。李总将其送往英国留学，儿子在英国挥霍浪费花钱没有节制，计划在英国申请永居。李总夫妇年岁渐长，虽身体尚且硬朗，但是对于儿子未来的生活担心不已，最大的希望就是家族财富永续传承，儿子及家族后代的生活得以保障。

传承是条荆棘路，如何将家族财富平稳地传递给后代是创一代们的共同诉求。新一代接班人如果重视家族企业荣誉，把家族财富代际传承视为己任，坚守家业，并在老一辈打拼的基础上开疆辟土，无疑是一件皆大欢喜的事情。可如若儿女们追逐自己的“诗和远方”，对父辈传统行业不感兴趣，子不承父业，转而投身于新兴行业，或是儿女尚幼，创一代虽对儿女有着较高的期许与寄托，却担心子女花钱无节制，过度挥霍，最终导致家业不能长青发展，家族财富无法代际传承。

不忍见英雄迟暮，我国现阶段多数的民营企业在面临二代接班问题时如何避免传承失败的悲剧，如何实现家族财富的永续传承，是一个值得创一代们深思的严峻话题。家族信托作为应对这一问题的财富传承工具，在限制后代“败家”，协助家族财富平稳传承上有着无可取代的优势。

李总：我就这么一个“独苗”，我们老两口年纪越来越大了，儿子还没有成家立业，真是放心不下！怎么才能保障他日后生活无忧？

中国的第一代创富者大多改革开放时期发家，经过近40年的奋斗完成了财富的积累。目前，如何能安稳地实现财富的代际传承，使得家业繁荣长青成为富裕人群集体面临的时代课题。尤其是因为特殊历史时期的选择，自20世纪80年代起施行了30多年的独生子女政策，体会过资源严重匮乏年代的创一代们深感个中艰辛不易，因此给子女创造了优越的生活环境，并且希望可以给到子女未来的生活保障，为子女的一生保驾护航。

李总的担忧可以通过设立家族信托来解决，众所周知，家族信托的两大重要功能——隔离和传承，那么家族信托具体是如何实现传承的呢？

我们从法律基础的角度来看，我国《信托法》第十五条："设立信托后，委托人不是唯一受益人的，信托财产不作为其遗产或清算财产。"这一条规定明确指出一经设立家族信托，该等信托资产从法律角度独立于李总其他资产，假如委托人死亡，该等资产不作为委托人的遗产，而应当按照信托合同的约定，向受益人分配信托利益，并在家族信托终止时将剩余的信托财产分配给委托人指定的届时的信托受益人。以此确保了信托财产将会按照李总的意愿进行分配。

另外，我们从期限来看，现在市场上很多机构的家族信托期限是5年或10年，实际上还没有达到真正做家族信托的目的。恒天在做的是真正意义上的家族，是没有固定存续期限的，同时通过信托合同条款设定了灵活的变更原则和相关机制，很多超高净值客户愿意通过精密的受益安排，以实现家业的百年传承。

通过设立家族信托，一方面可以保障儿子衣食无忧，另一方面可以将这部分财产独立于儿子婚后的夫妻共同财产，李总可以通过"事件触发"的形式设定个性化分配条款，给予儿子以及未来儿媳"婚配喜金""生育奖励金”等，以实现长辈对晚辈的关怀与祝福，同时又可以有效地防范独子未来婚姻问题所导致的财富外流的风险。

再者，家族信托可以设置未出生的后代作为受益人，这也是家族信托与保险的不同之处，如果李总儿子将来开枝散叶，新出生的晚辈直系血亲可追加成为受益人，按照李总提前约定的分配条款享受一定的生活年金和其他教育津贴。

李总：那意思是虽然我儿子还没结婚，我现在也可以设置还没有出生的后代作为家族信托的受益人吗?

对适合的受益人做一下解释，首先，基于我国《信托法》第四十三条规定：“受益人是在信托中享有信托受益权的人。受益人可以是自然人、法人或者依法成立的其他组织。”信托法第十一条中也规定了信托设立有效的必要条件之一是需要有确定的受益人或者受益人范围，并没有要求是设立当时就存在的受益人，而“委托人的晚辈直系亲属”毫无疑问是一个明确的范围区间。信托文件的约定只要不违背“受益人确定性原则”，就不算是对法律强制性规则的规避。

对于胎儿或是未出生的家族后代可否被指定为家族信托的受益人，《民法总则草案》第十六条规定：“涉及遗产继承、接受赠与等胎儿利益的保护，胎儿视为具有民事权利能力。但是，胎儿出生时未存活的，其民事权利能力自始不存在。”这一规定从民法角度强调了对于胎儿权益的保护。因此，胎儿也是可以成为家族信托关系中的受益人。

李总：我儿子现在英国，如果他未来申请了英国永居，还可以做国内家族信托的受益人吗?

高净值人士，尤其是高净值人士的子女中已经移民海外的不在少数，因此常常碰到这样的问题。从法律角度考虑以及目前我们落地的案例经验上来看，无论是《信托法》还是《合同法》，对于受益人的国籍没有任何限制性规定，因此，李总儿子申请英国永居对于成为资金管理家族信托受益人不会造成法律障碍。实际操作中，需要在信托合同中明确约定，李总儿子的信托权益受益账户为我国境内银行账户即可。

李总：家族信托可不可以规范儿子的行为，防止他败家挥霍，最好还可以防止他沾染不良恶习，引导儿子积极向上?

对的，这个问题也是家族信托可以解决的。家族信托防败家的功能可以保护家族资产，限制后代的过度挥霍行为。如通过受益人权限的设定，要求需经过委托人或委托人设定的保护人书面签字同意后，后代对于信托财产的分配申请才得以执行，以及受益人对于信托利益无权转让等方式，避免子女挥霍过度导致家财败尽，避免别有用心之人觊觎子女的大额财产，防止被骗或被利用。同时，保障子女生活，确保后代不会衣食无着。

另一方面，家族信托一般来讲反映的是委托人的意愿，委托人可以给予一定的奖惩机制来引导受益人行为，例如，给予学业激励、职业发展激励等。儿子考取世界排名前100大学给予50万教育津贴作为奖励，在儿子创业阶段可以给到100万的创业启动基金。另外，可以通过分配条款的设定来限制受益人的行为，避免后代沾染嗜赌、吸毒、骄奢淫逸等不良嗜好，如受益人收到刑罚处罚或者吸毒，一经发现将被取消受益人资格。这样的安排既满足了李总对于儿子的期望，也避免了儿子因过度挥霍对未来生活造成影响。

相较于一般水准的家庭，富二代有着更为优渥的社会资源和更为宽广的眼界见识，只要加以引导和约束，运用合适的财富传承工具给予协助，相信站在父母肩膀上的富二代们可以全面超越父辈企业家们，有能力成为全球经济竞争中的主导力量。

如何通过家族信托履行赡养义务

案例：

李先生是一名世界500强的美企高管，因工作性质，经常被公司委派去美国出差，正逢公司在美国的总部有个岗位空缺，李先生抓住这次契机并凭借自己过往的优秀业绩，成功拿到岗位的任职通知，岗位要求李先生常驻美国，这让他有些犹豫。李先生的父亲早年因病去世，老母亲已70岁高龄，虽然李先生还有个同胞弟弟在国内可以给母亲养老，弟弟也已经成家，母亲一个人把他们两兄弟从小拉扯大，自己怎能不报养育之恩？李先生有想过带着母亲一起去美国，但是考虑到饮食习惯和文化差异，母亲始终坚持留在家乡，一边是难得的工作机遇，另一边是需要尽孝的老母亲，李先生陷入了两难的境地。如果走前留一笔赡养费给母亲，母亲年事已高还有没有管理资产的精力？如果把赡养费留给弟弟，让弟弟给母亲添置家用，弟弟会不会侵吞一部分赡养费以作他用？

李先生遇到的情况在当下并不少见，随着世界范围内的交流日益频繁，个人的发展往往会与父母的养老问题起冲突，李先生主要面临以下几类问题，这里针对每个问题做出了相应解读：

1. 母亲的养老金应该交由母亲本人，还是由弟弟打理？

现在市场上各种项目和投资理财产品良莠不齐，投资陷阱频频出现，各种养老诈骗司空见惯。虽然市场上投资者风险意识不断增强，但是个人投资者可承受的风险远远低于机构投资者，普通个人投资者稍有不慎就会血本无归，更何况李先生的母亲年逾古稀，行动不便，是最容易被违法犯罪团伙盯上的诈骗对象，热门都市剧集《都挺好》就为我们揭露了养老投资的典型骗局，剧中苏大强听信熟人推介的理财产品，将自己的养老钱悉数交由一家非正规金融公司做投资，盼望着有一天收益大增。前期他的确尝到了投资的甜头，但没过多久，这家不靠谱的公司就卷款潜逃了，苏大强的养老本金都没有收回来。

如果将母亲的养老钱交给弟弟，李先生的弟弟已经成家，在赡养老人上往往有力不从心的情况，并不能保障这笔养老金切实用在了母亲一人养老开销上，所以结合实际情况，李先生的老母亲和弟弟作为普通群众，都不是打理养老金的最合适人选。

2. 应该通过什么方式为母亲提供养老金，是把钱存在银行由母亲自行取用，还是定期定量的给付母亲养老金?

如果将赡养费一次性交由李先生的母亲取用，老人家年事已高，管理巨额养老金的能力存疑，假如被诈骗团伙盯上，很有可能人财两空，造成竹篮打水一场空的悲剧；那如果每个月或者按季度定期给老人家打款呢?这样一来虽然杜绝了老人家不善打理资产的弊端，但是考虑到李先生身在美国，每次打款都需要面对国际汇率风险和高昂的换汇手续费，假如李先生因为工作繁忙忘记打款，就不能为母亲提供稳定的生活经济来源，故不建议李先生将养老金进行境内外划转。

3. 万一母亲发生意外甚至身故，余下的养老金应该怎么处置?

养老金原本是李先生为尽孝道而为母亲立下的生活保障，假如母亲身故，李先生不能及时打理人民币资产；如果将余下养老金人民币汇兑成美元，又会衍生出汇率风险。

当然，对李先生来说，还有一种选择是将余下的养老金交由李先生的弟弟进行保管，但由此带来的资产代持风险也不容忽视，弟弟代持母亲遗留养老金的时间越长，这笔资产就越有可能面临着作为遗产继承的风险。有人说，只要李先生的弟弟不知道母亲银行卡密码，弟弟自然也就无法取用余下的养老金，到时候李先生回国，把钱从网银划转到自己名下的银行卡就行。但实际情况是，只要这笔资金是存在母亲账户里的，法律上会认定这是母亲的个人财产，除非李先生有证据表明母亲曾明确表示这笔钱是李先生本人的，否则即便李先生把钱转到自己的账户，他的弟弟也还是有权要求将这笔钱作为母亲的遗产进行分割，所以这个办法也不能解决问题。

中国比较传统的养老方式有居家养老、社区养老、养老院养老等方式，但以往的养老体系早已无法满足现在社会的养老需要。目前在一些发达国家，比如在美国，个人通过投资来进行养老的方式已然成为新的养老保障趋势，相较于其他用途的投资，养老金的投资更加要求安全和稳健。根据招商银行与贝恩公司联合发布的2019年中国私人财富报告中的高净值人群调研分析：部分受访人士表示，过去市场泥沙俱下、机构鱼龙混杂，部分设计不合规、风险控制缺位的产品风险事件频出，导致所投资产蒙受一定损失（如P2P等）。经历市场教育后，高净值人群在选择财富管理机构时将会更加慎重，注重将财富交托给专业能力强、服务体系成熟的财富管理机构打理。对于朋友帮忙操作、熟人介绍等渠道，本次受访者认为可靠性相对较低，今后将会更加谨慎。①

---

① 《中国财富私人报告》第39页，2019年。

养老投资需要树立正确的理念，投资万不可急功近利。安全投资的首要条件是要将资产交由正规的金融机构打理，信托、保险、券商等都是常见的非银金融机构。其中，将财产通过家族信托委托给信托公司代为管理，客户的资金不仅得到了保障，客户也可享受到定制化的产品与服务。

根据《信托法》第十六条："信托财产与属于受托人所有的财产（以下简称固有财产）相区别，不得归入受托人的固有财产或者成为固有财产的一部分。受托人死亡或者依法解散、被依法撤销、被宣告破产而终止，信托财产不属于其遗产或者清算财产。"由此可见，家族信托的财产独立于受托人，即便受托人因债务破产，委托人的信托财产也不会用于受托人的债务偿付，李先生可以通过家族信托来实现对母亲的赡养义务。

李先生作为委托人将自己的人民币资产装入家族信托，可以将母亲设置为家族信托的受益人，由受托人对李先生的财产进行受托管理，并按照李先生的意愿，定制化信托投资管理方式及信托利益分配方案，定制要素包括但不限于受益人范围、受益的顺位、受益条件、受益金额以及资金分配的频率。

这样一来，李先生的母亲可定期按年度、半年度、季度甚至月度固定收取家族信托分配的利息作为自己的养老资金，李先生可以知晓母亲每一笔支取养老金的金额和支取时间，避免过度支取，也可未雨绸缪，防范母亲自己管理资产的风险，李先生还可另外设立特殊条款，在保障母亲基本生活的基础上，当母亲突发重大疾病可触发特殊条款，信托计划分配应急资金，为母亲提供额外的医疗和养老资金支持。万一母亲因故离世，按照《信托法》第十五条中规定，委托人不是唯一受益人的，信托存续，信托财产不作为其遗产。受托人也会严格按照信托合同的约定管理，处分和分配信托财产，从而使李先生既尽了孝心，也完成了自己去美国的心愿。

保险金信托是什么

案例：

张女士为上海某广告公司 CEO，个人名下拥有三套房产以及约 3600 万元人民币可投资资产，主要投资在股票、基金、P2P 等，有些产品尚未到期，最近发现可以投资的产品越来越少、风险越来越高，因此想先做一个“家族信托”保护目前的资产。张女士是二婚，其独子是与美国前夫所生，现年 13 岁，但与张女士现在的配偶关系不佳。因此，张女士希望所有的规划不要让现在的配偶知道。国内的某保险经纪介绍，设立一个保险金信托就等于家族信托，建议张女士将所有现金拿来购买保险金信托（销售称之为“迷你家族信托”），因为保险金信托设立只要 300 万元左右，而且信托有避债避税等多重功能。张女士想问做一个保险金信托是不是最正确的方法。

保险金信托顾名思义，就是保险 + 信托。一般来说可以用信托来持有保单，也可以用信托作为保单内的受益人，和传统人寿保单的差别就是，传统上一旦寿险单生故金给付时是一次给清的，这时的担忧是：若受益人未成年时一次拿到一大笔钱，又有对未成年人理财能力、监护人觊觎等衍生问题的忧虑。

如保单累计总保费达到一定标准（一般市场是订在高于 300 万元人民币）时，就可以选择搭配信托。这个时候保险投保人作为信托委托人，将信托指定为保单受益人，保单的赔付全残、身故保险金或者生存金就会进入信托内，并由信托公司持有管理。这时信托可以依照信托条款，按时间、教育、工作等需求来拨付金额，照顾到下一代。

1. 国内保险金信托有1.0、2.0，甚至还有3.0版本，这有什么不同?

国内市场上对于保险金信托取名1.0到3.0版本，大概的表述是：

- 1.0版本可以将受益人变更为信托公司；
- 2.0版本是承保后，投保人可以变更为信托公司；
- 3.0版本则是初始投保人直接就是信托公司，并可以指定信托用于保险费支付等功能。

有关这些功能是否有用还是纯粹噱头，还得从信托公司和保险公司的处理角度来分析：

首先，保险金信托对于保险公司有获客获利的优势，但是对于信托公司的业务意义并不是很大，因为保险金信托能管理的资产非常有限，如果保单本身是身故金赔偿而信托作为保单的受益人的时候，那就代表只有真正发生理赔时（也就是人去世了），才会有资金进入信托公司，这对于信托公司的资产管理量没有实质效应；其次，如果还让信托公司管理保单的保费续费，对信托公司来说不仅前期工作量大、后期管理成本高，也不能做长期投资，信托公司扣除掉前面出差等人事费用后基本上赚不到钱，甚至可能入不敷出。

所谓3.0版目前一个最大的问题是如果初始保险人直接就是信托公司，这就牵涉到实际执行是否可行的问题：核保的时候对保险利益原则的认定？如何审核信托公司与被保险人的保险利益？穿透信托的原则在哪？合规的风险还有哪些？……这些不确定性本身就是一个挑战。

2. 如果每家的保险金信托功能不同，应该怎么选择?

目前市场上提供保险金信托的公司能提供的功能各有不同，简单整理出下面一张表格，张女士可依照需求作为初期参考。

年金险	生存金和身故金受益人都变更		只变更身故金受益人		信托公司特色		
	是否可做	首次领取金额要求	是否可做	万能账户金额要求	年金进万能账户	投被保险人不同	配偶问题
中信信托	✓	无	–	–	–	✓	✓
长安信托	✓	100 万元	✓	追加 100 万元或签协议	✓	–	✓
国投泰康	✓	100 万元	✓	无	✓	✓	–
中航信托	✓	100 万元	✓	无	✓	✓	–

3. 我设立个保险金信托，就是家族信托了吗？

如果张女士单纯就是担心身故遗产的现金分配问题，选择保险金信托应该是不错的选择。但如果牵涉到信托，信托资产除了放保单外，照理来说应该还有许多功能。信托真正目的是在于解决委托人担忧的问题，而不是同一标准版本生搬硬套。

张女士的问题涉及几个细节：

- 国内夫妻共同资产的问题；
- 如被保人死亡后，谁有权拿死亡证明？
- 美国人保单受益是否有税务的责任？

如果张女士要成立信托，则涉及夫妻共同资产的问题，一般来说会需要张女士的配偶签署同意书，此时这个流程是否会与张女士需要“对配偶保密”的问题产生冲突，这是第一。

其次，当若干年后被保险人过世，死亡证明书的取得是后续法律程序的关键点，那么，依照国内的规定是应该由其配偶获取死亡证明书，还是由信托公司取得？这是第二个需要考虑的问题。

第三，张女士的儿子为美籍，如果单纯是保单的受益人，则作为美国身份人士的保险受益则需要进一步厘清（详见本书“美国身份下一代继承风险”），也就是说如果张女士买的保险结构并不符合美国 IRS 对保险结构的测试，那么这张保单就会被认定为 MEC，也就是投资产品，依照美国税务规定具有申报和纳税的责任。

如果张女士是以信托作为保单的受益人或者持有保单，那么就需要进一步咨询张女士是否依然持有美国身份，如果张女士是美国身份，则不适合作为信托的委托人；如果幸运的是张女士没有美国身份，那么依照美国税法的规定，当赠与人是非美国人士、且赠与地非美国领土时，受赠人（张女士儿子）在受赠的会计年度中，对受赠金额应申报而无需缴税。

最后，张女士因为想要保护的资产包含了国内房产等其他资产，因此在信托层面上建议可以作为国内的民事信托，并询问房产所在省市（需确定当地规定是否可由公司结构持有住宅），并善用国内信托法委托人权限及保护人弹性条款，并加上部分投资权的设计，将信托进阶为生前信托模式，如此可以将资产保护的功能进一步扩大。

第二篇

家族企业传承之道

家企混同会有什么风险

案例：

张先生是一位民营企业家，企业属于食品制造行业，且张先生也在上下游产业有拓展，同时经营了若干家酒楼，涉足餐饮行业，在经营过程中，以个人二维码进行收款，如果消费的客户不需要开发票还可以送饮料，同时，张先生用公司的资金给自己家里买房买车以及各类消费品，由于股东分红需要缴纳20%的个人所得税，为避免交税，公司常年不分红，张先生缺钱的时候就以借款的形式从公司支取现金使用，借款长期挂账。

1. 张先生的企业经营行为有什么风险?

张先生的行为是明显的家企混同行为，家企混同一直是一个非常有中国特色的存在，由于我国的历史发展原因，我们并没有像海外那样传承几百年的家族企业、几百年的古老家族，更多的是改革开放以来开始创业的人群，富一代或者是刚接班的富二代，在这样的发展过程中，很多中小企业主会有一种企业就是自己孩子的心态，将企业看作自己的私有物，在企业初创发展阶段，全家人都将时间、精力和金钱投入到家族企业中，用自己的私人财产给企业造血、输血；在企业稳步增长、规模扩大的阶段，企业主和股东又将公司当做提款机。

其实，家企混同是一个高风险的行为，相信大家在许多地方都听闻过相关风险或者案例，比如说企业家从公司挪用资金、设备，或是为支持公司经营而将个人财产供公司使用而不经增资程序等，在这种情况下，当企业面临财务危机和破产危机时，个人资产往往也成为债权人追偿的对象；又比如说企业家在企业紧急缺钱时向金融机构融资慌不择路，不仅会无条件为企业融资承担无限连带担保责任，而且因为企业之间的互保、联保，自己还要为其他企业的经验风险承担无限连带责任；也有一些中小民营企业股东以个人名义通过民间借贷等方式为企业融资，一旦企业出现债务危机，股东个人资产也会随之遭殃，同时家企混同的行为还涉及比较综合的税收风险。

2. 张先生的酒楼以个人账户收款，会有什么样的税收风险?

很多家族企业主较多关注企业经营方针和产品定位，在经营过程中将销售回款收入个人账户中，而未进入企业账户，尤其是一些农业、餐饮业等行业，对企业收入进入个人账户属于什么性质基本一无所知，而是想当然觉得没问题，张先生的经营行为恰好属于这一类。那么用个人账户收款到底存在怎样的税收风险，我们来看一则判例：

湖北省武汉经济技术开发区的黄某某，2013 年 ~ 2014 年间担任本辖区京通某（武汉）汽车服务有限公司法定代表人，负责该公司的经营管理。其指使该公司财务人员通过个人账户收取营业款项，再以其他凭证代替发票使用的方式逃避缴纳税款共计人民币1883018元，占该公司同期应缴纳税额的97.17%，且该公司经税务机关依法下达追缴税款通知后仍未补缴税款。因涉嫌逃税罪黄某某于2017年11月6日被刑事拘留，同年12月6日被逮捕。2018年4月9日，京通某（武汉）汽车服务有限公司补缴税款人民币1825630元。公诉机关认为，被告人黄某某采取隐瞒手段不申报纳税，逃避缴纳税款共计人民币1883018元，因其具有归案后如实供述自己罪行、已补缴税款的量刑情节，建议判处被告人黄某某有期徒刑3年，缓刑5年，并处罚金人民币200000元。

以个人账户收企业经营款项往往牵连出虚开增值税发票相关的问题，对企业家来说就不是一个简单的民事责任，靠罚款和罚金就可以解决的问题了，而需要承担相应的刑事责任。所以大家在考虑公司经营的税务筹划行为时一定要审慎的对待，简单粗暴的方式是很容易被击破的，随之而来的需要承担的可能是牢狱之灾。

3. 张先生用企业的资金给家里买房买车买家庭消费品，有什么税收风险？

家族企业经营实践中，经常存在企业家将公司资金用于个人或家庭，或将公司资金用于股东个人购买车辆和个人房屋的情况。此时，根据财税〔2003〕158号、〔2005〕364号、〔2008〕83号文的相关税法规定，其实质为企业对股东进行了红利性质的实物分配，应按照“利息、股息、红利所得”项目征收个人所得税。看下面一则判例：

青岛国税稽查人员对青岛某自动化有限公司纳税和发票使用情况进行

了纳税检查。经查，该单位法定代表人陶某购买家用电器、家装材料、家居用品用于个人消费，购买时直接支付现金，取得青岛某商业有限公司开具的普通发票 25 份，计入单位账簿管理费用 – 办公费 30 万元。事后陶某把发票交与财务人员报销，进行税前扣除，未做纳税调整。由于该公司 2012 年偷税数额达 8.46 万元，被税务机关处以罚款 4.23 万元，同时偷税比例达 12.14%，移送公安机关进一步处理。

在企业经营过程中经常会出现这样的行为，其实这一类行为是比较难以界定的，如企业家买车，但车辆是在企业家为公司工作的时候使用的，我们可以认为车辆是用于企业经营的，其具体用途是比较难以区分的，在此建议若以公司资金买车则直接登记在公司名下，这样公车公用也比较合理，但若买个人普通住宅则不建议，因为在国内不动产类的普通住宅一般价值较高，若以企业的名字购买即属于企业资产，个人普通住宅给企业使用的解释在大多数情况下并不合理，且和企业资产混为一体后，即承担了企业未来可能出现的偿债责任，不利于企业家资产和个人资产的隔离。

4. 张先生缺钱的时候就直接从公司账上借款也不还，公司常年不分红，有什么税收风险？

大家都知道企业每年分红，股东就需要缴纳 20% 的个人所得税，所以很多企业主想到了一个变通的办法，不分红只借款，从公司取钱，财务就将借款长期挂账。按照现行税法关于对个人投资者从其投资的企业（个人独资企业、合伙企业除外）借款而长期不还的处理规定，纳税年度内个人投资者从其投资企业（个人独资企业、合伙企业除外）借款，在该纳税年度终了后既不归还，又未用于企业生产经营的，其未归还的借款可视为企业对个人投资者的红利分配，依照“利息、股息、红利所得”项目计征个人所得税。也就是说股东从公司借款，没有用于公司经营，只要超过一年不归还，在税务上是认定为公司对股东分配利润，需要按照“利息、股息、红利所得”的税目征收20%的个人所得税。

关于年度终了未归还借款的时间节点问题，各地在执行该政策的时候会略有不同。有的是按照借款满一年（即12个月）来算，超过12个月不还，视作分配利润；而有些地区就是按照到12月31日未归还，就视作对个人股东分配利润。还是举一则判例加以说明：

2017年北京市地方税务局第一稽查局对北京金良风空调制冷设备有限公司进行了税务行政处罚，系由于该单位股东2014年度向公司借款187000元，纳税年度终了后既不归还，又未用于企业生产经营，扣缴义务人未按照国家规定办理扣缴申报，税务机关决定对该单位应扣未扣个人所得税税款处1.1倍的罚款41140元，若到期不缴纳罚款，每日按罚款数额的百分之三加处罚款。

股东分红个税的筹划是一个比较综合的问题，也是企业家们都非常关心的问题，并非通过简单借款即可规避，税务局目前对此类行为已经非常熟悉并很容易清查了，在此建议企业家们尽量通过分红的形式从公司取得合法所得，若发生和公司之间的借款，也建议大家从下面几个方面考虑：

（1）区分为公借款还是为私借款，如果股东借款是为公司使用，并且能够取证是公务之用，即使超过1年，未被私用，也不存在视为股息红利征税的问题；

（2）如果股东因紧急事务必须借款，建议签订借款协议，并约定合理的利率水平，但这一操作在各地税务局执法认可上会有差异，或考虑减资取现也是一种方法；

（3）早借早还，目前来看税务局主要对超过1年期的股东借款进行监管，当然不同地区在执法上执行的时间截点各有差异，那么早借早还肯定是比长借不还更合理的。

如何通过家族信托规避家企混同风险

案例：

张总夫妇自80年代起白手起家，自主创业，经过十几年的奋斗将一个小小的门市发展成当地小有规模的门窗有限责任公司。张总在公司经营过程中基本上采用“家庭式管理”，公、私财产混同，没有风险意识。

家族企业是我国经济发展中的重要力量，但是因为企业中的“家族”元素所导致的非制度化管理等企业治理问题，企业家家庭资产和公司资产混淆似乎成为一些民营企业的常态，一旦企业经营出现危机，家族资产便将受到牵连陷入累卵之危。

张总：我一心都扑在事业上，我的小厂十几年经营得顺风顺水，厂子就是我家庭的一部分，是我生活的一部分，你说的“家企混同”我觉得没毛病!

目前，我国大部分创一代往往都是白手起家，在自己的企业中注入了太多的心血和汗水，为了企业的发展全情投入，却往往因为过度自信而如处堂燕鹊，忽略了周边潜在的法律风险，家企混同是所有风险的起源，如果将自己的家庭和企业绑定在了一起，企业兴则家兴，企业衰则家衰，却不曾想也将自己的妻子儿女都暴露在了风险中。

张总：那“家企混同”到底都有哪些风险?

首先，需要了解一个“法人责任”的概念，法人责任是一种有限的责任，即法人只以其所有的或经营管理的财产承担法律责任。张总作为股东而言，股东以自己的出资额为限对法人的债务承担责任。即有限公司以股东各自的出资额为限承担责任，如果是承担企业的债务，那么就是以企业自身的财产为限度承担清偿债务的责任。这也算股东家庭财产和企业财产隔离的根本制度。

但是，一旦家企财务发生混同，从普遍存在的债务连带责任风险甚至到更为严重的刑事犯罪风险，如职务侵占罪和挪用资金罪，将公司财务归个人使用或借贷给他人，且达到法律规定的数额，就会构成犯罪，都会对企业经营、家庭财富等带来无法承受的负面影响。

其中，最常见的风险是债务的牵连，一旦企业产生了负债，企业主将会使用家庭财产注资，企业一旦崩盘，股东无法证明个人资产与企业资产相隔离，则最终将会对企业主个人和家族成员的财产造成巨大损失。

另外，家企混同的漏洞极易造成公司财产被隐匿、非法转移、被挪作他用等潜在风险，从而给企业和企业股东带来损失。同时，企业主的婚姻风险也将给家企混同的企业带来财富突然外流的危机，威胁企业发展。

张总：家企混同是怎么造成的?

家企混同造成的原因主要为企业主使用自己或是家人的个人账户收取公司相关进款，或是企业主随意挪用公司账户资金等，另外还包括企业融资过程中，企业主个人承担无限连带责任担保，在企业出现现金流周转困难的时候，以个人财产向企业提供资金支持等情况都将导致公司财务发生混同。

张总：应该如何规避家企混同的风险?

首先，在初创期，即出资阶段，企业的各股东应当按照公司章程固定足额缴纳各自所认缴的出资金额。其中，货币形式的出资应存入公司账户，非货币形式的出资应依法办理相关手续，完成所有权的转移。如果在出资阶段的相关转移手续不完整，或是没有按照《公司法》规定足额缴纳出资额，则极有可能被判定为“瑕疵出资”，在瑕疵出资的状态下，出资人的相关权利是否受到《公司法》和其他相关法律保护，以及公司面临司法诉讼时，股东权利是否会受到债权人的挑战和追索，将存有一定疑虑。

另外，需注意的是以夫妻两人名义注册公司的股权结构较容易造成公司和家庭混同，使公司丧失独立人格。因此在初创期，股东以及其家庭成员应从股东架构上与公司保持适当“距离”，依法履行出资义务，同时对公司的独立人格给予充分尊重。

其次，在企业的发展阶段，随着企业规模的不断扩大，对于流动性的要求更高，公司将面临对外融资的需求。为了提高增信力度，吸引更多资金，企业主往往会为公司提供个人连带责任担保、签订对赌协议、股权回购协议等，这时候如果企业存在家企不分的问题，企业主没有对个人资产进行有效隔离，公司一旦出现风险，个人财产将受到极大程度牵连，企业主很难做到全身而退，企业主及其家庭被赤裸裸地暴露在了债务风险中。

这种情况下就可以通过家族信托，在法律规定的范围内，附条件的隔离委托人债务风险，在张总个人和企业之间设置一道防火墙，将张总和家人从企业债务的风险中剥离出来，有效的降低突发事件对家族财富的影响。

张总：家族信托规避家企混同风险有什么法律依据吗?

家族信托的一大特性即资产隔离型，其作用原理便是家族信托区别于其他集合信托计划的“他益”属性。即信托财产独立于委托人及受托人财产，同时可以一定程度上保护受益人的信托受益权不被债务牵连。

对委托人而言，《信托法》第十五条：“信托财产与委托人未设立信托的其他财产相区别，委托人不是唯一受益人的，信托存续，信托财产不作为其遗产或者清算财产。”该条明确规定了委托人不是信托受益人的那部分信托受益权将会独立于委托人个人财产而存续。当委托人设立家族信托后续所产生的债务或因婚姻问题需要进行财产分割，都将不会影响到已设立完成的家族信托中的财产。

对受托人而言，《信托法》第十六条：“信托财产与属于受托人所有的财产（以下简称固有财产）相区别，不得归入受托人的固有财产或者成为固有财产的一部分。受托人死亡或者依法解散、被依法撤销、被宣告破产而终止，信托财产不属于其遗产或者清算财产。”该条明确指出家族信托专户中的金融资产及其他家族信托架构下的股权、不动产等信托财产独立于受托人财产，受托人可能产生的任何负债、破产、股权变更或重组等都不会影响到信托财产的独立性和完整性。

另外，对于受益人而言也能在一定条件下起到隔离作用，《信托法》第四十七条：“受益人不能清偿到期债务的，其信托受益权可以用于清偿债务，但法律、行政法规以及信托文件有限制性规定的除外。”第四十八条：“受益人的信托受益权可以依法转让和继承，但信托文件有限制性规定的除外。”这说明，我们可以善用家族信托法律架构，通过对于受益人受益权生效的时间节点、信托利益分配的时间节点、分配限制性条件以及通过信托条款禁止受益权转让、抵押等形式，使得信托受益人得以依照委托人的意愿，在委托人提前设定的条件下享受信托利益的分配。

我国的民营企业与企业主的家庭之间存在紧密的联系，因此家企混同的风险不容忽视，企业的正规发展离不开完善的规章制度以及相关风险防控机制，同样的，企业家的家族财富发展壮大也离不开合法有效的家族信托架构设计。

股权应该如何传承

案例：

王先生，经营一家族企业，有过两次婚姻，共育有3名子女，其中大儿子王大30岁，女儿王二16岁，小儿子王三2岁，王先生现年60岁，正在考虑如何将股权传承给3个孩子，王先生有哪些方式可以选择？

股权传承一直是家族财富传承中一个比较大的课题，我们通常会把财富的传承分为现金、不动产、股权、其他实物资产等。

1. 股权作为一个非常重要的家族资产，应该如何传承？

（1）继承

通过法定继承或者遗嘱继承的方式传承股权，一般发生在原股东去世后，但由于各种不确定性，可能存在的问题有很多，比如说：

（a）按照法定继承所产生的结果和被继承人的意志不相符

在此案例中王先生希望百年之后股权能够传承给3个子女，我们以此案例来分析法定继承的分配结果。根据《中华人民共和国继承法》规定，继承开始后，按照法定继承办理；有遗嘱的，按照遗嘱继承或者遗赠办理；有遗赠扶养协议的，按照协议办理。没有遗嘱和遗赠抚养协议的，确定第一顺序继承人来按比例继承。当本案例中王先生过世后其妻子、王父、王母、王大、王二、王三均为第一顺序继承人，若王父、王母健在，那么其对应份额分别为：妻子继承股权份额的60%，王父、王母、王大、王二、王三分别继承股权份额的8%。所以，如果王先生原持有公司的股权超过85%，如无意外，其妻子最终可继承51%的股权，成为公司的实际控制人，当然此种情况对于夫妻共同创业的家庭来说可能也是理想状态，但是对于妻子尚且年轻，孩子尚且年幼的家庭来说，可能存在一定的风险。

（b）继承人不符合股东身份要求

很多人或许会有疑问，我的股权我想给谁就给谁，为什么会存在继承人不符合股东身份的情况呢？因为根据《公司法》第七十五条规定："自然人股东死亡后，其合法继承人可以继承股东资格；但是，公司章程另有规定的除外。"虽然新公司法明确了股东资格的可直接继承性，但实践中有关股东资格继承的实现程序和相关问题是司法实践中亟待解决的问题。

此外，还可能有继承人本身有身份限制的问题，例如，根据我国《公务员法》第五十三条明确规定："公务员不得从事或者参与营利性活动，在企业或者其他营利性组织中兼任职务。"因此，公务员、国家干部、军人等依法或因职业所限不能继承股东资格成为公司股东。如果被继承人只有一个子女并且从事前述工作的话，是不能成为公司股东的。

（c）继承人数量过多超过人数的限制

根据《公司法》的规定，有限公司的股东人数不能超过50人。因此，合法继承人继承股东资格的人数加上原有的其他股东人数不得超过50人。这就带来了一个问题，如果法定继承的人数过多，超过了要怎么办？通过股权代持或者是将公司变更为股份有限公司，从而增加其股东的法定人数都是可以考虑的办法。

（2）直接过户

不同于现金和不动产等，股权的传承是一个和公司治理相关的问题，一个企业的实际控制人和企业的经营管理紧密相关，我们常提到的富一代和富二代交接班也是一个持续的过程，并非一朝一夕的事，在实践中，企业家往往需要很长的时间才能培养出一名合格的企业继承人，那么对继承人的继承象征就是两件事，其一股权持有份额，其二职权的实际控制，当股权和职权统一的时候，是最顺理成章的传承结果，很多企业家会选择通过逐渐将股权转移给选定的继承人的方式来完成股权的平稳过渡。如果股权和实际控制权不统一，往往容易出现家族内部的纠纷，在本文的案例中，如果王三持有 30% 的股权，而王大有 10% 的股权，可王大实际控制着公司，那么极大可能出现王大和王三之间的利益矛盾，从而引发家族内部的矛盾。此外，如何在传承股权之前安排接班人参与公司的经营，如何协调公司老臣与公司未来主人之间的关系，如何安排公司的股权架构与持股比例、表决规定，都需要前期细致的规划。

（3）通过资产保护结构传承

通过信托架构或者资产保护架构来进行传承多发生在无合适继承人的情况下，这种情况在实践中也经常发生，我国独生子女政策使许多家族人丁稀薄，为数不多的继承人可能并不擅长企业经营，那么此时对企业家来说，如何进行企业的传承是一个更需要提前布局的问题，这个时候选择资产保护结构来完成股权的传承可能是一种较为恰当的方式，资产保护架构主要针对以下类型的需要：

（a）子女败家

每一个企业都是企业家的孩子，很多创业企业家注入了毕生的心血在企业上，自己手里呵护起来的孩子，当然要事无巨细的照顾。然而，对于继承人来说，如果没有参与企业的经营，白拿的股权，对他们来说只是一个财产，与银行存款本质无差别，因而就很容易挥霍。

（b）继承人无能力经营企业

如果挥霍是人性的问题，那么继承人无力掌控公司就是技术性问题了。由于股权不可避免地受人的因素影响，如果继承人无能力经营企业，那么偌大的一个公司在继承人手里可能也无法持续经营。

（c）婚变导致股权被分割

根据《婚姻法》及相关司法解释的规定，如果是夫或者妻一方继承或者受赠与的，没有明确约定是由一方继承或者赠与一方的，属于夫妻共有财产。在这种情况下，继承人取得的股权就属于夫妻共有财产，如果继承人离婚，股权就会被分割。

2. 常见的资产保护结构有哪些？

（1）家族信托

以信托公司为受托人的家族信托，是近几年来兴起的一种传承方式，客户将股权以交易的形式转入以信托公司为受托人的家族信托，子女及其他家人作为信托计划的受益人，这时候股权被锁定在信托计划里，受益人定期获得信托利益分配，不可以随意变卖股权。但由于设立手续繁琐，信托公司只有事务管理行为，所以多数信托公司在设立股权类家族信托时会对现金设立起点有要求，实践中，信托公司多数为在本公司投资规模较大的客户提供此类服务。

（2）民事信托

民事信托也是这几年兴起的一种传承方式，在海外已经非常普遍了，但在国内目前还尚未普及，民事信托常见为以自然人为受托人，通过信托合同的方式，保障各方利益，同样也可以实现防止受益人随意变卖股权，和以信托公司为受托人的家族信托比较，民事信托没有起点要求，但其受托人的选择会在整个结构中起着至关重要的作用。

（3）其他法律结构

针对家族其他的风险防范需求，如代持的风险、婚姻析产的风险等，也可以通过股权重组架构等结构进行保护安排。家族企业的股权架构是一个家族的财富传承路径图，例如从跨境角度来说，如果目标公司在国内，境外公司通过股权架构或者 VIE 架构持有境内标的公司股权，也是资产保护和传承的工具之一。

3. 王先生选择通过资产保护架构来传承股权会有哪些成本?

在探讨传承成本之前，我们首先需要了解被传承股权的基本情况，可以按照非上市公司股权、上市公司（境内、外）、限售股几个类别来分析对应的成本。

（1）个人所得税，详见下表：

征收	免征
1、非上市公司股权 2、境外上市公司股票（沪港通、深港通除外） 3、新三板挂牌 – 原始取得 4、限售股	1、境内上市公司股票 2、沪港通、深港通股票 3、新三板挂牌 – 非原始取得

（2）印花税

股权转让需要征收印花税，按照产权转移书据征收，税率为万分之五；对买卖、继承、赠与所书立的 A 股、B 股股权转让书据的出让方按 1‰的税率征收证券（股票）交易印花税。香港市场投资者通过沪港通买卖、继承、赠与上交所上市 A 股，按照内地现行税制规定缴纳证券（股票）交易印花税。内地投资者通过沪港通买卖、继承、赠与联交所上市股票，按照香港特别行政区现行税法规定缴纳印花税。

4. 对于以上需要征收个人所得税的股权标的，具体税费如何征收？

在征收股权转让的个人所得税之前，首先，要确定财产转让所得，财产转让所得 = 股权转让收入 -（股权原值 + 合理费用），其中合理费用是指股权转让时按照规定支付的有关税费。转让收入包括现金、实物、有价证券和其他形式的经济利益，转让方取得与股权转让相关的各种款项，包括违约金、补偿金以及其他名目的款项、资产、权益等，均应并入股权转让收入；其次，要确定股权原值和合理税费，原值的确定原则国家税务总局 2014 年第 67 号文第十五条规定："（一）以现金出资方式取得的股权，按照实际支付的价款与取得股权直接相关的合理税费之和确认股权原值；（二）以非货币性资产出资方式取得的股权，按照税务机关认可或核定的投资入股时非货币性资产价格与取得股权直接相关的合理税费之和确认股权原值；（三）通过无偿让渡方式取得股权，具备本办法第十三条第二项所列情形的，按取得股权发生的合理税费与原持有人的股权原值之和确认股权原值；（四）被投资企业以资本公积、盈余公积、未分配利润转增股本，个人股东已依法缴纳个人所得税的，以转增额和相关税费之和确认其新转增股本的股权原值；（五）除以上情形外，由主管税务机关按照避免重复征收个人所得税的原则合理确认股权原值。"

5. 王先生把股权转给儿女，有什么税收优惠？

有的，个人所得税以转让收入和成本的差额为计税基础，那么股权转让定价可不可以做低一些呢？国家税务总局 2014 年第 67 号文要求股权转让的定价要以公平交易为原则，但转让给子女恰好是转让价格偏低的正当理由，根据67号文，股权主转让收入明显偏低的正当理由是：“（一）能出具有效文件，证明被投资企业因国家政策调整，生产经营受到重大影响，导致低价转让股权；（二）继承或将股权转让给其能提供具有法律效力身份关系证明的配偶、父母、子女、祖父母、外祖父母、孙子女、外孙子女、兄弟姐妹以及对转让人承担直接抚养或者赡养义务的抚养人或者赡养人；（三）相关法律、政府文件或企业章程规定，并有相关资料充分证明转让价格合理且真实的本企业员工持有的不能对外转让股权的内部转让；（四）股权转让双方能够提供有效证据证明其合理性的其他合理情形。”

如何在传承的同时做好养老保障

案例：

王老经营了一个小家电厂多年，在当地小有名气，有一儿一女。王老一直想要培养儿子接班，儿子留学归国在基层锻炼了几年后，老王便让小王担任总经理，自己担任董事长。然而，他们俩在一个企业上班，经营理念截然不同，小王认为企业应该转型，抓住互联网的机遇，重点布局线上商城，王老坚持传统经营模式。由于两人经营理念不同，一开高管会议，高管们就不知道听谁的。儿子小王也对老爸很不满，父子俩的关系也陷入僵局，儿子认为，自己在公司没有权威，希望老爸能尽早退位。王老经过深思熟虑之后，想到企业早晚也是要交给儿子的，就自己提笔写了股权转让协议，将80%的股权转让给儿子，退休后每月拿2万元退休金，王老希望小王能带领公司做大做强，到新三板挂牌上市，小王也欣然答应。这样，小王顺理成章地成为了公司的董事长，王老回家和老伴开始周游世界，安享晚年。如此看来，本是喜事一件。可没过多久，王老发现企业高管纷纷离职，这才发现，儿子接班后不务正业，企业几近败落。王老非常伤心，要求儿子把股权换回来，儿子执意拒绝。王老一纸诉状把儿子告上法院，要求儿子返还股权，由于股权转让协议已生效，并完成了过户登记，最终法院判决王老败诉。

1. 家庭有矛盾，生后传承会有什么风险?

在这个案例中，王老和儿子在公司股权的问题上闹得不欢而散，本想购置的多套房产以后多分些给儿子，看到目前的局面，也想另做安排。为了避免在传承上再次吃亏，提前失去控制权，这次王老开始四处咨询。准备立个遗嘱把房子传给女儿，但又想吸取之前的教训，在生前要控制住房产，不然以后老了没一个听他的。王老通过遗嘱生后传承是不是就万无一失了呢?

对于王老一家来说，由于前期父子已积累了矛盾，此时王老如果立遗嘱，即使经过公证来安排家庭另一大重要资产房产的传承方式，看似规避了前期的风险，在生前将房产控制权掌握在自己手中，但由于继承权公证问题，所有的继承人都需要到场，在公证处或者房产中心同意过户，如有任何一个继承人不同意或拒不到场，继承过户都无法完成，而需要走诉讼程序确定继承权。

尽管 2017 年后房产过户已经取消了强制继承权公证程序，但是按房产交易中心规范，仍要求全部法定继承人到不动产登记机构进行继承材料查验。事实上，取消强制继承权公证程序主要是考虑这部分公证费用较高，引起公众异议较大。取消该流程并不意味着在其他继承人有异议的情况下，房产交易中心可以直接凭遗嘱给继承人过户。

所以，对于有潜在矛盾的家庭而言，单单依靠遗嘱安排进行生后传承是留有后患的。王老的女儿未来拿着遗嘱，可能要过不了户，本就积怨已久的家庭，因为这份遗嘱可能又将爆发连环诉讼。当然，必须承认的是，有了一份有效的遗嘱做兜底，即使子女最后出现矛盾对簿公堂，被继承人的遗愿还是能得到执行。但是一个妥善的传承规划不仅只是考虑传承遗愿是否能全部得到执行，还需要看能否维护家庭整体的和谐，而非引发家庭矛盾。如果家庭和睦，通过遗嘱在生后传承房产给子女是成本最低的方式之一，同时，在生前自己也能有效控制房产，老有所依。

2. 房产生前传承如何做好养老规划？

王老不想后代因为继承又打官司，希望子女都和睦相处，那么传承房产需要怎么做呢？提前过户给女儿吗？但女婿和女儿感情一直不稳定，万一他们离婚了，这一半房产岂不都外流了？还有要是现在就过户了，那会不会又要看女儿眼色了呢？在股权传承上已经吃过一次亏了，王老现在越发谨慎。

从房产传承上看，由于属于家庭核心资产，与金融类资产不同，如果有任一继承人对遗嘱有异议，都无法完成过户，因此对于有潜在矛盾的家庭，可以考虑提前传承的方式，将房产赠与过户给到直系血亲，从税收成本上看，无偿赠与在符合一定条件下可以享受增值税及附加、个人所得税的免税政策，免税条件主要依据赠与人和受赠人的关系，要求两者之间的关系为配偶、父母、子女、祖父母、外祖父母、孙子女、外孙子女、兄弟姐妹、对其承担直接抚养或者赡养义务的抚养人或者赡养人。

但提前传承有两大风险，也就是王老先生提到的。第一，如果子女已婚，赠与的财产将作为夫妻共同财产，一旦发生婚姻危机，在没有任何规划的前提下，另外一方有权主张分得一半的房产所有权。第二，赠与并完成过户后，父母即丧失了所有权，如果出现子女败家或者对父母不孝敬，未来可能出现老无所依，而且人到晚年，更需要一份安全感，房产证上除名后，心底的那份悲凉感不难想象。

下面给大家提供两个方案供参考，简言之，“指定赠与 + 按份共有”两高招，保证安心传承。

（1）指定赠与协议

如果担心财富外流，可以考虑与子女签署指定赠与协议，并进行公证。将房产指定赠与给子女个人，其配偶不享有相关权利。指定赠与协议无需子女的配偶知晓，带上孩子单独到公证处办理即可。以上海市公证处的收费标准为例，一般是涉及房产的指定赠与协议，按受益份额的面积计算，每平方米 80 元。

我们不是防女婿防儿媳，没有哪个父母是不希望孩子的婚姻幸福的，但我们奋斗毕生的心血也是值得尊重的。婚姻是为了成就更好的自己，如果两人感情到了尽头，的确不需要互相勉强。父母尊重儿女的婚姻，儿女也理应尊重父母对财产的处分权。

（2）按份共有

保留房产的小比例份额，和子女按份共有。比如留有 5% 的房产所有权，父母保留部分份额，防止子女任意处分房产，老无所依。同时，由于保留份额较小，未来即使出现争产风险，由于价值较小也不至于大动干戈。

3. 股权生前传承，如何避免失去公司控制权而老无所依?

从股权传承上看，案例中王老在股权传承中已经吃过了大亏，为了儿子能尽早接班在公司大展拳脚，王老提前将企业交班给儿子，不料股权转让之后儿子却把公司败了。其实这个案例也是很多创一代企业家担心的，股权不同于其他资产，要平稳交接，没有意外发生的话，肯定是要在生前传承，手把手扶着二代上位的。然而在交班的过程中，如何保留住创始人对企业重大事项的控制权，避免公司在交接班初期大局不稳呢？核心方法简言之，“公司章程 + 修订指定赠与协议 / 股权家族信托 ”两套方案，可以各取所需。

（1）公司章程修改 + 指定赠与协议

如果企业家已经决定启动交接班，那么提前将部分股权直接过户给子女是一个不错的方案，但需要通过一系列的法律架构来保证平稳过渡，避免企业经营出现波动，以及创始人失去企业控制权后老无所依的风险。

根据《公司法》第四十二条，股东会议由股东按照出资比例行使表决权；但是，公司章程另有规定的除外。因此，对于有限责任公司，通过修改公司章程，可以将企业所有权传承和表决权传承相分离。王老可以把 80% 股权传承给儿子，但表决权王老占 80%，儿子表决权占 20%。按照公司法规定，公司重大事项需 2/3 以上一致通过，一般重大事项 1/2 通过。王老虽然完成了股权传承，但在表决权上仍然占大多数，因此可以对公司重大事项掌握控制权。另外，提前将股权传承给子女，如子女已婚，建议还可同时签署指定赠与协议，并进行公证。当然，表决权与所有权相分离的方案可以作为交接班初期稳定大局、考察继承人的手段，待公司交班局面稳定，创始人完全可以再修改章程，将表决权完全传承给二代。

（2）股权家族信托

如果企业家出现继承人缺位，二代无心或无力继承家业的情况，采用家族信托架构，由职业经理人管理企业并配套相应的股权激励，也是一个可行的选择，对于企业家来说，既无需将子女捆绑在家族企业中，同时又能让后代及自己晚年享受企业经营的硕果。装入家族信托的资产既不属于委托人，也不属于受托人，同时，王老可以做信托保护人。但目前国内股权家族信托需通过交易过户，相关税费成本需要另行评估，如果未来有上市计划，家族信托持股会因触及《首次公开发行股票并上市管理办法》等相关规定而无法通过证监会或全国中小企业股份转让系统有限责任公司的核准或审查，股权信托架构需要被拆除。所以，选择股权家族信托的企业也需要综合考虑税负成本及未来的企业发展规划。

天下没有最好的传承方案，只有最适合的。“我们不拥有财富，我们只是为下一代保管。”人都有老去的一天，在传承中考虑自身的养老安排，不是为了防着子女，无非是想让下一代懂得珍惜、懂得尊重。除了依靠血脉亲情，在巨额的财富面前，不要考验人性，我们更应该相信制度约束的力量。

代持会有哪些风险

案例：

王董事长51岁，在国内有数家公司，早年全家已移民美国，为避免税务问题，多年来国内公司股权分别由亲戚朋友代持。目前，王董事长有2位成年孩子一直在国外，妻子随孩子常年在美国生活，王董则长期在国内经营企业。因家庭和睦一直也没考虑太多企业代持风险问题。但王董事长近年来身体每况愈下，不禁考虑起自己百年身后事，由于子女一直在国外生活工作，和帮忙代持的亲戚朋友较少往来，王董事长隐约感觉在股权代持上会有风险，但具体有哪些也说不清楚。

股权代持在国内企业家中十分常见，是很多企业家朋友不得已而为之的策略，属于明知不可为而为之，或者是身边的人都这么干了，我也跟着学的方法。但常见不代表没有风险，很多风险都是在酝酿当中，我们只有了解有哪些风险，才有可能防患于未然。

根据《公司法》司法解释（三）第二十四条规定："有限责任公司的实际出资人与名义出资人订立合同，约定由实际出资人出资并享有投资权益，以名义出资人为名义股东，实际出资人与名义股东对该合同效力发生争议的，如无合同法第五十二条规定的情形，人民法院应当认定该合同有效。"股权代持协议在国内的效力是被法律及司法案例所认可的，但因代持问题对簿公堂的案件仍比比皆是，也有不少企业家因代持问题导致损失惨重。在代持中到底有哪些雷区容易被我们所忽略呢？

1. 代持雷区之一——代持人负债，股权拱手让人

你有想过代持人如果自己对外负债了，被债权人追债的结果是不是会执行"你的"股权呢？事实上这可谓是目前代持中的最大雷区，公司法及其司法解释目前都没有对这个问题进行明确规定，但从大量的判例上看，法院均是支持债权人的诉讼请求，也就是将名义股东的股权用于偿债。判

决理由主要是在涉及债权人与股东、债权人与公司之间外部法律关系时，确认股东资格坚持形式要件优于实质要件，以工商登记材料作为确认股东资格的主要证据。虽然你可以依据股权协议再向代持人追偿，但代持人本就债台高筑，能追回多少不容乐观，况且最重要的股权也早已拱手让人。

2. 代持雷区之二——代持考验人性，"物是人非"股权被处分

如果上面的风险属于代持人不得已而为之，那你想过曾经值得你托付的人，是否有朝一日会物是人非？你在吃肉，好兄弟不看着也就算了，现在你把肉放在他碗里了，还告诉他你只能喝汤哦。用这么大笔的股权去考验人性，你确定他能十年如一日吗？防人之心不可无，曾经可能只是兄弟情义帮个忙，签了一纸协议，而你自己也是日理万机少有过问，最终代持着十年八年，假戏真做，好兄弟对外私自质押股权，最终被债权人执行，或是股权转卖给其他股东，拿了一笔钱远走他乡。你觉得这时你还要得回来股权吗？

答案是不一定。如果你的好兄弟瞒着接盘侠，这个善良的接盘侠信以为真，以为这真是你好兄弟的股份，也是比较合乎情理的市场价格，这个时候《物权法》善意第三人的强大制度是会妥妥的保护这位善良的接盘侠。而此时的你，想必不仅是公司没了，更重要的这段曾经如此信任的兄弟情也没了，伤钱又伤心，最终只剩下与"好兄弟"对簿公堂，开始漫长的讨债时光。

我们来看看强大的善意取得制度到底是什么样的？根据《物权法》第一百零六条："无处分权人将不动产或者动产转让给受让人的，所有权人有权追回；除法律另有规定外，符合下列情形的，受让人取得该不动产或者动产的所有权：（一）受让人受让该不动产或者动产时是善意的；（二）

以合理的价格转让；（三）转让的不动产或者动产依照法律规定应当登记的已经登记，不需要登记的已经交付给受让人。受让人依照前款规定取得不动产或者动产的所有权的，原所有权人有权向无处分权人请求赔偿损失。当事人善意取得其他物权的，参照前两款规定。”

3. 代持雷区之三——代持人的“意外”有多少

可能有朋友会说，“我的好兄弟一直跟着我，没投资，也没负债，更不可能背叛我，你说的风险，在我这只要找对了人，都不存在！”这世界上有一位如此值得你信任的兄弟，真是替你欣慰！不好意思，我们做律师的就是要把各种极端风险考虑到，是不是会有问题还需要你去衡量，如果风险点都想到了，后果也能接受，即使出了问题也相信你没啥后悔的了。

所以，我还想说说，你的好兄弟可能不是你找对的人，如果你的好兄弟遇到婚姻问题，他的配偶会不会来要求分割股权？如果你的好兄弟不幸意外去世，他的法定继承人会不会来要求继承遗产？这些情况可能都是极低概率，但如果发生了，没做好提前规划，都可能闹得你家无宁日。很多判例到最后都是，代持时间太长，配偶和继承人不了解代持的背景，执意要求分割股权。而实际出资人没意识到还有这个代持风险，协议没有保管好，出资证明找不到了，最终法院没有承认代持的有效性，而白白丧失了自己的股权。

4. 代持雷区之四——代持之名“见光死”，成为“真股东”路漫漫

有的朋友还会说，照你这么说，感觉代持的确是有不少风险。如果我不想让人代持了，股权可以要回来吗？你说的股权要回来，其实就是隐名股东的显明化问题。我们要先回到为什么要代持股权这件事上来？如果

找人代持股权仅仅是因为藏富，不想要高调成为股东，那股权协议是有效的，显明化在法律上不是问题。下面两种特殊情况就要小心了。

（1）公务员隐名持股

如果找人代持股权是因为你是在体制内作为公务员不方便入股，根据2018年修订的《公务员法》第五十九条规定："公务员应当遵纪守法，不得有下列行为：违反有关规定从事或者参与营利性活动，在企业或者其他营利性组织中兼任职务。"

那么你有可能违反了公务员法的营利性投资的限制性规定，但好在这类规定属于管理性规定，并不是效力性规定，违反公务员法应由其管理机构追究其相应的责任，但股权代持协议仍是有效，也就意味着你按照股权所对应的财产权利以及事实上的股东资格是确认的。

但同时如果你想显明化持股恢复工商登记，按照目前的判例，如《上海某木业有限公司、陈某某等股东资格确认纠纷二审民事判决书》【（2014）沪二中民四（商）终字第489号】来看，《公务员法》的管理禁止性规范，与"市场准入"资格有关，该类规范目的之一在于由特定管理机关依法履行其管理职能，以维护社会秩序。因此，要求在工商局显名的"违法要求"时不能得到法院的支持。

（2）隐名持股上市公司股份

如果违反了上市公司禁止股份代持，目前最高院的判例，如《杨某某、林某某股权转让纠纷案》【（2017）最高法民申2454号】，认为上市公司不得隐名代持股权系对上市公司监管的基本要求，公司上市系列监管规定有些虽属于部门规章性质，但因经法律授权且与法律并不冲突，并属于证券行业监管基本要求与业内共识，并对广大非特定投资人利益构成重要保障，对社会公共利益亦为必要保障所在，故依据《中华人民共和国合同法》第五十二条第四项等规定，违背公序良俗的原则，股权代持类协议应认定为无效，也无法成为显明股东。由于协议无效，产生的后果则是返还原状，代持人需要返还出资财产，而对于股权增值后的收益，却不属于返还原状的内容，只能基于谁投资谁受益原则，酌情按比例分配，而这其中，实际出资人财产到底能分得多少也是一个博弈的过程。

代持作为高净值人士常采用的一种简单粗暴式的财富管理方式，不是不可为，而是要想清楚雷区可能在哪。法律作为维护社会公平的最后一道防线，如果真的踩雷了，的确会保护你的合法权益。但因为代持中牵扯到了几层法律关系，而各方的利益也是法律需要权衡的，这时候，如果作为一心想藏富的你，提前选好人，避好雷，或者想想是否有棋高一着的解决之道，可能是现在唯一做了能让你睡得好觉的事。

代持的股权如何继承

案例：

还是以王董事长为案例。

上一篇文章我们为王董事长分析了股权代持可能存在的风险，接下来我们看看王董事长代持的股权未来该如何交到孩子手上，以及如何规避股权代持中的各种雷区。

1. 没有规划，代持的股权会如何继承？

（1）岁月静好，人心向善

如果一切岁月静好，各方都无纷无争。代持的亲朋好友认可代持的效力，同时愿意继续担任名义股东，法定继承人之间对股权继承也没有异议。为了公司的发展大局考虑，一致同意王董事长长子小王全部继承父亲股权，其他人股权按份额折价。小王与代持人之间重新签署代持协议，其他继承人心甘情愿退出公司经营。而在未来我们只需祈祷人心向善，各方安守本分，“天下熙熙，不为利来，不为利往”。

（2）世事难料，人心难测

然而世事难料，巨额的股权财富时刻考验人性，更真实而残酷的故事版本可能是什么样的呢？“天下熙熙，皆为利来，天下攘攘，皆为利往。”王董事长百年之后，继承人之间的纷争、继承人与代持人之间的纷争将伴随着掌舵人的离世随时爆发，王董事长辛苦打拼了半辈子的企业，可能将困于无穷股权争夺官司，最终经营陷入内耗僵局。

（a）代持人“上位”代之

由于代持关系具有隐秘性，如果代持人不承认代持存在，王董事长的继承人如何主张继承代持股权呢？按照目前的司法实践，由于代持和继承是两个不同的法律关系，因此向法院提起诉讼，代持股权的继承是无法一步到位完成，需要分两步走，第一步先确认代持关系，第二步处理继承问题。而这其中关键点在于代持股权的确权问题。如何证明代持关系存在？是否有代持协议？没有代持协议，是否有代持“合意”？还是仅有出资证明？根据谁主张、谁举证的证据规则，如果继承人无法提供相关证据证明股权由王董事长实际出资持有，则法院很难判决确认代持股权归王董所有。

（b）继承人上演争产大戏

如果代持人人品厚重，代持关系被确权，或者代持证据充分，代持关系被确权，是否就万事太平了呢？非也。如果没有提前的传承安排，将会按照我国继承法的规定，公司的股权将在各法定继承人间平均分配。而这样产生的后果是公司的股权过于分散，控制权是公司的核心，继承人争夺股权的首要目标就是取得公司的控制权。如果股权过于分散，则难以形成有效的控制权，最终将造成争议双方股权比例均等，势均力敌，各不相让，从而使公司解体。

《继承法》第十条继承人范围及继承顺序："遗产按照下列顺序继承：第一顺序：配偶、子女、父母。第二顺序：兄弟姐妹、祖父母、外祖父母。继承开始后，由第一顺序继承人继承，第二顺序继承人不继承。没有第一顺序继承人继承的，由第二顺序继承人继承。本法所说的子女，包括婚生子女、非婚生子女、养子女和有扶养关系的继子女。本法所说的父母，包括生父母、养父母和有扶养关系的继父母。本法所说的兄弟姐妹，包括同父母的兄弟姐妹、同父异母或者同母异父的兄弟姐妹、养兄弟姐妹、有扶养关系的继兄弟姐妹。"

2. 如何通过"代持协议五件套"规避代持风险？

看过了没有传承安排的王董事长故事发展的两种结局，让我们重新回到岁月静好的今天，我们能够做些什么帮助王董事长将企业传承上不单纯的寄托"运势"，不求打造百年基业，只求辛苦打拼下来的企业不成为断送家族和睦的祸根。

（1）代持规划"五件套"，一个不能少

我们对现有否认代持协议效力的司法判例进行了总结，为王董事长归纳出代持规划的"五件套"，每一项材料都对应防范相应的风险，手续简便易操作。

代持规划五件套：代持协议 + 出资凭证 + 代持人配偶同意函 + 遗嘱规

划+抵质押凭证。

代持协议是证明有代持的合意存在。出资凭证可以直接注明汇款用途以作为汇款记录，或者如果不方便直接转账时，可以签署委托出资协议。代持人配偶同意函用于防范代持人配偶主张代持股权为共同财产风险。隐明股东的遗嘱规划可以让继承人及时了解到代持股权的存在，防范代持人隐匿代持股权，防范继承人争产风险。抵质押凭证是为了防止代持人道德风险，处分代持股权而设，实际出资人和显明股东签署一份借款协议，并将代持的股权作为质押物，进行质押登记，因股权上有质权可防止代持人随意处分。

（2）“防火墙”非万能，自带“后门”需警惕

代持“五件套”可较为有效地防止代持的各项风险，但也不是万能的。根据《合同法》第七十三条，“因债务人怠于行使其到期债权，对债权人造成损害的，债权人可以向人民法院请求以自己的名义代位行使债务人的债权，但该债权专属于债务人自身的除外。”

在代持股权上设立质权虽然防止了代持人随意处分股权，同时带来的问题是由于王董事长享有了公司股权的质权，当王董事长对外负债时，他的债权人可主张代位求偿权，以执行质权偿还债务，从而使代持的债务风险隔离效果大大减弱。而对于不少企业家来说，代持的目的本就是想为了未来能给自己留一块自留地，出现风险有腾挪的空间，而为了防止代持人的道德风险，反而又把自己给绕到圈圈里去了，似乎也是一个得不偿失的做法。

3. 如何通过民事信托规避代持风险？

代持是基于合同法而生的民事法律关系，如果将代持关系转变为民事

信托关系，双方的权利义务将是基于信托法而生，而这意味着受托资产将产生独立性，具有风险隔离的功能。

（1）自然人可以作为受托人吗？

根据《信托法》第二十四条，“受托人应当是具有完全民事行为能力的自然人、法人。法律、行政法规对受托人的条件另有规定的，从其规定。”信托法中对于受托人的规定，其实非常明确。不仅有我们目前市场上宣传的以信托公司为受托人的家族信托，自然人、法人均可以成为民事信托的受托人。

在司法实务中，以自然人为受托人的民事信托早已低调落地，并且在2019年已出现国内第一单遗嘱信托的司法判例（详见钦某某等遗嘱继承纠纷二审民事判决书，上海市第二中级人民法院，（2019）沪02民终1307号）。在判决中法院已明确认可了自然人为受托人的民事信托的法律地位，甚至委托人把“信托”写成“基金”，最终法院也基于实质大于形式，在综合考虑委托人实际意愿的情况下，将该法律结构的性质认定为信托，最终实现了受托人管理信托资产的目的。

（2）信托和代持感觉实质都一样，换种形式真能隔离风险吗？

不少人会质疑，如果用自然人作为受托人，感觉代持和信托实质上都是找个人来帮忙隐藏资产，没有差别，换种形式就能隔离风险了吗?

从法律关系上看，代持的法律关系中代持人是没有信托法上的信义义务的，因此代持人的潜在风险较大，而民事信托法律关系中的受托人在信托法的明确规定下，承担的是较为严格的信托责任。

从心态上看，作为受托人有一种仪式感、责任感，作为代持人则总有种见不得光之感，看似没什么差别，其实对于受托人来说心态完全不同，而这种心态的差别也将导致受托人的道德风险远远小于代持人。

从资产独立性及风险隔离上看，信托资产独立于委托人、受托人来源于信托法的明确规定。通过民事信托协议，并配套公证、定期审计等措施强化受托人的信托责任，“做实”民事信托就可以达到风险隔离的效果，以此规避了代持中的各类法律风险，特别是当委托人、受托人被债权人追索时，基于信托资产的独立性原则，债权人以债权债务关系是无法对抗受托人与委托人间的信托关系，因此，受托资产也就无法被强制执行。

当然，没有一种法律工具是能完美规避所有风险的，我们首先需要做的是识别到底有哪些风险，其次评估对于自己来说哪类风险级别最高，最后综合评估才能选择运用哪类工具进行风险防范。

外籍子女如何继承被代持的股权

案例：

在前两篇文章中，聊完代持股权的风险和代持股权的继承方案，对于王董事长而言，或者像王董事长一样的更多企业家而言，焦虑可能并没有结束。正如案例中，一代企业家的子女不少移居海外学习生活，有的已经取得境外身份。如果在跨境继承中，外籍子女希望能够显明持股，成为公司的股东，当股权代持遇到了跨境继承，会产生什么样的化学反应呢？

为了简化讨论，我们先假设在代持确权、继承上各方都达成了一致意见，其中还有可能会遇到什么样的风险呢？对于跨境继承来说，不少企业家可能忽视的一点是“内资企业是否会因为跨境继承而改变企业性质呢？”公司性质是内资还是外资，对于企业经营范围、行业准入等都影响极大，当然也不排除部分外资企业在税收上有相应的优惠。所以在跨境继承对于公司性质的影响是不容小觑的，需要提前做好评估和筹划。那我们先来说说问题的结论，答案是不一定。

1. 股权继承后是否就成为外资企业了？同院不同判。

从司法判例上来分析，已出现同一法院对同类性质案件出现不同的判决。（2009）沪一中民五（商）终字第7号，金某与上海某钢材有限公司股票权利确认纠纷案，该案已被发表在《人民司法报》上。该案的判决依据有一定参考意义，法院认为，上诉人因继承取得公司股东资格，并未改变该公司注册资金来源地，该公司的性质仍为内资公司，故无需国家外商投资管理部门批准。也就是说外籍人士继承内资企业不导致企业性质变化。

然而（2010）沪一中民四（商）终字第2287号，法院认为被上诉人系内资公司，上诉人通过继受成为被上诉人的股东，因上诉人系台湾地区居民，上诉人作为内资公司的股东，必然会导致公司股权及性质的变更，根据有关规定，则应当报相关行政部门进行审批。也就是说非大陆居民继承内资企业会导致公司性质变化。

2. 股权代持遇上跨境传承，该如何早做安排？

正是这种判决的不确定性，更是让我们企业家们摸不着头脑，当股权代持遇上跨境传承，到底该怎么办呢？

（1）外籍二代显明持股难，个案诉讼有风险

因外籍子女继承股权涉及办理股权变更登记手续，各地工商行政部门或有不同的要求，如广东工商管理局网站上明确回复，以出资来源地为准，即不会变更企业性质。而上海工商管理局对外回复则是会变更企业性

质。出现该问题也不难理解，由于涉及外籍人士，所在地的工商管理局可能会综合考虑各类政策因素，针对不同国籍、不同行业，法律法规的解释的松紧度可能也有所差异。

对于有跨境继承股权的客户，建议提前筹划安排，切莫等到继承迫在眉睫之时才考虑该问题。提前咨询当地工商登记管理部门，问清楚所有流程和材料，若需要变更企业性质并提供相应审批材料，需要提前考虑是否可接受企业性质的变更，企业性质变更会有哪些好处与弊端。若是不想变更企业性质，而工商局又无路可走，外籍子女又坚持显明持股的话，最后可向法院提起股东资格确认，通过法院诉讼，以个案形式确认公司性质，工商局仅需要服从法院判决来操作。当然，对于客户来说，需要有合理的心理预期，按照目前的司法判决来看，不同法院甚至同一法院的判决仍有存在差异的可能性的。

（2）继续代持股权，实操更简洁

因外籍子女继承股权存在变更企业性质的可能性，在实际操作中，如二代非坚持明显持股的话，建议也可继续通过代持方式继承股权，更具实操性。当然，是否需要更换代持人，可以视继承人的意见而定。但需要明白的是，更换代持人后，将发生股权转让的税费等成本，还需要二代综合权衡。

从以上的风险分析看，在企业传承和经营实践中，代持在一定程度上是综合权衡下的妥协之举。而在跨境传承代持股权中，企业家一代需要有意识地培养长期在海外的接班人和忠诚的代持人之间的信任关系，甚至代持是否可以考虑转换成民事信托关系。总之，解决方案的核心要义是提前统筹规划，通过民事信托、股权重组、协议等工具降低代持风险的发生，减少跨境传承对企业经营产生的不确定性风险。

常用的慈善结构有哪些

案例：

张先生今年67岁，他从十几岁做学徒开始，白手起家开设了自己第一家鞋铺。敢闯敢拼的他审时度势抓住了改革开放的时代机遇，慢慢从第一家制鞋厂发展壮大成业务遍布全球、横跨多领域的综合集团。作为创富一代的张先生将企业交给两个儿子打理，退居二线后一直想要通过做慈善来回馈社会，并作为家族核心精神传承下去，希望每年能够从公司利润中捐赠部分所得，无奈年事已高不能亲力亲为，但又对一次性直接大额捐赠去处不放心，他想知道还有其他途径能够达成自己家族做慈善的心愿吗?

张先生想要自己做慈善，但是因为有“郭美美”等人的前车之鉴，无法掌握善款的使用情况，可以考虑设立家族慈善基金会或者慈善信托。基金会和信托这两种载体是目前使用最为广泛的慈善形式。虽然两者都能实现慈善目的，但因其本质架构的不同，还是存在一定差异。

1. 什么是慈善基金会?

慈善基金会是指利用自然人、法人或者其他组织捐赠的财产，以从事公益事业为目的，按照法律规定成立的非营利性法人。

慈善基金会主要适用《中华人民共和国公益事业捐赠法》和《基金会管理条例》等法律法规的规定，基金会拥有法人资格，设立基金会必须有注册资金、章程、相应的组织架构以及办公场所与人员，同时基金会需要在民政部门登记注册。基金会对于初始投入资金有门槛要求，并且由于财团法人身份需要承担民事责任。

对于设立者张先生自己的慈善目的，可以在基金会的章程中体现，并且家族成员作为基金会理事参与基金会的运作，以保证慈善目的的正确实施。

2. 什么是慈善信托？

慈善信托属于公益信托，是指委托人基于慈善目的，依法将其财产委托给受托人，由受托人按照委托人意愿以受托人名义进行管理和处分，开展慈善活动的行为。

慈善信托主要适用的是《慈善法》和《信托法》，采用信托结构需要选定受托人与监察人。慈善信托的设立门槛相对较低，无资金要求，可以选择信托公司或者慈善组织担任受托人。除了必须到民政部门进行备案登记外，作为信托本身也受到银监会的监管。

慈善信托的受托人对于慈善资金的运用具有法定的信息披露义务，因此，张先生作为委托人，在信托设立时可以要求定期披露善款适用情况，并且可以将自己的孩子设为监察人来监督信托的运营管理。

下表是关于慈善基金会与慈善信托的简单对比：

	慈善基金会	慈善信托
设立要求	有注册资金要求，全国性公募基金会的原始基金不低于800万元人民币，地方性公募基金会的原始基金不低于400万元人民币，非公募基金会的原始基金不低于200万元人民币；原始基金必须为到账货币资金	设立相对简单，无资金门槛要求，需要选择受托人与监察人
财产类型	均可	均可
管理成本	有固定场所和人员，运营成本相对较高	无固定场所与人员，运营成本相对较低
内部治理	与公司治理类似，经营权、所有权、受益权分离，以理事会为治理主体	受托人义务为核心，为受益人利益管理财产，受托人不得违反忠诚和注意义务

续表

	慈善基金会	慈善信托
外部监督	尚无外部监督机制	监察人制度和明确的信息披露要求，透明度高
财产管理	多数基金会缺乏投资管理能力，常以活期存款形式存于银行或者委托银行、信托等机构代为管理	信托之本质属性，可由公司运用财产投资实现保值增值
税收优惠	具有企业和个人相关税收优惠规定，慈善基金会可向捐赠者开具免税发票	慈善信托管理办法未明确定义，目前一般自适公益捐赠类政策。慈善信托不属于《慈善法》规定的慈善组织，不具备开具捐赠发票的资格
运营要求	公募基金会每年用于从事章程规定的公益事业支出，不得低于上一年总收入的70%；非公募基金会每年用于从事章程规定的公益事业支出，不得低于上一年基金余额的8%。基金会工作人员工资福利和行政办公支出不得超过当年总支出的10%	无相关限制，信托资金运用的灵活性较高

慈善基金会与慈善信托是可以相辅相成的，比如前世界首富比尔·盖茨与妻子梅琳达设立的基金会，便是采用了“慈善基金会+慈善信托”的双轨制架构。将受赠的信托资产的管理与慈善项目的运作分开，各取所长达到慈善最优的目的。

3. 我捐出去的钱可以再要回吗?

很多捐赠者都有这样的担忧，现在有能力做慈善，但万一日后公司经营出现风险或家庭财富出现了危机，是否可以撤销赠与呢?

对慈善基金会来说，《合同法》第一百八十六条规定，赠与人在赠与财产的权利转移之前可以撤销赠与，但对具有救灾、扶贫等社会公益、道德义务性质的赠与合同或者经过公证的赠与合同不能撤销。因此，捐赠给基金会的财产，其财产所有权已经发生转移，捐赠者无权要求撤销赠与。

对慈善信托来说，《慈善法》《信托法》等相关法规中均未做出明确说明，在成立信托时可以设置一些终止条件结束信托计划。而信托结束后慈善信托并没有强制要求终止后的信托财产不能用作私益，因此，捐赠人可以在约定的慈善信托期满或设定条件终止后进行一些筹划。

如果客户既想要做慈善又想家族保留一定的“私益”权利，可以尝试设立含有慈善目的的家族信托。在家族信托下设立一个慈善信托作为子信托，与家族的其他受益人并列（见下图）。家族信托对于家族财富隔离与传承的作用不言而喻，在传承财富给下一代的同时融入慈善目的，也是一种价值观的传承。委托人可以通过受益比例与分配条款的设置，来平衡家族内部成员与外部慈善捐赠的利益分配。

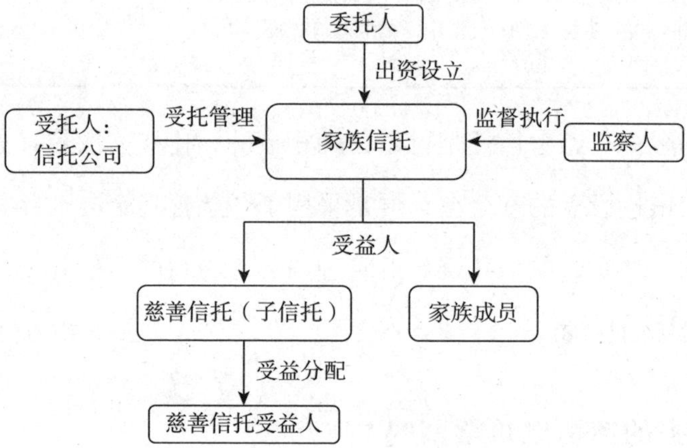

家族信托中的慈善目的结构图

4. 慈善信托没有开具捐赠发票的资格，是不是意味着对企业没有税收减免的优惠?

在上文关于慈善基金会与慈善信托在税收优惠上的对比中，虽然慈善信托不属于《慈善法》中认定的慈善组织，没有开具捐赠发票的资格，但是这并不意味着做慈善信托就无法给企业带来税收优惠。实践中，我们可以在慈善信托中使用双受托人的模式——信托公司加慈善组织，选定有资质的慈善组织进行慈善事务的日常运作，也能够解决慈善信托委托人纳税抵扣的问题。

5. 对企业来说，做慈善有哪些税收优惠？

《企业所得税法》第九条规定："企业发生的公益性捐赠支出，在年度利润总额 12% 以内的部分，准予在计算应纳税所得额时扣除；超过年度利润总额 12% 的部分，准予结转以后三年内在计算应纳税所得额时扣除。"

也就是说，假设张先生的公司当年利润总额为 1000 万元，企业所得税一般税率为 25%，在没有慈善捐赠的情况下应纳所得税 250 万元。如果张先生的公司当年捐赠了 200 万元，在当年可抵扣的捐赠限额为利润总额的 12%，也就是 120 万元，扣除后的应纳所得税为（1000 – 120）× 25% = 220 万元，对于张先生公司来说节税 30 万元。当年捐赠部分超出年度利润总额 12% 部分的 80 万元，也可以在以后三年内计算应纳税所得额时进行扣除。

6. 我的企业股权可以做捐赠吗？

目前慈善信托和慈善基金会对于捐赠财产的类型都没有限制，《慈善法》第三十六条规定："捐赠人捐赠的财产应当是其有权处分的合法财产。捐赠财产包括货币、实物、房屋、有价证券、股权、知识产权等有形和无形财产。"因此，公司股权是可以作为捐赠资产纳入其中的。对于股权捐赠的认定，《国家税务总局关于公益股权捐赠企业所得税政策问题的通知》中明确，不仅可以接受股权捐赠视同转让股价，股权转让收入额以企业所捐赠股权取得时的历史成本确定，而且捐赠的股权仍然可以按照上面我们提到的税收优惠政策进行扣除。股权捐赠是世界上很多家族做慈善的方式之一，每年的股权分红源源不断地进入到基金会或信托中，作为慈善资金使用。虽然目前我国的信托登记制度还不完善，但并不影响以股权捐赠来做慈善。

随着我国公益事业的大力推进，《慈善法》与《慈善信托管理办法》等相关法律法规相继出台，为想要回馈社会的企业家们拓宽了慈善事业的选择平台。张先生希望通过公司做慈善，可以采用慈善信托的双受托人模式，通过信托公司设立慈善信托，并且委托慈善组织进行慈善活动执行。既有信托公司作为受托人在信托管理上的优势，实现慈善资金的保值增值，也有慈善组织在慈善活动项目上的组织开发优势，并且被认可的慈善组织具有开具捐赠票据的资质，能够帮助企业节税，可谓一举三得。如果张先生在慈善目的之外也想统筹规划整个家族财富传承，可以通过家族信托与慈善信托相结合的模式，将慈善信托作为子信托与自己的子孙后代一起设置为家族信托的受益人，实现“小家”和“大家”的爱与传承。

第三篇

守住海外资产

离岸资产规划市场的变化趋势

自 2013 年初至今，无论是对从业人员还是有需求的客户来说，知识普及的迅速，对“资产规划”这个词已经不再陌生，而近两年资产规划市场更是直接从理论时期，正式迈入落地的实务阶段。

之所以发展得如此迅速，肇因于国际间税务信息监管、经济周期等宏观和微观环境，而此变化趋势也不仅发生在中国，而是全球范围的普遍涟漪效应。从以下四个角度，简单对现今离岸资产规划市场趋势进行分述。

1. 新富阶层对信托结构认知及需求大幅增进

信托作为英国衡平法系的产物，本来就不容易懂，这点对于许多国内从业人员应该都感同身受。其实对信托认知需要时间积累并非中国独有问题，与中国同样呈现高度经济发展的拉丁美洲国家，因为也是大陆法系地区，也同样经过类似的路程。

在 1990 年到 2000 年初，透过外资银行及券商配合离岸法区的推动，大量高资产人士将资金透过境外信托结构持有，其目的除“传承”需求外，因为当地政治稳定性、外汇管制、担心货币贬值乃至于“钱财露白”后遭受绑架的担心，使得具有资产保护与隐私性特点的信托受到追捧。

当然，信托结构也具有税务优化的功能。拉美国家大多都有遗产税、对源自国内的收入也需要交所得税，因此，全权委托信托这样的资产保护结构，可对委托人的资产税务做出合法的隔离。

但也类似国内状况，初期“信托资产不再属于我的”这样的逻辑，同样也无法为当地富人所接受，所以，初期大多委托人依然担心“钱被老外拐走了”，多采取保留权力信托等结构。委托人希望继续保持对信托资产的控制和管理，而且积极参与其有关投资的决策过程。另外一方面银行或财富管理公司也希望对这些资产进行管理，而非全部交给受托人。这种初期的妥协模式，在一定程度上促进了该地区信托业务第一阶段的市场化和商品化。

然而，自 2008 年全球经济危机后，包含美欧各国的税收需要及 OECD（经合组织）对于跨境税务信息透明的压力及反避税措施不断增强，外资也从中南美洲大举撤出，因此银行等金融机构被迫取消信托等业务或者将信托业务卖给服务提供商。南美洲的信托业务呈现出谷底低迷。

随着市场缓慢恢复繁荣，加上透过当地政府税务特赦计划，鼓励企业家将海外资产汇回本国。因此，拉丁美洲的富人可合法通过资产剥离，安心地进行申报海外账户，其对信托的了解也日益成熟，整个市场氛围开始进入税务规划（不是逃税）、资产多样化，许多当地财富管理行业也开始进入家族治理和继任规划的业务。

同时，因为该地区的民法典认为只要不违反国家的公共秩序，则资产保护等法律结构在拉丁美洲的法律体系都是有效的。因此，大量的单一和多家族办公室近年大量兴起，资产规划成为当地富人的刚性需求。信托在拉丁美洲进入一个新纪元。

当地信托发展有个特点，拉丁美洲家庭成员的身份与海外资产都对美国“情有独钟”。因此，该地区高净值人士大量使用美国怀俄明州、北达科他州、内华达州（而不是传统的加勒比海法区）的信托等法律架构来保护其海外资产。而且，由于市场趋势明确，许多当地律师结合其海外顾问，以客户背景及需求为基础，设计更多有效且合法的税收规划及资产保护结构。

另外，高净值人士对信托的知识开始深入，了解保留过多的权力容易造成信托的无效，因此，近年来成立的多是不可撤销、改由家庭或朋友的“保护者”指导资产管理公司的全权信托，并透过衡平法的特点，来真正解决其资产规划需求。

2. “硬底子”的资产规划专家服务成为全球刚需

如同拉丁美洲的状况，由于资产规划涉及不同法区、身份的税务法律问题，并无法由传统金融机构包山包海的全部完成，所以“家族办公室顾问”成为各地富豪的求助首选。俄罗斯也一样。

在 2018 年 3 月俄罗斯前情报人员和其女儿在英国“中毒”的斯克里帕尔事件，引发美方在同年 8 月实施制裁俄罗斯。而英国政府则进一步以此事件为支点，对英国海外领土施压，要求在 2020 年底前建立受益所有人的公共登记册，以期获得各种高净值个人的资产信息。

同时，英国执法当局透过《2017 年刑事金融法》，可以对涉嫌参与或与严重犯罪有关的人或欧洲经济区以外的政治敏感人士（不限于俄罗斯人）申请法院命令，要求他们解释任何价值超过 5 万英镑的有形或无形财产的资产来源。这也就是“无法解释财富令”（unexplained wealth orders，简称 UWOs）。

因此，无论是英国、瑞士、塞浦路斯等各地银行，各自对其客户（包含老客户）提出各种资金来源问题，甚至要求提供有关他们账户运营的更多细节。比如塞浦路斯的一家银行甚至要求一家家族办公室解释一笔不到 10 万欧元的法律服务款项是否符合该公司的业务概况。

俄罗斯富豪突然之间成为金融机构的烫手山芋。因此大量俄罗斯客户涌入家族办公室，希望这些专家能提供与金融机构客户尽职调查（KYC）材料、财富来源详细信息和其他类似事项的专业协助。这些要求不仅来自所谓的 210 位俄罗斯知名人士的“普京名单”客户，也包含一般正常生意、却面临银行要求关闭账户的俄罗斯企业家。他们都需要有跨境法律、税务的专业背景人士来应对欧盟、美国和亚洲银行提出的各种反洗钱和 KYC 等要求。

印度市场也是如此。印度拥有超过 150 万高净值家庭，未来 10 年大量的代际转移将易手约 57.8 亿欧元（1280 亿美元）的资产。因此近年来 Azim Premji、Ajit Khimji、N.R. Narayana Murthy、和 Ambani 等印度富豪家族都成立了单一家族办公室为其服务。

原本印度的专业顾问着重在股票和房地产的投资领域，但随着新富阶层不断增加，独立的多家族办公室数量也不断成长。与其他各国类似，印度的家族办公室现在不止提供资产管理和财务规划，也包括原本富豪没有涉及的资产规划、财税规划、保护结构等专业服务。

3. 现代法下各法区对信托的法律创新

随着知识的沉淀累积，从业人员及客户都逐渐知道，不能再以“境外家族信托”几个字将各法区的信托混为一谈。虽然大多离岸信托的发展基于英国的衡平法，但是在现代法的今天，各离岸 / 在岸法区对于信托的发展钻研，也都有各自不同的方向。

举个 PTC 结构设计的例子：几乎所有的客户在设立信托时，都想把权力攥在手里越多越好，但风险在于保留权力过多，很可能整个结构最后被视为虚假或者无效。因此就有了私人信托公司（PTC）的模式出现。

简单来说，客户设立一家私人信托公司作为自己信托的受托人，PTC 由董事会管理，除了家族成员外，也会聘任专业顾问担任董事成员，董事会的决定是根据 PTC 的备忘录和章程，以及一般适用法律作出的。PTC 及其董事必须被视为按照信托条款行事。如此一来等于客户的信托在法律基础上“左手托给右手”，信托资产管理不仅仍为家族成员，对家族企业运营脉络清楚，且完全独立的信托决策程序，也可以确保信托的有效性。

这时 PTC 的股东（有权任命董事）的设计就至关重要。股东如果是自然人的话，又会有其他继承控制等额外问题，因此初期设计，是使用标的信托（purpose trust）作为 PTC 股东，但这样就成了两层结构，客户接受程度并不高。

随后耿西岛就设计出私人信托基金会（PTF）作为受托人，透过“基金会没有股东”的原理，变相地解决了股东的难度。而英属维京群岛（BVI）出台的 VISTRA 结构与开曼 STAR 结构，透过委托人对信托下持有公司股东的任命权等法理的突破，也都逐渐为不同需求的人士接受，而把自己的信托在该法区落地。

另外，再举个百慕大对于改变信托资产的处置权和行政权的法律创新的例子：百慕大信托也是植根于英国普通法，原本依照 1958 年英国《信托变更法》的本地等效条款，当改变信托受益权或行政条款等法定变更时，需经过所有成年受益人的同意。

但是，百慕大根据1925年《英国受托人法》第57条，制定了独特的百慕大《受托人法》第47条。允许为了整个信托的利益可以做出“权宜调整”，不需要所有成年受益人的同意，在“最大利益原则”下，法院可在未获得所有成年受益人同意的情况下，更改信托的受益条款，且无需确认这样的变更是否会影响到无能力受益人的利益。

百慕大此举并非任性而为，而是标准的离岸法区“结合法律合理性”所作出的现代法创新。百慕大信托法47条结合了两个英国法律部分的最佳元素：1925年《定居土地法》中的“交易”（transaction）的定义，删除“管理或行政”（in the management and administration）的用语，保留了《英国受托人法》中“权宜”（expediency）的门槛。

百慕大法院在2005年1月的意见就提到：第47条中“交易”的定义，可使法院能够赋予受托人更改信托条款、或者授权受托人将信托基金转拨予新信托等权力。而这种法律的改革合理化的重点，是简化信托变更流程、避免一系列循环步骤或交易却获得相同的结果，且降低因信托资产转让造成额外税务责任的可能性。

随后，在2012年4月ABC信托案中，百慕大法院批准根据第47条将信托的存续期延长，并变更受托人收费规定等条款，为47条的规定奠定了司法解释的判例基础。百慕大信托法第47条使得法院可以在“交易/变更必须使整个信托受益”的“合宜”大原则下，改变信托的受益条款和管理条款，且无需获得所有成年受益人的同意，也无需证明所有受益人（包括未出生的孩子等）以相同的方式或在相同的程度上受益，或证明其利益很可能受到变更影响的无能力受益人的利益。

这种模式可以大量吸引具有美国身份受益人的信托设立需求，因为美国当地的信托其资产一旦累计收入，美国身份的受益人的利润可能就会被美国 IRS 累积分配规则造成的税务责任侵蚀大半。但如果将美国身份受益人与非美国受益人的利益分离，来改善这样的税务压力时，又面临固定权益转换为自由裁量权益的考虑、某些受益人因税务原因拒绝同意等问题，而未经全体受益人同意，调整就无法执行。而在百慕大就可以运用第 47 条，无需经过美国受益人同意来调整信托条款达到税收优化的功能。

也因为如此，许多其他地区既有的信托结构，也开始迁移到百慕大，流程其实并不繁琐，只要先发出百慕大新受托人的委任，随后原设立地的受托人的辞职，并同时将适用法律改为百慕大法律即可。

4. 跨境税务问题开始蔓延发酵

全球税务信息的问题也是这几年各国的热点。以民事信托结构的保密性及税务优化角度来看，由于《海外账户纳税法案》等报告义务或税务原因，将原本“固定收益信托”转为“自由裁量信托”是一大应对趋势，但除了一般的私益信托外，跨境税务问题已逐渐延伸到其他的资产规划结构。

就以信托发源地英国最“与世无争”的慈善结构为例，英国作为国际慈善中心，慈善机构和捐赠者可以享受慈善减税。但慈善机构的成立与管理，依照监管规定，仍有一定程度的管理形式和披露责任。对于慈善家来说，考虑到英国慈善地位带来的好处，原本所需的管理、手续和披露是完全可以接受的。然而随着税务信息透明趋势的不断衍生，在慈善委员会网站上公开披露慈善机构和受托人的详细信息、公开提交账户，披露一些慈善家宁愿保密的信息等要求，使得原本希望保持匿名或限制公开信息的慈善人士被迫考虑其他离岸地区的结构。

在慈善结构设计中，“是否具有税务优惠性”往往是整个结构的重要考量因素。但由于不同司法管辖区对“慈善”的概念及定义不同，因此，如果慈善家想在某一司法管辖区获得税收减免，就只能向在该司法管辖区内设立的慈善机构提供捐赠，否则就很难获得税务减免。

虽然欧洲法院（ECJ）在判例中认为对跨境捐赠的减税限制实际违反了《欧盟条约》对成员国之间资本自由流动的原则规定，但是类似的税务认定争议仍然持续发生。

举个例子：英国在2010年对《金融法》中大多数税收目的的“慈善”的定义进行了修改，将其扩展到欧盟、挪威和冰岛及列支敦士登境内的合格慈善机构。理论上，英国纳税人可以对符合条件的组织的捐赠申请减税，而那些符合条件的组织可以在英国境内申请慈善免税。

但实际上，跨境税收减免的可获得性和可接受性仍然非常有限，合格慈善组织在其目的必须与英国法律规定的慈善目的一致，而且即使依照《金融法》规定，一百多家境外慈善机构在英国皇家税务委员会提出注册申请认可为合格慈善机构，却结果是只有不到10%的机构申请成功。

我们用2019年4月最新的一个案例来看看这种税务的不确定性对慈善捐赠有什么影响：库尔特夫人于2007年在泽西岛去世，根据她的遗嘱，她将自己在英国的剩余遗产留给了一家名为泽西临终关怀的机构，委托他人为该教区的老人建造房屋。她的遗嘱受泽西岛法律管辖，其遗嘱执行人认为根据1984年《遗产税法》第23条，该赠与应免征遗产税，因为该赠与是出于慈善目的。然而英国海关总署却不同意，认定该赠与应缴纳大约60万英镑的遗产税。遗嘱执行人对英国海关总署提出上诉，但初审法官认为如果要适用豁免遗产税，不仅要求需要根据英国法律该赠与用于慈善目的外，还要求相关信托受英国法院的管辖（库尔特夫人的信托是泽西法院管辖）。遗产执行人继续上诉，认为这样解释构成了对欧盟成员国与第三国之间资本自由流动的非法限制。至于结果如何，目前尚无法确认。

这个案例说明了对进行跨境慈善涉税的问题，因此，近年来“捐赠者建议基金”（Donor Advised Fund，简称 DAF）的慈善结构模式开始在英国及美国出现。捐赠人有一个帐户。捐增方对其帐户的捐款，就是对慈善事业的有效慈善捐赠。DAF 允许捐赠者匿名捐款，并且只需要很少的披露，除了与 DAF 自身开户相关的尽职调查。许多 DAF 还将持有离岸银行账户接受捐赠。从技术上讲，一旦捐款到位，这些资金就属于慈善机构，捐赠者只能就如何分配这些资金提出建议。然而实践中，如果捐赠者的建议是慈善的，他们通常会遵循捐赠人的意见，同时捐赠者通过 DAF 捐赠，也可获得对海外慈善机构和英国、美国慈善组织捐赠的税收减免。

总而观之，跨境资产规划由于涉及的问题包含人的身份、结构设立的法区、资产所在地、资产性质、跨境监管、跨境税务、法律判决的跨境承认，乃至于冲突法等种种变数，这样的市场需求与专业深入的不断互动，势必将这一市场砥砺成为新的蓝海。

境外身份的下一代继承风险怎么处理

案例：

徐董 58 岁，国内早期企业家，已届退休并住在洛杉矶橙县，在美国持有一栋自住豪宅、约 1000 多万美元存款，以及美国几只优质的股票、基金。今年连续三次手术让他担心继承问题。徐董 28 岁的长子从小离家不学好，除了要钱之外根本不和家里联系。26 岁的小儿子自初中后就随母亲移居美国上学，并持有美国身份，最近认识一个网红美女不到三个月就想论及婚嫁。徐董看到女孩僵硬的美容脸和稻草般的内涵就倒胃口。而未来丈母娘在聘金上狮子大开口让徐董更是担心小儿子。在疼孩子的前提下，徐董和未来亲家见面的时候，试着建议对方能否签署“婚前协议”来降低担忧，造成网红女带着妈妈立刻拍桌子大吵大闹要上吊。

徐董虽然听过“家族信托”的宣传，却自认资产不多，不想找信托公司来大费周章当受托人，徐董会留给孩子的资产为美国的房子，还有银行账户，同时希望不让大儿子继承到他任何资产。请问，有没有什么简单又合法有效的方式可以做到保护？

避免下一代婚姻影响家族资产外流，是许多家长最担心的事情，依照国籍/税籍的不同，也会各有许多解决方式。

首先要说，签婚前协议对于国内现实环境来说很难执行，小两口在讨论结婚的时候，背后两个家庭都像谈生意一样，买房买车的真金实银讨论尚且常造成双方父母的不愉快，何况要经济状况较差的一方签署婚前协议。

1. 我能否先将资产赠与小儿子，再签一个代持协议，或者在美国律所那边花几千元立一个遗嘱，是否可以达到我的目的？

虽然父母有自由去决定如何分配遗产，但遗嘱最大的问题是无论遗嘱写得多么详细，一旦继承人对父母遗嘱中对将来遗产分配比例产生异议，就会有法庭的认证（Probate）手续的风险。经过认证，才能由受益人继承遗产，除了动辄半年至两三年的时间成本外，亦要按遗产总值交付认证费用。

父母在生前将产权部分或全部转移给子女，这样做虽然可以避免认证，但因涉及赠与，却有税务和其他后遗症，且依然会有儿子夫妻共同资产的担忧，并不建议优先采用。

同时，遗嘱对下一代婚姻资产隔离，也没有任何实际作用。因此并不建议以单纯的遗嘱作为安排手段，更不建议让徐董的资产日后变成遗产。

2. 我有美国身份，很多私人银行连开户都不让我开，我能怎么设立家族信托呢？

徐董由于是自己和小儿子都为美国身份，不一定充分适合美国的外国人委托信托（FGT），而加上日后留给孩子的资产主要也在美国，因此建议可以采取“两层结构”的处理。首先解释一下原理：

（1）徐董作为委托人，第一步在美国设立可撤销生前信托（Inter Vivos Revocable Trust）来保全并管理财产。这是利用信托财产的独立性来保护其财产。财产信托出去以后，在信托期间由受托人持有，并由受益人享受信托收益，同时受益人对信托财产的权利是由委托人确定的，受益人只能享受已定的权利，这样也能达到保全资产的基本目标。

（2）生前信托最重要的好处是避免前面所说遗产需要通过法庭的认证手续，省去了遗产总值交付认证费用。在生前信托内的遗产，则完全无需通过认证手续。

（3）如果徐董设立生前信托，将美国自住房屋及银行户口改由生前信托拥有，可以由徐董夫妇作为共同信托人（Co-Trustee），任何一方离世后，未亡人本身的资产继续留在生前信托内，并继续为该信托之信托人。

（4）建议徐董先设为可撤销信托（Revocable Trust）结构的原因，是因为徐董依然壮年，随着时间发展，徐董依然可依照需求随时修改，甚至取消。因此，该信托对订立者的税务及资产产权并无任何影响，亦不会对债务起任何保护作用。生前信托内订明将来夫妇中任何一方离世，属于死者的资产应如何处理。

（5）如未亡人离世，信托内预先指定的继任信托人（Successor Trustee）便接过责任，将信托内的产业按信托条款处理。

（6）徐董担心儿子万一日后离婚，那么离婚后配偶就有权利分取多达50% 的财产。因此在这个需求下，产生第二步特殊的变化信托，就是将可撤销的生前信托改变为不可撤销的特殊信托，

（7）第二步信托使用（Trust To Trust）模式，当徐董夫妇百年后，即刻将生前信托（Living Trust）立刻变成财产保障信托（Discretionary Spend Thrift Trust），使得受益人能得到诉讼官司的保障和离婚财产分割的保障。徐董的儿子直接从这个信托领取资产和财富，用于医疗、教育和日常生活开支。即使徐董儿子那时候离婚，配偶也无权从中领取资产和财富。同时，如果受益人（徐董儿子）有官司缠身，债权人一般也无法从中执行这样的信托。财产保障信托就成为一种不可撤销信托，受益人子女只有收益权而没有所有权。

（8）如果还有其他较多资产，建议徐董同时考虑私人定制寿险（Private Placement Life Insurance）等结构来加强。

3. 这样放进去信托的资产是否就没有任何税务上的责任了?

生前信托本身虽然不能增加遗产免税额，但透过成立 A/B 信托，将属于死者的遗产放入一个不可撤销的信托内，如此可保留夫妇各自遗产免税额，将来即使产业大幅度增值，亦不会有遗产税的问题。

（1）如前面第一步的安排，假如夫妇当中一人离世，信托可指定由未亡人或子女继承产业，或指定其遗产全部或部分归入特别信托内，该信托称为绕道信托（By-Pass Trust），或简称为B信托，为不可撤销的信托，作用是保留死者的个人遗产免税额。生前信托内的B信托，能帮助保留（不是增加）过世一方的遗产免税额，故对减少遗产税亦有所帮助。

（2）如果徐董还想要涉及转换、出售或分配财产，向受益人交付财产等，这就会涉及财产的出售方式、价格、时间等，还要涉及相关税收或其他法律问题。因此，这点需要徐董告知所有资产所处的州及持有方式等细节。

4. 这份信托文件是不是公示信息？我不想外界知道我目前的资产。

生前信托最大的好处就是这是一份高度保密的文档。徐董住在加州，在徐董架构前述的两层架构信托时，该文件并非公示信息。在执行和管理信托资产的时候，只有相关金融机构（如银行）以及信托委托的执行机构或执行人有权看到信托管理条款，但是，也没有权力看到到底谁分配了什么资产或多少资产这些内容。唯有当委托人过世时，信托的受益人和指定继承人才有权看到该信托文档的影本。

5. 我现在担心自己年纪大了身体也不好，买保险一来可能没有保险公司会承保，二来也没有必要，这个信托有没有什么方法可以让我万一身体不行，也不会麻烦到下一代？

除了备用信托可以解决徐董担心晚年的需求外，生前信托可以用一些附加文件，预先妥善安排医疗或资产。一般附加文件可以包括：

（1）倾注遗嘱（Pour-Over Will），作用是将没有放入生前信托的资产，将来都按生前信托条款处理。

（2）财务管理授权书（Durable POA），作用是在万一本人无力管理产业或作财务决定时，由代理人代为办理。

（3）医疗授权书或预先医疗指示（Advance Health Care Directive），作用是万一自己无法作医疗决定时，由代理人代作决定。

美国身份如何设立信托

案例：

姚女士65岁，美国公民，在美国纽约自有的一套价值3000万美元的豪宅居住，她不仅是有名的企业家，同时还是非常有名的画家并拥有大量画作，精明能干且逻辑清晰，至今还做了各种不同的金融投资，获利颇丰。女儿现在32岁，美籍已婚并长居北京，担任美国公司驻华主管。姚女士有许多兄弟姐妹，因此担心万一过世后造成遗产争执，同时，姚女士希望在传承结构的基础上，达到省去收入的税务优惠，如果过世后能将所有资产顺利由女儿继承并节省到遗产税，因此，想请教有什么办法可以达到上述目的。姚女士的要求不仅在于身后传承，对于之前的税务规划也有一定要求。因此，需要选择的结构是既能生前可对信托资产保留若干权益，同时在赠与税和遗产税的基数上有所节省。

1. 我目前每年盈利非常高，这并非一般信托受托人可以做到的，我也花不完，但是又要缴个人所得税，我也不想日后给女儿的时候她还得缴赠与税，有没有什么传承结构可以让我继续控制，每年我可从中获取部分受益（够用就好），但又能降低税务？

如果姚女士认为自己的盈利能力会持续保持如此的高水平，那么我们建议她设立委托人保留年金信托（Grantor-Retained Annuity Trusts，简称GRATs），简单介绍如下：

委托人姚女士设立GRATs后，将资产注入到信托内，受托人在一定年限内，从信托支付委托人每年一个固定数额当作年金，而在信托终了后，依照信托文件的指示，将剩余的信托资产归属给最终的受益人（也就是她女儿）。

从赠与税的角度来看，赠与的价值是以“信托设立时”的信托资产价值，而不是“分配剩余信托资产时”的资产价值来计算，加上委托人保留的权益，因此，将赠与税的计算基数大幅降低，达到节税的目的。

美国IRS对GRATs届满后的剩余资产价值及税率计算中有一系列规定，当GRATs设立时就会计算赠与价值（Gift Value），简单算法就是将初始注入资产加上推定利率减去年金发放总额。推定利率依照IRS规定（一般简称为IRS 7520条款利率），以GRATs信托设立当月的联邦中期利率（Federal Mid-Term Rate）的120%为基准。所以，为了实现税务优化，一般会将计划支出的年金总额设定成约略等同于本金加推定利率的总数，如此在初期赠与价值就等于0。

假如放在信托里面的资产是属于激进性高的，那么在信托届满的时候就有实际收益大于原本委托人的年金总额，也就是多赚了，这时由于IRS将这个信托的赠与价值计算为0，因此，剩余资产在给受益人的时候也不需要交赠与税。

如果姚女士非常相信自己赚钱盈利的能力，因此，透过“赠与价值为0”的这个基础上，将日后可能的获利赠与给受益人时不用缴纳赠与税。但是，如果姚女士在信托届满日期前过世，那么在GRATs内所有的资产，将依照I.R.C. § 2036条款纳入遗产内开征遗产税，这是一大缺点。

2. 万一某天我突然需要用大笔的钱时，年金不够用怎么办？

如果姚女士担心突发事件造成年金不够，那么结构建议就可以改为委托人保留单位信托（Grantor-Retained Unit Trusts，简称 GRUTs）。这有什么差别呢？

GRUTs 和前面的 GRATs 其实蛮类似的，所不同的地方在于受托人在支付委托人的收益时，不是每年提取固定的数额，而是在每年评估过信托资产价值后，受托人支付该年度信托资产净值的一个百分比给委托人。所以，在规划上会把资产价值减去增值的部分，约略等于每年给委托人的份额总数，来节省日后可能产生的赠与税。

GRUTs 的信托内容其实不难，以姚女士的例子来说：如果推算她纽约价值 3000 万的房地产和画作每年增值在 6% 左右，那么就可以设定姚女士委托人每年可以从信托资产内收到 6% 的收益。这种信托最适合希望在将资产赠与受益人前的一段时间内，委托人（姚女士）对赠与的资产仍然能获得收益。

如果姚女士的获利能力如其所预期，管理完善的信托资产应该会逐年增加，因此，姚女士每年所收到给付金额也应该会越来越多。但是，如果支付给委托人的金额低于该信托当年度收益时，不足的数额则从信托原本本金支付。如果信托收益高过支付给委托人的金额时，多出的收益则纳入信托资产。

3. 这样的信托是不是就避债避税、无懈可击了？

对结构设计上来说很难说某种结构“毫无缺点”，其实都是针对客户的担心做出设计的，前面两种信托也有几个不足的地方，譬如：

（1）信托一旦设立，日后委托人不能要求收取更高的收益，也不能减少原本信托资产。

（2）如果委托人或家属日后发生财务问题，委托人也不能从信托资产内提拨来支援。

（3）如果委托人长命百岁，生存时间比信托时间还要长的时候，委托人会失去从信托资产获得所有利益的优先权，因为信托存续期届满后，信托资产属于最终受益人。

（4）万一委托人突然去世，遗产税不一定节省得到。

4. 我就是担心遗产税！那能不能先保护我纽约的房子给女儿，但是我活着的时候还是得住在那。

如果是考虑赠与税及遗产税为主，姚女士可考虑将房产单独分开，做成委托人保留收益信托（Grantor-Retained Income Trusts 简称 GRITs）。

GRITs 是可以将股票、现金、土地等各种财产都作为信托资产，而保留委托人在一定期间内从信托资产收取所有收益的权利。而当姚女士过世或者信托期间届满时，信托资产归属于最终受益人，并节省了大量的赠与税及遗产税。

姚女士不相信其他受托人的盈利能力，而从赠与税的角度来看，赠与的价值依照如同前述，以设立信托时的资产价值为基准点。如果只以姚女士的纽约私人住宅（限一栋）作为信托资产，这时候称为住宅 GRITs（Residence GRITs）或者称为合格个人住宅信托（Qualified Personal Residence Trust 简称 QPRT），就可以满足姚女士的需求了。

简单来说QPRT中，委托人规划在一段时间内仍然享受该住宅增值的权益，当信托届满后这栋住宅会赠与非慈善单位的受益人（姚女士女儿），而这必须满足几个条件：

（1）必须是不可撤销的信托（irrevocable trust）。

（2）必须有持照鉴价师在房产放入信托之前进行鉴价。

（3）房产每年出租时间不得超过两周，或者在信托存续期间总共出租不超过10%的时间。

（4）如果信托届满，而委托人仍然住在该物业内，委托人必须以市场价格向受益人承租，而且IRS规定该物业暂时不得移出信托资产。

上面三种模式都是美国生前信托的结构，姚女士可以依照自己对资产的把控能力，搭配综合使用。

如何区分税收居民身份

案例：

王先生是一位民营企业家，在国内从事传统制造行业，和许多国内的好友一样，在财富积累到一定程度后，王先生考虑让孩子在海外接受教育，同时也为自己和太太的养老做好安排，于是，王先生决定全家移民加拿大。女儿现在加拿大读初中，由于女儿年龄比较小，王先生和王太太担心孩子没有父母的陪伴，于是太太作为全职妈妈在加拿大陪读，但王先生依然在国内经营企业，只是逢年过节飞到加拿大一家人团聚，总体看来王先生在加拿大停留时间很短，生活和工作场所也不在加拿大。

1. 由于王先生在加拿大的停留时间很短，生活工作场所也不在加拿大，是否一定不是加拿大税收居民?

不一定，因为根据加拿大的税收居民规定，个人是否为税收居民应该视具体情况而定。加拿大的个人税收居民身份可以分为普通居民（factual resident）或视同居民（deemed resident）。判断个人的税收居民身份时须根据整体情况，依据加拿大税法和法庭的判定来认定。根据加拿大税法，对于非税收居民的认定，至少要满足两个条件：首先，在加拿大没有重要的居住关系，其次，一年在加拿大停留的时间不超过183天，很显然，案例中王先生的情况由于太太和孩子都在加拿大长期生活，属于在加拿大有家、配偶或法律上的伴侣和亲属，那么就会被认定为在加拿大有重要的居住关系，其很可能被加拿大政府推定为税收居民，一旦成为加拿大税收居民，则需就全球所得向加拿大政府申报纳税。

2. 除了加拿大，如果有其他国家的移民身份，如何判断个人到底是哪国的税收居民?

全世界各国对于税收居民的定义是有明显差异的，如果您以前并不了解移民国的相关政策，那么现在要认真了解一下，总体来说，税收居民身份主要和以下四个因素相关：

（1）住所：这是根据个人是否在该国拥有住所判断，不是物理意义上的住房，而是一个法律概念，强调长期居住的而非短期停留的永久性，许多朋友认为我在中国有房产，那么我一定是中国的税收居民，这是有误区的。

（2）居所：这个词和住所看起来有点分不清，实则是有本质区别的，居所更多考虑个人的物理存在和社会关系，也就是考虑本人实际所在辖区和主要的经济社会联系。

（3）停留时间：停留时间其实是一个最简单的判断指标，我们可以按照停留时间来做一个简单判断，但这并不是唯一参考依据，停留时间从定义上来说是凭一个人在某个辖区内的居住时间是否达到该国税法上规定的时间标准来判断，大多数辖区采用 183 天的标准。

（4）国籍（居留权）：凡是拥有某国国籍或永久居留权的人为该国的税收居民，某些国家适用。其实大多数国家是并不适用国籍政策的，但是有一些移民热点国家，比如美国，恰好是大家最熟悉并适用的国家，美国公民和美国绿卡往往都是美国的税收居民。

以中国的税收居民标准为例，根据我国《个人所得税法》的相关规定，在中国境内有住所，或者无住所而一个纳税年度内在中国境内居住累计满一百八十三天的个人，为居民个人。在中国境内无住所又不居住，或者无住所而一个纳税年度内在中国境内居住累计不满一百八十三天的个人，为非居民个人。也就是说住所和居住时间是一个很重要的标准，但注意在这里的住所并不一定是房产。

3. 是哪个国家的税收居民到底有什么实质影响？

各国对于税收居民的申报和纳税的标准是有所差异的，需要根据税收居民国的法律规定判断，以中国为例，根据我国《个人所得税法》，居民个人从中国境内和境外取得的所得，需要按照规定缴纳个人所得税。非居民个人从中国境内取得的所得，需要按照规定缴纳个人所得税。这意味着如果是中国的税收居民，就需要把自己在全球的所得向中国的税务局申报，依法缴纳个人所得税，而非中国的税收居民仅就在中国境内取得的所得申报纳税就可以了。以上提到的美国、加拿大等国家都是全球征税的国家，所以，基本原理同中国的税收居民身份。

全球所得的申报是一个经常被很多人忽视的问题，简单的认为在收入来源国已经上税了，纳税义务已经完成了，就不需要再向税收居民国申报了。这是一个经常会出现的误区，尤其是2018年9月CRS第一次信息交换开始，交换范围内所有的参与国都会交换金融账户信息，大家的海外账户将无所遁形的被交换回税收居民国，那么，来源于海外的收入是否需要补税，将由税务机关根据业务实质视情况核定。

值得一提的例外是新加坡，新加坡目前是一个非全球征税的国家，我们常称之为属地原则征税，根据新加坡的相关规定，任何人在新加坡发生或来源于新加坡的收入，或在新加坡收到的收入，都属于新加坡的应税收入，需要在新加坡纳税，但如果收入来源于新加坡境外，并且不是在新加坡收到，则不需要在新加坡纳税。也就是说一个新加坡的税收居民，在中国工作取得的收入是不需要向新加坡政府申报纳税的；但反之，一个中国税收居民，在新加坡工作取得的收入，是需要向中国政府申报纳税的。

4. 如果我是中国的税收居民，在加拿大有所得并且已在加拿大完税，还需要向中国税务局申报并重复征税吗?

需要申报但不一定征税，根据我国《个人所得税法实施条例》的相关规定，居民个人在中国境外一个国家（地区）实际已经缴纳的个人所得税税额，低于来源于该国家（地区）所得的抵免限额的，应当在中国缴纳差额部分的税款；超过来源于该国家（地区）所得的抵免限额的，其超过部分不得在本纳税年度的应纳税额中抵免，但是可以在以后纳税年度来源于该国家（地区）所得的抵免限额的余额中补扣。补扣期限最长不得超过5年。

简单来说，如果某一笔来源于加拿大的所得，按照当地的税法规定已向加拿大税务局缴纳了10万元的个人所得税，但该项业务按照中国的税法规定需要缴纳20万的个人所得税，那么纳税义务人需要向中国税务局补缴10万元税款，不需要重复征税20万元；反之，如果按照加拿大税法已缴20万元个人所得税，但按照中国的税法规定只需要缴纳10万元即可，那么就不需要再向中国税务局缴税了，多出来的10万元可以留待以后补扣，注意，这里不可以补扣来源于中国境内收入的所得税，只能补扣以后来源于加拿大境内的所得，补扣年限是5年，超过5年就不能再继续补扣了。同时，居民个人申请抵免已在境外缴纳的个人所得税税额，应当提供境外税务机关出具的税款所属年度的有关纳税凭证，所以，大家在境内外的完税凭证一定要保存好，以防备查。

总体来说，税收居民身份的判断是一个比较复杂的综合性问题，往往需要结合不同国家、地区的政策和个人的实际情况来判断，同时随着CRS和FATCA的全球进程，税收居民身份在实践中会更加重要，尽早理清自己的税收居民身份，提前做好规划安排，才能有备无患应对可能出现的各种风险。

买护照能不能避CRS

案例：

杨总在香港有个人存款及公司账户，多年来将大部分利润都留在香港。最近听说CRS要来了，所以通过移民公司，买了加勒比海护照，又花了28000元买了当地税籍，想请问这样是否就可以避开了CRS？

CRS，也就是全球“金融账户涉税信息”的自动交换，其目标就是达到跨国间税收居民之金融账户信息透明化，为了达到这个目标，整个运作的第一步基础，就是要收集到账户持有人的税收居民身份。也就是说：中国税籍人士在境外的银行户口、证券账户、有现金价值的保险、基金、股权私募基金等，这些都算是金融账户，也都在 CRS 申报的范围之内。而许多移民公司是这样表达的：对于中国大陆的高净值个人，通过如加勒比海等国家的投资公民（Citizen by Investment Program）方案，花钱捐款或者投资买房，就可以直接拿到护照（或者直接广告说可以获得税收居民身份），客户拿到护照后，就可以去香港地区或者新加坡的银行变更“税收居民”信息，这样金融账户信息就不用被申报和传递给中国大陆政府了。

很确定的是，单纯通过购买小国护照或者居民身份，并不可能达到规避 CRS 的目的，因为获得了外国国籍身份并不代表你就自然获得了当地的税务居民身份。而即便通过各种途径获得了其他国家税务居民身份，如果你长期工作生活在中国，那么你仍然是中国税务居民（或者双重税务居民）。

1. 我都有外国护照了，怎么可能把我的信息传到中国?

首先要说明的是，CRS 是机构申报，不是个人。大家必须要先清楚一个问题，依照 CRS 原则进行金融账户申报的不是个人，而是如银行券商等的金融机构。金融机构通过如“账户尽职调查程序”来识别和申报账户持有人的信息。下面简单介绍一下流程：

（1）客户填写自我声明书。金融机构对存量账户（就是已经开了户的）客户发出自我声明书，内容主要是请客户（自然人或者公司）填写账户持有人的相关信息。

这时杨总千万别认为“简单了，我只要随便填一填不就得了？”监管单位并不是傻瓜，自然会考虑到聪明的客户会有各种隐晦躲避的方式，因此规定在收集了自我声明书后，金融机构就需要进入尽职调查程序。这里把金融机构处理信息的方式介绍一下。

（2）当金融机构收到您的信息，大多数国家的金融机构会先适用“现有居住地测试”来判断账户持有人是否需要申报。国内人士在境外银行开户的时候，原本就会填写账户持有人国内的居住地址，银行对账单等也是寄到过国内地址，就算在自我声明书上填写的国籍是刚刚取得的小国护照，银行依然直接依据该地址来判断其是否属于需申报国居民。

（3）金融机构进行的账户识别等尽职调查程序比大家想象的会复杂些，不仅部分账户要开展电子信息系统的记录检索，还会对过去 5 年金融机构所获得的所有的与账户相关的纸质记录检索，看该账户信息是否包含有需申报国家居民的“标识”（例如身份、住址、通讯地址、转账指令、电话号码等）。

（4）如果金融机构发现了需申报的“标识”，那么通常会让账户持有人提交一份自我声明表格，声明其税收居民所在国，并提供相应的纳税识别号。

（5）如果银行等金融机构发现了某个账户有中国税籍的“标识”，原本开户时提供的护照地址复印件也都指向了中国税籍的背景，金融机构可能会要求账户持有人提供一份税务身份的声明文件，而后做出申报的判定。

2. 有地址证明和当地税号是否可以解决 CRS 的问题？

的确，这两年许多移民公司也有提供购买“当地税号”或者购买“地址证明”的服务，特别是对于通过买房投资取得护照的客户，取得地址更不是难事。这样是否解决了 CRS 的问题呢?

很遗憾,这样还是有问题,简单说明如下:

假设客户常住中国,获得了圣基茨的护照,同时在当地购买了一套房产并花钱购买了一份当地税务机关出具的税务居民身份证明。在给金融机构的声明文件中,当然可以声明自己为加勒比岛国税务居民,也提供除了当地的地址、税务身份等证明文件。表面上似乎已经不存在任何问题,客户应该可以被视为加勒比岛国的居民。但其实未必!金融机构对客户提供的声明文件有一个很重要的义务,那就是"合理性测试"(Reasonableness Test),也就是说需要把客户提供的声明文件中的居民身份以及住址信息等内容,与金融机构在开户过程中取得的客户背景文件,与公开查询信息对照验证,测试是否存在冲突。

如果存在冲突,则账户持有人就会被要求提供进一步的证明材料,或者重新提交声明文件,以排除此前存在的"中国标识"。如果补充文件和程序依然无法对账户持有人的中国税籍"标识"排除掉,那么银行等金融机构可能会考虑将客户当成所有与"标识"相关国家的税务居民,其个人账户信息会被分别申报和交换到相应国家,对这个客户来说就是申报交换到圣基茨和中国。

如果客户是新开账户,那么银行会要求提供其身份证明文件,如果是存入较高金额,银行也会从反洗钱和 KYC 的角度,要求开户申请人提供资产来源的证明。这个时候双重身份也很难隐藏。如果客户事实上居住在中国大陆,也仍然持有中国护照(很少人会为了加勒比海护照放弃中国籍的),但又坚持只提供加勒比岛国的身份信息,那么一旦金融机构发现客户声明文件与其了解的事实存在冲突,该声明文件就无法通过"合理性测试"。

对于新增个人账户，很多金融机构都是将提供有效的 CRS 声明文件作为开户程序中的必经环节，如果不能获得有效的声明文件，很多金融机构就会出于风险规避的目的，而不予考虑接受客户的开户申请。

3. 海外保险能否解决 CRS 信息交换的问题?

我的保险经纪说用护照买张香港地区保单，她说“香港保险都是和客户有签保密协议的，买一张大的保单，保险公司一定会坚守保密原则，不会将客户信息向任何机构或个人透露。”

除了对这位保险经纪想要成单的无畏精神报以掌声外，其他说法就千万不能当真了。姑且就算销售人员真正大无畏地表示“不会出卖客户”，但大家要了解到，进行 CRS 申报的工作并非是交给销售或客户经理独立完成的，也就是说这位客户经理是承诺了一件并非由她全权负责的事情。

其次，金融机构从业人员联合客户作假，协助客户逃税和洗钱等行为，是有刑事责任风险的。如果开户人瞒报或者故意欺骗，则依据开户金融机构所在地法律，相关人士皆须承担法律后果。例如香港地区的 CRS 法规就规定，对于个别账户持有人，如在提交自我证明予财务机构时，明知或罔顾实情地提交在要项上具误导性、虚假或不正确的资料，便属违法。罚则为第三级罚款（即 10，000 元）。对于金融机构工作人员协助客户弄虚作假的，最高可处 3 年监禁。

因此，客户掂量一下自己对金融机构的重要性，自然就可以获得答案。

4. 移民在 CRS 时代还有用吗?

照你这样说，移民公司都可以关门了！其实不是，我们前述的分析并不代表护照一点用处都没有，如同国际间许多高净值人士一般，不同的身份是可以交互作用的。不同的身份在资产保护、税务结构里依然常常扮演一些关键元素。这和简单粗暴的拿新的公民身份作为躲避 CRS 的“方案”，有着本质上的巨大差别。

移民后留在中国的财产怎么传承

案例：

周老太太有四位子女，在 1995 年曾立遗嘱将上海的老房子留给大儿子，并由律师见证。后周老太太移民美国，在美国纽约于 2002 年订立新遗嘱，将上海的老房子由四位子女平均分配，2016 年周老太太去世，大儿子要求按照遗嘱继承上海的房产，另外三位子女主张按照在美国订立的新遗嘱继承房产。上海一审法院判决美国遗嘱无效，二审中级法院经委托外国法专家查明，最终确认美国遗嘱有效，判决四子女分别取得房产的 1/4 财产份额。这是 2018 年上海中院二审判决的一个真实案例，光看案情本身可能还无法还原真实的诉讼场景。实际上是四位年近 80 岁的华侨老人因为国内外两份遗嘱，为了争夺百岁母亲在上海留下的老房子而远渡重洋对簿公堂。判决上我们看到的只是法理分析，但法庭外可以想象这是一份因跨国遗嘱而引发的两代人的遗憾。

周老太太其实是非常有法律意识的，也预料到了财富传承的部分法律风险，在中美两国都订立了遗嘱，可为什么在她百年之后还是招来纷争呢？对于移民家庭来说，在国内财富传承的部分到底会有哪些风险？外国人在中国的财产，怎么传承才最为妥当？近年来越来越多高净值人士因为工作等原因在国外定居或者移民，而国内房价近十年又保持快速的增长，因此，大量移民的境外人士会像周老太太一样，选择仍持有或通过亲友代持方式保留国内的房产，以上案例中的疑问也都是每一位高净值人士在移民或全球资产配置中务必要谨慎对待的。因为与投资类风险相比，跨境财富传承法律风险往往是最容易忽视的，而其所带来的雷区往往又是会影响家庭几代人的和谐。

1. 为什么立一份涉外遗嘱会引来这么多麻烦?

周老太太案例中，在中美两国均订立遗嘱如此谨慎的做法，为何还会引来这么多麻烦？遗嘱的关键点就在于这份在美国订立的遗嘱处分了在中国境内的财产。而当需要进行遗嘱执行时，就需要回到财产所在地，这就涉及跨境执行的问题，而跨境执行的前提又涉及遗嘱效力的认定问题，遗嘱效力的认定的前提又涉及到选择哪个国家法律的问题，确定选择了哪个国家的法律又涉及对于该国法律的理解问题。下图简要描述了涉外遗嘱所要经历的一连串的法律认定的阶段。

阶段	阶段一	阶段二	阶段三	阶段四
涉外遗嘱涉及的问题	遗嘱在哪国执行	遗嘱效力如何认定	选择适用哪个国家法律	对该国法律如何理解
周老太太案例分析	涉及房产过户问题，需到财产所在地执行——中国	在中国起诉，中国法院适用我国《涉外民事法律关系适用法》第三十三条	适用遗嘱人立遗嘱时或者死亡时经常居住地法律或者国籍国法律——美国纽约州法律	纽约州对立遗嘱人签约法律规定的形式要件

当涉及跨境财富传承时，由于身份、财产所在地涉外，会牵涉到国际私法问题。而这其中涉及法律适用法、外国实体法，即选择适用哪国法律，该国法律如何理解，这都存在不确定性风险，导致最终的法律结果变得难以预期。我们具体看看在周老太太案例中，是如何运用国际私法对涉

外遗嘱效力进行判定的。

第一步，确定法律适用规范，也就是确定是依据国外法认定，还是按国内法认定。按照我国《涉外民事法律关系适用法》第三十三条规定："遗嘱效力，适用遗嘱人立遗嘱时或者死亡时经常居所地法律或者国籍国法律。"因此，遗嘱效力问题适用周老太太立遗嘱时的所在地——美国纽约州法律。

第二步，查明对应的实体法。在本案中就是美国纽约州关于遗嘱效力认定的实体法，而这个步骤是整个审判过程中的关键。由于英美国家法律体系属于判例法，单纯的法律条文的查阅往往会产生误解。在周老太太的遗嘱案中，一审法院认为周老太太订立的遗嘱不符合《纽约州遗产、权力和信托法》第 3-1.1 和 3-2.1 款中遗嘱至少有 2 名见证人在 30 天内认证立遗嘱人的签名法律规定的形式要件规定。而在二审法院中委托华东政法大学外国法查明中心的专家对纽约州相关法律及判例进行查明，认为 30 天的要求是指两位见证人见证并签字的时间间隔，并非指见证人签字与立遗嘱人签字的时间期限，最终判决反转，认定在美国订立的遗嘱有效。周老太太的遗愿才得以实现。

2. 移民家庭在国内财富传承中有哪些风险？

从周老太太的案例中，我们可以看到周老太太是有提前筹划传承的意识的，但是却忽视了在跨境财富传承中的复杂性，在美国订立的遗嘱险些在国内被判定无效，最终请出了外国法查明专家，才得以在二审中翻盘。移民家庭财富传承因涉及跨境法税等问题，财富风险较境内家庭高出不少。主要有以下几点：

（1）法律适用问题易引争议

有些早年已移民的人士，为了省事，可能在国外立一份遗嘱，把国内外全部财产的传承安排统统写进去。而有些移民不移居的人士，正好相反，在国内自己写一份遗嘱，把境内外的财产都放进去。如果在境内起诉判决适用哪国法律，一旦适用外国法，又涉及法律查明问题，极易引起歧义，耗时耗力。最终图省事的传承安排，可能并不会按照应有之意实现自己的传承心愿。

（2）法院判决执行难

跨境财富传承中，如出现财产纠纷，一旦涉诉，不管是哪国法院受理，如涉及的财产在多国或地区的，即使法院判决了，但在财产所在地国能否执行还得视情况而定。如在中国订立的遗嘱处分了国外的财产，在中国起诉，一种情况是法院对该部分财产不会处理，另一种情况是法院做出了判决，但由于财产不在中国，最终需要到其他国家执行。而此时就需要看该国与中国是否有条约关系或者互惠关系。目前中国和意大利、西班牙、法国、希腊、俄罗斯、阿联酋等国家签署双边公约，与香港、澳门、台湾地区有区际司法协助安排，对于没有条约关系的国家或地区就看是否存在互惠关系，简言之，就是对方国家是否有承认过我国法院判决的先例。

（3）传承隐形成本高

中国虽然没有遗产税，但外国人需要办理手续所花费的隐形成本极高。例如，可能会遇上需证明境外护照与国内财产权属证明登记的是同一人等情况，而如果在去世之后再办理的话，这项公证基本属于不可能完成的任务。

（4）外籍股权继承难

在涉及外籍子女继承境内公司股权的问题上，可能会导致公司性质变更而产生的审批等流程，目前各地规定不一，也会存在传承风险。具体可详见本书《外籍人士如何继承境内被代持的股权》篇章。

3. 移民家庭如何善用国内法律工具传承财富？

（1）财在哪，协议就定在哪

法律协议包括遗嘱、婚前财产协议等，都是财富保全与传承的重要工具。选择合适的协议签署地点看似简单，实则关系到协议本身的效力。根据《中华人民共和国涉外民事法律关系适用法》第三十二条遗嘱方式："符合遗嘱人立遗嘱时或者死亡时经常居所地法律、国籍国法律或者遗嘱行为地法律的，遗嘱均为成立。"第三十三条规定："遗嘱效力，适用遗嘱人立遗嘱时或者死亡时经常居所地法律或者国籍国法律。"

对于遗嘱而言，在财富所在地订立遗嘱，可以适用遗嘱行为地，即可适用财富所在地的相关法律，日后继承在适用法律方面将更加明确，并可直接在当地进行遗嘱执行，避免出现需查明外国法的情况。同时，可在遗嘱中注明如出现纠纷，选择适用哪国法律。

如果周老太太当年利用回国机会在国内订立遗嘱处分在上海的房产，在继承中出现的争议将会小不少。同样，移民不移居的家庭涉及境外的财产处分也要谨慎，务必到财产所在地订立遗嘱。对于婚前协议而言，不同国家或地区对于婚前协议的效力规定不同，以加拿大、香港地区判例法为例，签署婚前协议双方是有充足的思考时间，由谁支付律师费，婚前协议是否完整披露了双方财产，都有可能成为影响婚前协议效力的因素。所以，签署婚前协议这类法律文件，也要到财产所在地由专业人士见证订立，避免效力引起瑕疵。另外，为简化未来继承的程序，移民客户在国内还需要提前到公证处办理"同一身份"的公证，以避免出现无法证明"我是我"的情况发生。

（2）财在哪，信托就设在哪

对于移民家庭不可避免地面临在跨境资产保全与传承的问题，除了使用遗嘱、婚姻协议等协议工具外，信托架构搭建也是选择之一。因不少知名人士通过海外信托完成财富传承被媒体所报道，越来越多客户开始关注是否可以选择搭建海外信托架构完成个人全部资产的保全与传承。事实上，没有一劳永逸的方案，最稳妥的方案是资产在哪，信托设在哪。以移民美国的家庭为例，可行的架构是，不移民美国的亲戚朋友（非美国绿卡持有者）为信托架构的委托人，移民家庭成员为信托架构受益人。对于留在国内的财富，既可以避免外汇不合法出境的风险，也避免海外信托涵盖跨境资产导致的不稳定性。对于外籍受益人，通过国内家族信托取得的收益，可以规避美国的所得税，这样能在保证财富定向传承的同时，也最大程度保全留在中国的财产。而在境外的财产，则通过在美国设立外国人委托信托、生前信托等方式达到传承效果。

伴随着财富全球化、身份全球化时代的到来，财富传承的法律思维也务必跟上全球化步伐。在跨境传承筹划中对比各法域的法律及判例，系统性地选择安排传承的工具、地点、适用法律，在专业人士的帮助下提前多做一点，未来的遗憾就会少一点。

我的离岸公司要被收税了怎么办

案例：

王先生在国内经营A公司，主要从事化工产品销售，A公司是中国境内居民企业，除此之外，A公司在香港设立有一家子公司——B

公司，B公司是A公司的全资子公司，主要从事投资业务，由于王先生是公司的实际控制人，为了尽量递延个人所得税，王先生只在自己需要用到资金的时候才会召开股东大会提议公司分红，其他情况下B公司一般不分红，B公司的董事会成员一共7人，全部是A公司委派的，A公司接到税务机关发放的《受控外国企业中国居民股东确认通知书》，要求其按照推定股息征收企业所得税，王先生表示很茫然，为什么会出现这样的情况？

1. 什么是受控外国企业？

受控外国企业一词最早来源于美国，这一概念后来被许多国家纷纷效仿，在国际税法上受控外国企业的概念是相对于股东所居住的国家而言的，当股东在低税率的国家或地区设立公司，通过对该公司的控制，在企业产生利润时左右其股利分配，在有需要的时候根据需要进行分配，这样导致股东原本应当负担的居住国税收被延迟到股东自己确定的未来对其有利的时间。

我国受控外国企业的概念最早出现于《特别纳税调整实施办法（试行）》（国税发［2009］2号，简称2号文），我国的《企业所得税法》也提到了相关概念，根据《企业所得税法》及其实施条例和2号文的相关规定，受控外国企业是由居民企业，或者由居民企业和居民个人（以下统称中国居民股东，包括中国居民企业股东和中国居民个人股东）控制的设立在实际税负低于《企业所得税法》中规定25%税率水平50%的国家（地区），并非出于合理经营需要对利润不作分配或减少分配的外国企业。上述利润中应归属于该居民企业的部分，应当计入该居民企业的当期收入。

2号文同时指出，股份控制是指由中国居民股东在纳税年度任何一天单层直接或多层间接单一持有外国企业10%以上有表决权股份，且共同持有该外国企业50%以上股份。中国居民股东多层间接持有股份按各层持股比例相乘计算，中间层持有股份超过50%的，按100%计算。

2. 王先生在香港设立的B公司是不是受控外国企业?

我们对B公司进行分析需要对几个点进行判断:

（1）B公司是否由居民企业控制

很显然B公司是境内居民企业A公司的全资子公司，且董事会由A公司委派，即A公司实际控制B公司。

（2）B公司是否设立在税负低于50%的国家（地区）

显然结果又是肯定的，虽然香港地区企业所得税的税率并未低于内地的50%，但其实际税负低于内地的50%，在这里我们强调的是设立过的实际税负。

（3）B公司是否非出于合理经营需要对利润不作分配

是的，B公司主要从事投资类业务，其所得主要为消极所得，显然不具备对利润不作分配的合理经营需要。

如上分析，B公司属于受控外国企业，B公司的母公司A公司需要按照推定的股息所得缴纳企业所得税。

3.B公司如果是被推定为受控外国企业会怎么样?

根据受控外国企业的规则，当中国居民企业或中国居民企业和中国居民个人控制的境外企业被判断为受控外国企业时，该境外企业由非合理的经营需要而面对利润不作分配或者减少分配的，即该境外利润中应归属于境内居民企业的部分，应当计入该居民企业的当期收入，视同该外国企业向境内股东分配股息。

中国居民企业当期所得 = 视同股息分配额 × 实际持股天数 ÷ 受控外国企业纳税年度天数 × 股东持股比例

4. 如何能够避免企业被认定为受控外国企业并按照股息征税?

2018 年以前，以居民个人名义持有股权或许是一个规划的思路，因为《企业所得税法》和 2 号文似乎都是针对居民企业持有受控外国企业股权的规定，但 2018 年新个税法出台以后，对受控外国企业的居民个人相关问题也打了补丁，新个税法第八条提出对于居民个人控制的或者居民个人和居民企业共同控制的设立在实际税负明显偏低的国家（地区）的企业，无合理经营需要，对应当归属于居民个人的利润不作分配或者减少分配，税务机关有权按照合理方法进行纳税调整。因此，目前来看通过信托等架构持有股权是可以考虑的筹划思路之一，由于现行的政策仅对境内居民企业和居民个人控制境外企业做出相关规定，若通过境外信托控制境外公司股权并不属于被推定的范畴。

我的离岸公司会不会受到经济实质法的影响

案例：

李先生是中国的税务居民，在国内经营若干家企业，同时于 2016 年在英属维尔京群岛（BVI）设立了三家公司分别是甲公司、乙公司和丙公司，甲公司 100% 持有乙公司股权，乙公司持有英国和香港地区的不动产以及新加坡等地的股票，丙公司独立于甲公司和乙公司，持有一个软件许可证用于和国内的公司做许可授权。2018 年英属维尔京群岛和开曼群岛相继出台了经济实质法，很多媒体和热门公众号都说富豪的海外资产再也无处可藏、避税岛国要沦陷，等等，李先生非常焦虑，不知道自己在 BVI 的公司是否受到了影响，是否需要让 BVI 公司符合经济实质要求呢？是否应该在当地租办公室、雇佣人员、雇佣董事会成员呢？

1. 什么是经济实质法?

经济实质的首次提出源自于 1998 年 OECD 发布的《有害税收竞争：一个新兴的全球性问题》报告。当时这一报告关注了各国为吸引“地域流动性较强的活动”而实施的有害税收竞争问题。其中 BVI 和开曼等诸多岛国的政策就属于这一情况，在几乎无税负的吸引下，很多外国人在税收优惠区设立公司，作为税收筹划架构的一部分。但国际反避税真正的重大进展是从 2013 年开始的，OECD 发布了 BEPS（税基侵蚀与利润转移）行动计划，计划一共十五项议题，BEPS 行动计划调动了大部分国家参与其中。在 BEPS 行动计划中，有害税收竞争被纳入第五项，该行动计划以 1998 年 OECD 报告为基础，将实质性因素提升至重要地位。各类税收优惠制度均应满足实质性活动的要求。于是，在 OECD 和欧盟的压力下，BVI 和开曼相继出台了《2018 年经济实质（公司及有限合伙）法》和《2018 年国际税务合作（经济实质）法》，也就是我们现在提到的经济实质法，法案要求“相关主体”从事“相关活动”应当符合特定的“经济实质要求”。

（1）相关主体是什么

“相关主体”指根据BVI或者开曼的公司法，注册设立的BVI或者开曼的公司（包括在当地注册的外国公司）、有限责任公司和有限合伙公司；但明确不包括以下两类主体：投资基金（Investment Fund）、非BVI或开曼税收居民实体。

（2）相关活动是什么

我们先来看一下目前经济实质法范围内的相关活动，主要是以下9大类：

相关活动	定义
控股公司	控股公司被定义为纯股权持有实体，即仅持有其他实体的股权，只赚取股息和资本收益的法人实体
知识产权业务	业务涉及专利、研究与开发等知识产权资产；业务涉及非贸易无形资产，如品牌、商标和客户数据、营销、品牌创建和分销
银行业务	筹资、风险管理（信贷、货币、利息）；风险对冲；提供贷款；信贷安排或其他金融服务；监管资本管理；监管报告和报表编制
保险业务	提供保险服务；对风险作出承保或再承保；预测及计算风险
基金管理业务	作出持有和出售投资的决策；计算风险和准备金；就货币或利率波动和对冲状态作出决策；为监管部门和投资者编制相关报告
融资租赁业务	拟定融资条款；确定和获取拟出租的资产；设定融资或租赁的条款和期限；监控和修订任何融资及租赁协议；风险管理
总部业务	作出相关管理决策；代关联企业承担支出；协调集团活动
海运业务	管理船员（包括雇佣、支付船员薪资和监督船员）；拖运和船舶维修；监督和追踪支持；决定订购货物及交货时间；组织和监督航行
分销和服务中心业务	运输和储存货物；仓储管理；订单管理；提供咨询或其他行政管理服务

2. 李先生的甲乙丙三家公司分别需要做什么？

我们来分析一下李先生这三家公司的基本情况：

（1）乙公司

乙公司直接持有的是不动产以及股票，那么根据经济实质法的相关活动，它的业务范围不属于目前经济实质法规定的相关活动，这个是比较简单的公司实体，不受经济实质法的规管。

（2）甲公司

甲公司100%持有乙公司，它是一个纯控股公司，属于9大类相关活动中的第一类活动——控股公司，但是经济实质的要求相对比较低，适用于简易实质标准，目前来看李先生需要做的是可以通过委聘当地注册代理的方式来满足简化的经济实质测试，而一般每个公司在注册时都已经委聘了当地注册代理，也都可以直接提供经济实质的合规服务。与此类似，我们常提到的红筹架构中的纯夹层公司或者投资者使用的纯投资持股的SPV公司也并不会受到经济实质法的重大冲击。但有些红筹架构里最上层的持股公司（拟上市主体）有可能受到开曼经济实质法的影响，因为这类公司在IPO之前通常有大量的融资活动，而且其作为整个集团架构里最上层结构，控制着集团公司的核心管理，有可能落入“融资”和“总部业务”范畴，需要对每个公司进行具体情况具体分析。

（3）丙公司

丙公司可以说是三家公司里面最困难的实体，丙公司持有知识产权，属于相关活动范围里的知识产权业务，此类业务也是立法打击的重灾区，我们知道很多知名的机构，如Google、Facebook全球税务筹划架构的一部分都会通过知识产权使用费的方式来做利润转移，但目前将利润转移到低税率地区正是OECD打击的重点，因此，基于防税基侵蚀的要求，知识产权业务在9大类业务中属于重度实质要求，而同时更困难的是知识产权类业务几乎没有在BVI建实质的可能性，因为知识产权相对应的设施和人才在当地很难做到匹配。因此，可以采取的解决办法有两条，其一做业务剥离，卖掉相应的知识产权业务或者转到其他法区，其二考虑规划丙公司的税务居民身份。

3. 如果我的 BVI/ 开曼公司不想受到经济实质法的规管，有什么办法可以规划？

（1）业务重组

基于经济实质法目前的规管原则，如果不想受到经济实质法的影响，一种选择就是跳出经济实质法所规定的 9 大类活动范围，业务重组是一种常见的方式，例如和李先生一样涉及知识产权类的业务，目前来看，几乎无法做到实质要求，那么把对应业务卖掉或者重组架构，把对应知识产权转移到其他法区是可以考虑的方向。

（2）税务居民身份规划

根据经济实质法的要求，明确规定非税收居民实体并不属于相关主体，那么整体规划实体的税收居民身份无疑是一种思路，但也要考虑到其他国家的税收居民身份会引发 CRS 或 FATCA 信息交换的问题。

4. 如果我不按照经济实质法的要求申报会有什么后果？

首先，会面临巨额罚款，以开曼经济实质法的要求为例，如果不申报或错误申报导致不合规，第一次经济实质测试未能满足要求，会被罚款 10,000 开曼群岛元（约 12,000 美元），第二次申报仍然未满足，则将会被罚款 100,000 开曼群岛元（约 120,000 美元），如果连续两年都没能满足经济实质，开曼主管机构将会诉请法院命令企业做出满足经济实质的行为，仍不满足经济实质要求，将会被开曼主管机关强制停业。

看起来打击力度好像并不是特别严重，但实质上大家更应该担心的是随之而来触发的信息交换，如果实体不申报或者申报错误导致不合规，则会自动触发信息交换，实体的信息将通过注册代理人报到 BVI 和开曼的税务局，并和实体的实际控制人所在当地的税务局进行交换；此外，如果实体被识别出来有知识产权活动有关的收入，那么会被直接标识为高风险，触发信息交换，一旦被信息交换，随之而来的就是实际控制人所在国税务局的各种问题。

5. 如果我在 BVI 和开曼设有公司，现在需要做什么？

如果已经在BVI和开曼设有公司了，我们建议立即梳理公司业务架构，并根据不同类型活动的需要，分别采取不同应对措施：

（1）如果公司为纯控股公司，那么首先找专业机构对公司业务做判断，确认是否满足最低限度的经济实质要求。

（2）如果公司存在其他类型的活动，根据经济实质法需要满足相应类型活动的经济实质要求，可以考虑通过专业机构建立经济实质，否则应考虑将相关业务调整至有经济实质支撑的国家和地区。

（3）如果建立实质难以实现或者成本较高，如知识产权活动，也可以考虑用其他国家和地区的税收居民身份作为豁免适用经济实质法的工具，但建议结合居民地税收规则来综合考虑，毕竟选择税收居民也意味 FATC、CRS 和随之而来的全球征税规则。

此外，还需要从税收居民国的角度充分考虑信息披露对目前持股架构带来的税务影响，实际控制人所在国税务局获得信息后是否会对公司业务产生影响，每个企业情况不同，还需具体问题具体分析。

经济实质法并不是洪水猛兽，我们应该客观地对待该政策，很多企业并不会受到经济实质法的影响，当然，也有一些集团控股架构会需要从税务角度进行重新规划，部分离岸业务也可能会考虑向香港地区或新加坡等法域迁徙，但是这些都需要非常复杂的规划，不是短期内就能实现的。

第四篇

实操案例

案例：

江董，女性，42岁，全家长期居住在北京。中国籍并同时有加拿大枫叶卡，并持有安提瓜护照，国内大型三方集团高管，年薪加提成约360万元。江董名下在国内帮公司代持了约14家公司的股份，大多为财富管理机构，这些机构分别在国内各城商行开户。自己在二婚前就持有苏州、上海约三处住宅物业，招商银行存款约200万元，用长子名义投资了国内信托产品约800万元皆未到期，另外由司机代持有国内一家销售公司（有代持协议）。江董先生（中国籍持有加拿大枫叶卡）国内持有一家贸易公司，主营厨房器具出口。江董2018年买了香港储蓄分红保险，受益人为自己及长子，另外自己用100万元投资虚拟货币10000个尚未交易。境外有一家BVI公司，以自己持股49%，扫地阿姨代持51%（无代持协议），并在香港汇X银行开户，累计余额430万美元，其中包含在银行购买的200万美元某百慕大对冲基金产品。持有美国洛杉矶房产一套，该地估值约350万美元，房子在江董名下，在大华银行开户贷款70%。先生除了在国内建X银行有个人账户外，另持有开曼公司（个人持股）并在香港X打银行开户，主要负责对外贸易收款。配偶双方皆二婚状态，江董与前夫拥有一子 17 岁，美国出生，与现在配偶育有一女，15 岁，中国籍，在美国念高中，后又在国内生有一子，现年 3 岁。

全球资产规划之一：CRS 怎么申报

江董咨询诉求的问题如下：

听说 CRS 要来了，到处咨询规避方式莫衷一是，请问 CRS 到底怎么申报？我已经买了安提瓜护照，是不是就没事了？不想让香港的资产信息传回内地应该如何操作？

如何判断 CRS 的申报责任往往是许多客户会搞混的问题。首先江董要记得的是，CRS 是金融机构（FI）来负责申报的，简单来讲存款在银行内，银行负责申报，买了保险，就是保险公司申报，不是客户自己要负责申报的。第二个要注意的是，税籍并非国籍，主要是你住在哪，那么就在税籍地有税务责任，而且一个人不一定只会有一个税籍，比如一个英国人长住在中国，那么他会有英国（依照英国税务部门订出的居住测试订出当年的税务责任）以及中国两边的税籍可能。江董照下面流程，就可以自行简单判断 CRS 当年申报的责任：

（1）人的税籍：分别来看夫妻两个人。

• 江董常住北京，虽然持有安提瓜护照，在认定上江董可能同时具有中国 + 安提瓜的税籍；

• 江董先生常住北京并取得了加拿大枫叶卡，假如他并没有申请加拿大非税务居民，则江董先生会同时具有中国 + 加拿大的税籍；

• 在江董夫妻税籍地的税务部门收到各地金融账户信息后，会各自依照各国（地区）的税务规定，来分别判断江董及先生当年在该地的税务。因此，并非有任何额外的税。

（2）资产在哪：江董与先生各自持有境内境外资产性质较为复杂，我们分别来看：

• 江董国内代持公司在城商行开户的各账户信息，由城商行申报 CRS（会由加拿大及安提瓜取得）、个人在招 X 银行的存款，由招 X 银行申报（也会由加拿大及安提瓜取得）、国内信托产品因为是美籍长子持有，因此由信托公司依照 FATCA 要求传回美国。所购买的香港保险由香港保险公司分别依照 CRS 申报（信息会由中国内地、加拿大、安提瓜取得）及 FATCA 申报（因为受益人包含美籍长子）给美国；

• 江董的 BVI 公司的股份由家里扫地阿姨代持了 51%，因此 BVI 公司在汇 X 银行开立的账户，由香港汇 X 银行申报存款余额信息（其中包含江董自己与扫地阿姨的自然人信息及账户信息）；

• 江董在银行购买的百慕大基金，因为基金本身也是金融机构（FI），因此依照 CRS“非重复申报原则”，就会由百慕大基金申报基金的金融账户信息（并会由中国、加拿大、安提瓜获得）；

• 江董先生在建 X 银行的个人账户，由建 X 银行依照 CRS 原则申报（信息会由加拿大取得），另外其开曼公司在香港 X 打银行开立的账户，则由 X 打银行负责申报（信息会由加拿大及中国取得）。

1. 我买了安提瓜护照就是为了躲 CRS，这是和移民公司确认过的，怎么可能还会把我的账户传回国内呢？

如前所述，一个人不一定只会有一个税籍，所以很多市场上的演讲介绍“如何帮自己选择一个最适合的税籍”，这种说法纯属对 CRS 的不了解或者有意忽略而已。其实，投资公民并非完全没有效果，从全球资产规划来说，投资公民的身份可以作为整个架构中的一个变量，但是，如果只想单纯用护照来躲避 CRS 的简单粗暴模式，那么在 OECD 公布的规范都已经成为铁板钉钉的证实，这是个不可取的方法。

2. 其他资产呢，还需要怎么报？

国内三处物业以及美国洛杉矶房产并非金融资产，因此不需要申报，但是美国大华银行的账户如以后中国与美国正式执行 FATCA IGA Model 1（也就是双向交换金融账户信息），则有被传回中国的可能。另外虚拟币投资换的是虚拟货币，目前没有申报需求。

3. 有没有可能不要让银行把我的信息报回来？

每个国家（地区）需要依照 OECD 的共同申报原则（也就是 CRS）在当地立法，那香港银行本身作为金融机构，自然需要依照香港地区的当地立法来申报。而依照香港本身的规定，如果故意不报或者故意错报，除了金融机构本身有责任外，相关负责人员还会有刑事责任。因此江董的期望，应该不能简单用“要求机构帮忙”来满足。

4.CRS 的部分我了解只能透过法律设计来进一步，那么我应该怎么做传承？

“传承”两个字过于虚化，资产规划最重要的是要了解您担心什么，想要达到什么目的。因此需要江董慢慢讲：

- 现在有什么担心的事情？
- 有哪些资产需要纳入传承的范围？

- 未来想要达到什么目的？

这几点我们在后面的章节来讨论。

全球资产规划之二：如何做风险梳理

江董与先生两人同时具有多国居民/国籍身份，且由于资产遍布国内外，因此涉及相关交叉风险甚多，需要分别梳理。

1. 我代持的国内公司涉及 P2P 的业务虽然在缩小，但是资金池造成的状况却越来越严重，请问作为代持人我有风险吗，该如何避险？

江董其实不仅仅有代持股份，而且在多家子公司担任法人代表，一旦某天发生暴雷的情况，江董对于自己所持有股份的比例应负有相应债务责任，而如果代持股份的公司运作最后经过调查成为非法集资，还会有相关的刑事责任风险。

此外，江董本身代持的股份如果并未在加拿大申报，那么这些公司开立的账户，银行依规定需要穿透到股东自然人的身份，这时在加拿大如产生相应的税务责任，公司是否依然会全部承担也是个未知数。在这种情况下，会极力建议江董将代持的股份还回公司的实际控制人较为保险。

2. 那同样是代持，我 BVI 公司大量股份是家里阿姨代持的，银行卡在我这她也碰不到，这样是不是我就维持现状或者全部让她代持就好，我还有需要担心的地方吗？

江董要注意这两件事最大的不同是您所代持的公司有高度运营及合规风险，而您BVI公司是纯粹作为资产配置使用的公司，里面都是金融资产。

您现在需要关心的有两部分：

（1）代持风险

代持人为家里扫地阿姨，如果没有签署代持协议的话日后虽然阿姨忠诚，但她身边的亲属未必会是同样想法。如果代持人离婚或者过世，在没有签署代持协议的状况下，其离婚配偶 / 家属是有机会对这家公司登记在其名下股份的利益提出请求的。在大多数离岸地是承认代持协议的，因此建议至少需要把股份代持协议（Nominee Shareholder Agreement）透过离岸区的法律代表，请阿姨证实签署。

（2）税务风险

由于江董自己依然持有 BVI 公司 49% 的股份，依照国内税法的规定（在实际税率 <12.5% 的法区设立的公司中，单一中国税籍人士持股 10% 或数个中国税务居民集合持股超过 50%），这家 BVI 公司就属于受控外国企业（CFC），那么即使当年该公司不分红，对于股东来说视为当年所得，依然有税务责任，也就是说个人所得及资本利得税都需要缴纳。江董先生也是同样的情况。另外，江董夫妻两人还有加拿大的税务责任，两人持有的 BVI 及开曼公司的金融账户等信息是否有依规定申报，也请江董与每年帮两位保税的加拿大会计师确认。如果没有，则 BVI 公司涉及加拿大的税务风险也需立刻处理。

3. 我投资的虚拟币呢？我 100 万美元换了 10000 个虚拟币，据说有 300 倍的回报，但现在还没有上市交易，这个有点揪心。

对虚拟币的投资我个人持保留的态度，和江董分析如下：

（1）虚拟币的投资重点在于能否交易，如果买了币又不能交易等于手上啥都没有，所以被戏称为“空气币”。

（2）江董投资的虚拟币有个很大的问题，就是您 100 万美元的投资并非换得股权，而只是“币”。我们知道，如果您投PE，那么对于投资对象的公司，就是以投资金额交换作为公司股权，股权的投资是没有太多法律争议的。但是投资换来了“币”，如果这个币无法如承诺上市交易，这个行为在大多数国家极有可能被定性为“非法集资”。

（3）江董您还可以进一步发现，发币的公司或者您汇款投资的公司，往往上面的股东是一个新加坡的基金会，这并非对方有多高大上的背景，而是募资公司企图利用基金会的特色：基金会没有股本，也没有股东，这是什么意思呢?

万一这些币真的变成空气币，投资人一定想要去法院告，而发现唯一的股东是基金会，往上再追，基金会没有股东，也没有股本，那么这个时候投资人要找谁告就是个问题。不过好在是这些发币公司只知其一不知其二，新加坡对于基金会的规定还是在公司的架构下设计的。所以，募资方自以为天衣无缝的法律设计还是有机会突破的。

建议江董回去仔细看一下投资文本，必要时提早找律师开始要求退资为佳。

4. 我现在担心资金在香港的安全，我想用安提瓜护照到新加坡开个私人银行账户，听说新加坡银行不会申报账户信息，请问这样来做资产保护可行吗?

的确，大量的私人银行客户都在将资产从香港往新加坡迁移。但是其原因绝对不是“新加坡银行不会申报账户信息”，新加坡不仅金融机构需要依照CRS申报，而且原本新加坡信托公司所言“全权委托信托账户可以申报账户为0”等的错误宣传，都已经在2018年被澄清。

您在新加坡新开私人银行账户的第一步就是需要客户尽职调查（KYC），金融机构会除了护照，还会要求新客户提供至少下列信息：

- 法定姓名及其他曾用名；

- 地址证明（三个月以内水、电、煤、电话账单）；
- 电话号码、email；
- 官方身份证明（未过期、含照片、身份识别码、国籍、出生日期地点等讯息）有时会需要第二份 ID（如当地驾照、保险卡等）；
- 职业、是否现任、曾任公职、雇主名称；
- 账户类型、欲开户业务性质；
- 第一桶金的来源（也就是发家历史）；
- 家庭状况（含配偶、子女等）；
- 目前每年收入；
- 开户目的。

有些时候，客户能拿到或者“变出”部分资料（因为有些资讯只要求影本），金融机构的合规部门会透过下列信息，通过技术手段与客户提供的信息核实，如：电话、信函、电子邮件重复联系客户、要求授权及公证相关资料、官方文件（个人护照、身份证件，公司执照、注册登记证等原件，公司董事会决议、账户操作权限人员身份识别等）。

要求开户人授权同意第三方进行信息调查，甚至会综合网路及内部数据库交叉调查信息资料，包含查询自然人或者公司股东及其亲属是否涉及政治敏感人士（PEPs）。因此，开户的时候您如果要完全将自己设定在安提瓜身份，需要考虑到上述资料是否皆有可能完全隔离原本的税籍资讯，这是有相当的挑战性与持续不确定性的。

江董在先生起身离开时，另外提出一个私人问题：

5. 由于先生与我和前夫所生的长子不和，我也与先生和前妻所生的女儿关系不好， 但家中的经济来源以我赚的为主，因此私心上在考虑如何将自己的资产大多留给大儿子，如何隔离他日后可能产生（如婚姻）的风险。

由于江董夫妻居所为中国，考虑到下一代继承部分，资产要留给大儿子可以从离岸地的资产优先处理开始，这里有下面建议原则：

- 不要以自然人或者公司来作为规划的唯一方式，因为这样并没有什么隔离作用；
- 善用结构持有，如果结构设立地不承认夫妻共同资产为更佳；
- 结构的设立地与资产所在地隔离，如此可善用冲突法进一步保护资产。

江董的长子有美国身份，因此要注意日后的受益是否有税务的问题。从目前所知，江董已经在美国洛杉矶的房子及美国账户等资产，可以用美国的外国人委托信托（FGT）来持有，这里解释一下：外国人委托信托的意思是委托人（江董）为非美人士，因此设立 FGT 后这个信托就比照外国信托，美国身份的受益人受益时申报而无需缴税。这种设计细节（特别是税务优化问题）若江董有兴趣时需要单独分析。

江董境外的公司、账户，可以考虑由耿西信托来持有，这是因为耿西岛本身不承认夫妻共同资产，因此配偶方不得以“夫妻共同资产”作为理由，到法院来提起诉讼。

江董的资产规划及保护需求在范围地域上皆横跨了境内外及法律税务，总结来说，您的需求我们可以简化为“4P2R”，作为纵轴包含资产保护（Asset Protection）、投资规划（Investment Planning）、传承规划（Estate Planning）、税务规划（Tax Planning）、对外申报（CRS/FATCA 等）、当地申报（Reporeing Local）；而横轴则是国内外各自的股权、金融资产与非金融资产。

我将江董所有各部分的风险点做出下面表格，您可以参考。至于如何解决，则是我们后面会谈到的解决方案。

4P2R	国内股权	国内投资 / 账户	国内物业 / 非金融资产 / 账户	国外股权	国外投资 / 账户	国外物业 / 非金融资产
资产保护（Asset Protection）	代持 14 家三方公司股权具有风险 · 债权 · 民刑事诉讼 · 销售公司股权代持问题	P2P	纳入信托的可能性	双方持有股权的 BO、Controlling Person 穿透的问题	如新开账户面临 KYC 问题	受益人资产隔离问题
投资规划（Investment Planning）		P2P 投资		BVI 公司下购买的基金产品	虚拟货币的投资 发币的持有结构	
传承规划（Estate Planning）	中国遗产税（如开征） 销售公司股权的受益		国内三处物业夫妻共同资产问题	阿姨代持 BVI 公司的股权如阿姨过世产生的风险	香港保险受益人为长子（美国身份）	美国房产可单独以 Living trust 进行
税务规划（Tax Planning）	个人所得税 资本利得税	个人所得税	国内信托持有涉及地区及契税问题	没有 DTT、经济实质法 CFC 问题（夫妻双方）		Living Trust/FGT
对外申报（Reporting CRS/ FATCA）	配偶持有的国内公司账户（美国 FATCA/ 德国 CRS）	儿子名义持有的私募基金投资		安提瓜护照不等于改变税籍 BVI 公司阿姨的持股 配偶持有的开曼公司同时有 CRS/FATCA 问题	安提瓜护照不等于改变税籍 CFC 问题	N/A
当地申报（Reporting Local）	代持三方公司股权如发生转让可能产生 Capital Gain				美国大华银行账户 FATCA IGA Model 1	美国房产无需申报

全球资产规划之三：解决方案设计

江董在了解了风险后，想要进一步咨询如何将资产保护落地。

1. 我是不是就是做一个家族信托，把所有资产放进来就可以避债避税，解决所有前面的问题了。

对不起，不是！首先，对“家族信托”四个字较为谨慎的形容，应该是一个让市场了解的扫盲字眼，而不是一个专业法律名词。因为没有什么法区有单独的“家族信托法”，信托的结构有许多种，在全球各离岸在岸法区及对信托受托要求等，也都有不同的法律规定。

其次，对于资产规划来说，信托结构是可作为资产保护的工具之一，但不是唯一的结构。依照客户希望达到的目的不同，可以选择的结构还有如基金结构、基金会结构、ICC 结构，甚至保险结构（不是买保单，而是保险属性的资产保护结构）等。

江董的需求及资产都遍布海内外，其夫妻身份国籍也超过一个以上，因此先建议一个大原则：国内的资产由国内结构保护，海外的资产由离岸结构保护。

这是因为国外法院判决的承认与执行的问题及风险无法预测。譬如大陆法系国家及伊斯兰法国家本身并没有衡平法的法理概念，如果用一个境外信托纳入了很多国内资产，即使在境外有相应法理的判决，但是国内法院仍有不与承认的可能。

我们先来看看国内资产：

江董国内资产部分包含了股权（无论是否有代持）、银行账户、投资产品等，国内的资产保护结构选择的确不多，还是以民事信托（也就是坊间常说的家族信托）为主。这几年由于法律及信托业界的专家不断努力实践，能放入信托内的资产从2013年时只能放现金，到现在基本上受监管的金融产品、银行账户乃至于股权、房产等都可以纳入。

依照《中华人民共和国信托法》第二十四条，会发现信托的受托人除了信托公司以外，还可以是自然人或者机构。因此，江董可考虑用国内的信托结构来保护其国内资产。而这时江董有几点需要考虑：第一，未上市公司的股权纳入信托，主要是对股权估值的问题，如果江董想要选择信托公司作为受托人，那么各家信托公司对于股权纳入如何估值乃至于是否接受股权，每家的态度都有不同、费用也不一样。如果江董在股权部分关注的较多，就需要与顾问讨论其他信托受托模式及估值等可能性，这其中就会包括是否可以用自然人或者机构（PTC模式）作为受托人的信托文本设计。第二，国内房产必须采取交易过户，如果要把江董三栋住宅纳入信托就会涉及契税。另外，因为国内房产登记制度的限制，因此用国内信托持有物业大多采取信托下持有公司，而由公司来持有不动产物业。但近年来部分城市已经规定公司不能持有住宅物业，因此江董需要先提供三栋物业的确实地址资料，方能让我们确定是否可以将目前的房产纳入。

我们可以用下列的图表来解释国内信托结构的保护模式：

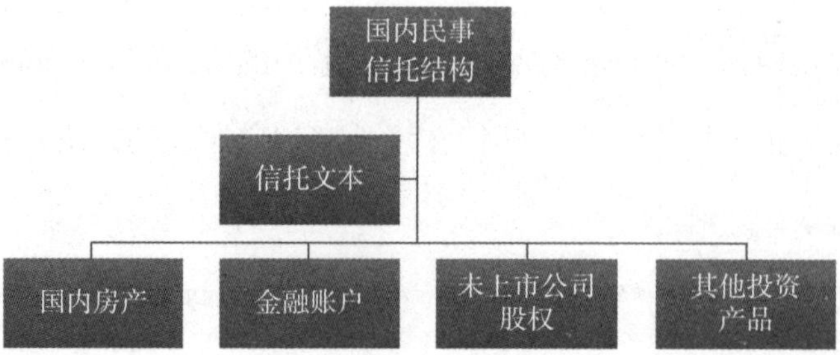

同时，为求周全，江董需要先生签署配偶同意书，这样确保国内信托资产来源日后不会受到配偶的挑战。

最后，信托绝对不建议在标准文本上签字就算完成，这是因为每个人担心的事情不同，希望达到的效果也不同，绝对不太可能有一个符合各类人士背景需求的标准文本。因此，江董需要就资产、受益人的受益条件、信托运作、管理等各项信托条款，反复确认（至少三次）后方能定稿。

一般而言，从信托 KYC 信息收集完成后起算，60 个工作日可以完成。

2. 我境外的资产要怎样安排，才能合法且无忧的避开夫妻共同资产的问题来传承给大儿子。但在规划的时候需要考虑到：我虽然要把公司留给儿子，但是他还没成年，而我日后会用 BVI 公司做一些投资，所以我希望公司运作方面依然能够充分自主。我听说信托都可以把权利保留给自己的，请问这样有可能吗？

您谈到的有两个部分：

（1）夫妻共同资产问题

妥善的解决方法之一，是将离岸保护结构设立在不承认夫妻共同资产制的法区。我们这边会建议在耿西岛。一旦您在耿西岛设立信托，并开始往里面注入资产，配偶的一方即使发现，也不能以“夫妻共同资产”为理由，到岛上提起法律诉讼。

（2）保留权力

当然，设立信托后大多数人都希望自己保留的权力越大越好。但保留权力过大，极有可能造成整个信托被外部攻击时，判别为虚假或者无效。因此，设计上就需要找一个当地法律支持的法区来设立。对于 BVI 公司的股权，我建议采取 BVI Vista 模式，也就是说用一个 BVI 信托来持有 BVI 公司的股权，但是 BVI 公司的运营、董事任命等一切行为，江董（作为委托人）可以直接执行，而无需透过受托人。

经过这样的规划，江董可以顺利地将资产留给大儿子。简单图示如下：

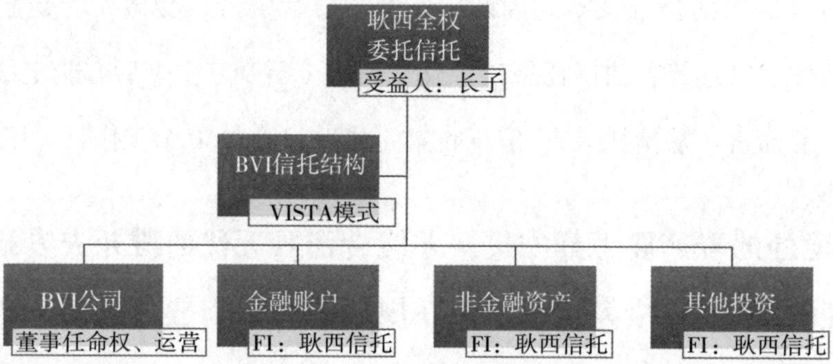

3. 前面的规划似乎没提到美国的资产，这部分怎么处理？

美国资产往往需要特别隔离研究，这是因为 IRS 对于税务的责任规定得非常细。江董希望将美国的资产也都留给美国籍的长子，又担心长子日后结婚夫妻共同资产问题，这时可以利用 IRS 对于非美国人士赠与的细节规定，设立外国人委托信托（FGT），简单介绍一下这个功能。

美国税法规定，当非美国人士在非美国领土赠与给美国人士的时候，受赠人应申报而无需缴税。但是江董部分的资产已经在美国了，因此在美国可以设立 FGT，也就是视为外国信托。这样美国身份的受益人就降低了大量税负。

江董在洛杉矶有房子、有银行账户等投资，因此 FGT 都可以纳入并将大儿子作为受益人。即使日后大儿子结婚，这些信托资产也不是夫妻共同资产（参见下图）。

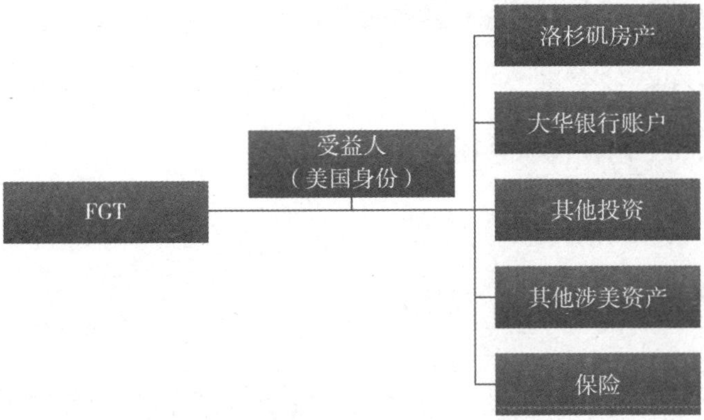

所有文件经过签署后各项法律税务工作已经开始逐步进行，然而两周后突然江董要求再度单独会面，而会面内容让所有工作人员万分惊愕，江董又有什么疑问呢？

4. 我有一个小问题原来不好意思说，我和先生因为孩子的关系常常争吵，有可能会离婚，事实上我已经在 2015 年办了美国 EB5 的投资移民，我先生并不知道。我计划日后和大儿子到美国长住，现在排期还没有到我，移民公司说估计我 2020 年有可能会拿到绿卡。我也在开曼几个地方开了公司，也有银行账户，这些我应该怎么规划？

资产保护结构一个最重要的核心，是所有的规划都依照客户的背景及需求来设计，如果客户故意隐瞒甚至欺骗，那么所损失的并不仅仅是双方的时间与金钱，同时有可能造成整个结构的无效。

江董原本没有说自己可能拿到美国身份，一旦有美国身份，则 FGT 的结构就完全不可行。同时，对于耿西结构，也有涉及美国税务责任的考量。

因此，江董需先将原本所有结构的法律等相关费用付清后，重新设计保护结构。依照现在新的变量，同时会建议在资产保护架构未完成前，即使移民公司通知，江董都先不要拿绿卡。

综合现在新的变量，我们认为江董应较适合用PPLI结构来保护境外资产。这点在下面章节做具体说明。

全球资产规划之四：PPLI

江董一旦持有美国身份，那么就会发现自己原本对资产规划的认知，逐渐会有翻天覆地的变化。

1. 为什么美国身份会对我的资产规划有影响?

即使江董在拿到绿卡时，如实申报了全球资产，这只代表了日后每年在美国涉及的税，只会计算资产在拿到绿卡后的增值部分，但是江董在香港的银行账户等，都会需要进行一系列的涉及FATCA申报等流程，有些金融机构因为涉美账户合规流程繁杂造成的高成本，甚至会有要求江董将账户关闭的可能性。

我们常常遇见想申请全家移民美国的客户，都会建议家中主要经济来源的成员（一般来说是爸爸）暂时先不要申请绿卡，这也就是我们常开玩笑的“留一个活口”的简单方式。如此在全家的资产保护上面就有相当大的运作空间，而且相对简单。

2. 那您是不是建议我美国投资移民就不要了，我表哥告诉我他们报税都很简单的，他就买了一张香港保单解决了，根本没有那么复杂的问题。

我们并非告诉您放弃美国的投资移民计划，终究您还是有赴美长住的规划。那么是不是一旦成为美国身份就“死定了”呢？那倒也未必。因为美国的税制发展历史悠久，各种税务优惠模式也有很多细节规定。但很不幸的是，亚洲的移民对于税务规划的安排有很高的比例都是粗糙无章甚至是毫无规划，往往道听途说就认为“简单的方式最好”，而造成后面无穷的隐患。

江董的表哥王总也是个高净值人士，而且全家都已经取得了美国身份，在香港和内地都有大量的存款及收入，且多年来从来没有在美国申报过境外资产。早期并没有太多问题，但是现在担心信息穿透的压力越来越严重，通过香港保险经纪介绍，买一张香港保单就可以避债避税，因此王总将绝大部分的存款，采取趸交（一次性交清保费）的模式买了张巨额保单。

王总这个规划可以说是完全错误：因为绝大部分的分红、重疾等香港保险，对于美国国税局 IRS 来说，缴费模式及保单结构等都不符合美国对于“保单”定义的标准，而结果就是这张香港保险单被视为“投资产品”（也就是 MEC），不仅每年要申报，也要缴税。

王总还得要注意的是，由于在买保单时资金安排等流程，很容易造成王总的资产迅速地浮现台面，美国国税局透过 FATCA 各地金融机构交换过来的信息，就有机会锁定王总的跨境税务问题进行审计。如果这样的问题一旦发生，这时候王总回头找保险经纪，所得到的答案绝对会是含糊其辞，因为保险经纪的工作是卖保单拿佣金。至于美国的税，并不是他的工作甚至超过他知识的范畴，这时候王总怎么办呢？

3. 不是对美国人来说，保险有很多税务优惠的作用吗？难道都没有设计的方式？

是的，保险对于美国身份的人士有非常多的税务功能，而设计的核心，就是整个保单“必须要符合 IRS 对于保险的认定标准”。可以举一个“私募定制寿险（PPLI）”的结构，作为给江董的推荐模式之一。

基本上保险有保障与投资双重的功能，江董目前境外可投资资金超过200万美元，这时我们将江董境外的公司、金融账户等各种资产梳理，打包作为“投资区块”，另外，再加上一个纯身故赔偿的寿险，寿险部分再投过再保险将风险大部分转嫁，而两个区块的结构透过精算师依照客户涉及的税籍地税务规划计算，然后将寿险与投资结合在一起做出一张保单。因为投资部分的资产原本就是江董的，因此这一张保单也只能卖给江董，而且整张保单完全符合美国国税局对保险的定义。然后，再以离岸公司持有这张保单，而离岸公司股东为美国的 FGT（外国人委托信托，详情参照前面章节），简单用图先解释一下：

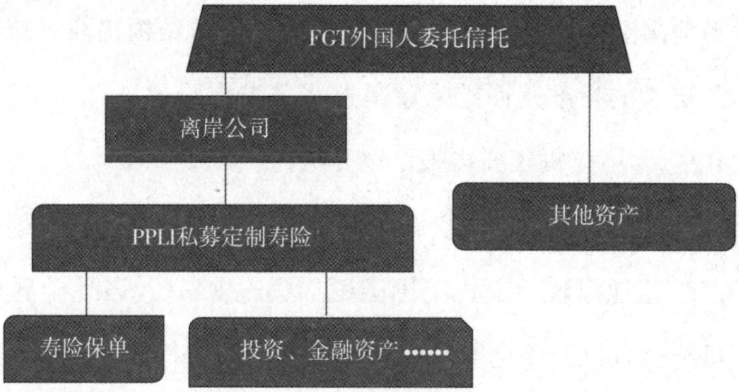

4. 这样的设计有什么效果?

我们先从这三层结构来看：

（1）人寿保险可以粗分为身故赔偿与投资收益两大功能，由于 PPLI 为一张为江董定制的保单，江董可以将自己的投资、金融资产等全部打包，做成保单下面的投资板块，而另外加上一个专注于身故赔偿的保单，两者经过精算师计算后结合起来，依然符合美国国税局对于保险的定义。

（2）如果江董还想继续增加资产的保护功能，那整张 PPLI 保单就可以改为透过一离岸公司持有，而离岸公司上面作为一个外国人委托信托（FGT）来持有。只是这个时候可以让江董的母亲（因为她不会拿绿卡）作为委托人，来维持 FGT 的税务规划的功能。FGT 的条款同时要考虑到外国委托人过世后的调整条款，这些法律细节就等您确定后单独和您逐条讨论设计。

（3）而江董其他较难以估值或不适合放入保单的资产，则可单独由信托来持有，这时要注意的是信托管理费用会依照信托管理所需的责任及工作来收费，因此尽量不要纳入如收藏品等每年都需要专业估值的资产。

5. 这样有什么继承税务的功能?

PPLI 本身来说就有以下几种优势：

（1）税收筹划功能。一旦 PPLI 作为寿险保单，在保单组建期间就开始享受全额的税收延期。而且在保单存续并快速积累现金值的这段时间，美国对保单内的投资组合的收入或资本收益不征税。这样的节税功能可以是原本的资产增值产生“复利”的效果，且死亡给付也可以完全免税。

（2）资产保护功能。类似信托，这时候江董原本资产的合法所有权就会从投保人转移到保险公司。这时依照法律程序，债权人或其他索赔人不能附加或使用保单基础资产，也就是国人常提到的保险“避债”功能。

（3）继承和继承规划。PPLI 同时具有一般保险的继承规划功能，可以有效地将财富从老一辈转移到年轻一代。法律纠纷很少，很难攻击保险单。

（4）投资的灵活性和控制：与传统保单不同的是，江董对这张保单投资依然保持高度的自主性及灵活选择性，几乎任何银行资产都是可能的。

投保人选择资产管理人和投资策略，保险人可投资于非 SEC 注册证券和对美国个人投资者不可获得的投资。

6. 我个人有投资一些黑石等境外基金产品，这样也可以放入吗？

对于美国人士，PPLI 的投资弹性也是个优势。一般来说，美国人士如果直接投资于非美国投资基金，通常会受到有关回报的不利税收规定的约束。但是在 PPLI 的结构下，则不适用这些税收规则的情况，因此江董的非美国投资基金也可以在保单中持有。

7. 我如果日后临时需要资金，可以动用吗？

流动性功能也是这样设计的优点。江董如果日后临时需要资金时，也可通过提前退保、部分退保（虽然我不太建议这种模式，因为会大量降低收益），也可以用保单现金价值贷款的方式获取现金价值。但是要注意一点，一旦提前提取保单或从保单中贷款，则当年可能会产生税收成本。

总而言之，我们用了保险的原理结构，帮助江董设计出一套资产保护的模式，这远非“买一张保单”所能相比。

第二部分

攻

第一篇

家族特色资产配置战略

如何从生命周期角度考虑家庭资产配置策略

曾经购买的理财产品感觉“很受伤”，那我们应该从什么角度考虑家庭资产配置方案呢?

在传统的投资过程中，投资者通常是某个时间段内被动接触到大量的热点金融产品，通过自己或者营销人员对这些产品的发行方背景、品牌名声、管理规模、投资团队和过往业绩等建立对产品的初步印象，最后选择自己觉得合适的产品。但是大多时候对于一个非专业的投资者来说，被动接收到产品营销时，往往可能是该类型资产和产品处在阶段性高点的时候，容易被短期优异的业绩所迷惑，而忽略市场周期性波动的风险。之后在面对亏损的时候，又不愿意及时止损，而是选择长期持有，这是行为金融学上典型的损失厌恶型投资者特征。

而站在最优资产配置的角度来说，投资者在进行资产配置时，既需要考虑宏观经济的不同阶段，金融市场各种资产的收益风险特征，也需要结合自身的年龄、家庭成员情况和收入预期、波动、相关性的状况在不同的生命周期来进行动态合理配置资产。

通常而言，生命周期不同阶段进行资产配置时，同时需要考虑现有的金融资产和自身人力资本，这里的金融资产指的是土地、厂房、住宅等固定资产价值，以及股权、股票、债券等有价证券和现金存款，人力资本指的是未来收入减去支出的折现值。年轻阶段往往是财富积累阶段，人力资本占比较高而金融资产占比较小，但随着年龄的增长和财富的积累，人力资本占比下降而金融资产占比逐步增加。所以在年轻时权益类风险资产占比较高，随着年龄增长逐步降低高风险资产的配置比例，增加固定收益类资产占比。

案例 1：

赵总是一家地产公司的高管，今年 30 岁，妻子是大学老师，28 岁，双方父母健在，赵总夫妇育有一子一女，子女正在接受学前教育。年前刚通过按揭购买新房，同时手里也有父母的一定资金资助。目前房贷、子女教育和日常消费支出等各种费用负担较大，想要了解如何进行资产配置以减少未来的支出压力以及为子女未来升学做准备。

赵总目前正处于财富积累阶段（25 岁 ~ 45 岁），收入波动剧烈且与宏观经济景气程度高度相关，但是妻子拥有稳定的工资收入，几乎不会产生较大的变动。这个阶段面临的主要风险有：①收入支出风险。夫妻双方人力资本产生的工资等其他当期收入能否覆盖逐渐增长的家庭日常支出、子女教育支出、房贷支出和父母养老支出等，是否有能力将多余部分作为金融资产进行配置，为未来做储备；②市场风险。整个家庭的金融资产可能因为金融市场的周期性不景气有贬值的风险。

在进行这个阶段的资产配置的时候，我们需要考虑到赵总的目标是减少未来的支出压力以及为子女未来升学做准备。而目前整个家庭收入波动主要是由赵总的人力资本带来的收入变化，以及现有的金融资产产生的收益所决定的。假如赵总的工作变动导致工资收入突然减少，支出的突然增加导致可投资产的突然减少，都有可能降低目标的实现概率。所以赵总的人力资本更多的是类似股票型波动，而赵总的妻子收入波动较小，更多的是类似债券的属性。同时，我们建议在这一阶段将金融资产分成两部分进行配置：一部分是通过负债匹配型模型进行配置，将未来的房贷支出、老人养老、日常生活支出、子女教育等刚性支出作为一系列的负债现金流，然后将其折现后得到需要匹配的投资水平。由于此时金融资产等可投规模较小，投资期限较长，所以具体配置以股票、权证等风险资产为主；另一部分，如果有剩余的可投资产，通过效用最大化模型进行配置，寻求风险收益的最优解，用以满足未来不确定的支出需求。结合此前的人力资本，在这一阶段总体上体现为人力资本占较高比例，金融资产比例较低，股票等风险资产配置比例较高，债券等固定收益占比较低。

案例2：

20年过去了，赵总拥有了自己的地产公司，妻子仍然在大学任职。双方父母健在，但是健康程度有所下降。子女快要从大学毕业，希望自己创业。房贷已经还清，日常消费支出较大但已经趋于稳定。想要了解如何进行资产配置以满足子女创业资金需求、为子女准备购买新房以及自身养老等需求。

赵总目前正处于财富保值增值阶段（45岁～65岁），夫妻双方的收入波动逐渐降低至稳定状态，日常生活支出、子女教育和房贷等固定支出已经逐渐减少，同时已经初步完成了家庭财富的积累。此时赵总主要面临的风险是：①企业经营的风险。赵总的主要精力都放在企业的经营与管理上，自身财富增值也根植于企业成长之中，所以企业经营管理的好坏直接决定了赵总的财富水平；②健康风险。赵总及家人可能会面临不同程度的身体机能衰退，导致意外支出大幅增加；③市场风险。整个家庭的金融资产可能因为金融市场的周期性不景气有贬值的风险。

在这一阶段，我们考虑到赵总的需求主要是为子女提供创业资金、置办新房以及为退休后生活做准备，所以在进行配置时整体风格以稳中求进为主。此时赵总整个家庭以工资收入等为主的人力资本逐渐转化为以企业股权为主的金融资产，可投资产规模逐渐上升。需要用负债匹配型模型进行配置的只有养老需求，而且需求迫切性较高，所以以债券等波动较小型资产配置为主，提高目标实现的概率；而子女的创业资金需求和新房购置等目标的实现与否对于赵总家庭的生活质量水平影响较小，家人身体健康的不确定性较大，所以通过效用最大化模型进行配置，提高这一阶段的风险收益比，在保值的基础上增值，以抵御不确定性的风险和需求。总体上这一阶段体现为人力资本占比逐渐降低，金融资产比例增加，股票等风险资产配置比例降低，债券等固定收益占比逐渐增加。

案例3：

又过了15年，赵总将自己的地产公司交给了子女，夫妻双方都已经进入退休生活，且父母已经过世。房贷等由子女承担，日常消费逐渐减少。想要了解财富传承下该怎么做资产配置。

赵总目前正处于财富传承阶段（65岁以上），与财富积累和保值阶段不同，传承阶段的收入主要来自于当前的投资组合，也就是金融资产已经成为家庭资产的主要部分，而人力资本在转化和积累过后，降至较低比例。日常消费逐渐减少，同时也在逐渐消耗可投资产规模。由于此阶段金融资产已经占较高比例，在来自于金融市场不确定性风险提升的背景下，财富传承的重要性和急迫性逐渐显现。

在这一阶段，考虑到赵总的需求主要是为子女做好财富的传承以及保障退休后的生活质量，所以在进行配置时整体风格以稳为主，财富的进一步增值所带来的边际效应已经不明显。在配置上，以债券等波动较小的资产为主，适当增加高股息类股票，用以抵御通货膨胀的风险，同时提供以利息、股息为来源的日常收入以及满足一定的流动性需求。总体上这一阶段体现为人力资本占比逐渐降至最低，金融资产比例增至最高，股票等风险资产配置比例进一步降低，债券等固定收益占比逐渐增加。

综上所述，我们遇到的很多高净值家庭客户，他们诉说过往的理财投资失败感觉，都谈到很多传统金融机构的客户经理在向他们推荐产品时，一直在介绍某个产品有多么好、多么高的收益，但很少有站在其家庭客户角度询问年龄身份的不同、考虑子女成长等方面的规划，从而做出一个全方位的替客户家庭随时间发展而变化的宏观动态投资配置的方案。这一点和客户经理的格局有关系，也和不同金融机构运作的局限性有关联，只为推销现成的产品，没有任何动力去考虑客户更加长远的家庭利益。

与之相反，家族办公室在资产配置方案设计之前，会根据客户及家庭所处的生命周期阶段，综合评估客户的人力资本和可投金融资产，明确方案的需求与目标。家族办公室会根据客户设置的约束条件，包括但不限于可投资产类别、资产的风险收益特征、投资期限、流动性需求和投资者的特殊要求等，对资产进行组合优化，动态调整配置比例，以保证方案能够实现客户家庭不同生命周期阶段的需求与目标。

如何选择家族办公室进行投资

案例：

吴总是一个进出口贸易企业家，50岁左右，其家族企业在传统家具生产、销售行业属于地区性龙头企业。多年来家里、家外的事务都是由吴总和老伴两个人带领家族的亲戚去打理，重心都放在了企业经营上，家人对于金融投资一窍不通，很多产品都是朋友推荐，跟着朋友买的。家族企业有多年的外币现金资产在香港银行的账户上，之前是交由海外银行的客户经理打理，但投资的表现一直都不是很理想。在国内的资产分别在几家私人银行账户上，表现也平平，在投资上也踩过雷。这几年在交接班的过程中，吴总希望能够专心让孩子们把家族生意传承下去，而且自己孩子们也不太了解金融专业投资方向，因此希望找到专业机构为其家族资产进行打理与统一规划。这两年吴总和朋友交流发现，有不少朋友已经从传统的银行投资转向委托国内家族办公室做投资了，说是省心省力，投资表现也不错。但也有朋友说家族办公室模式起源于国外，还是海外家族办公室比较成熟。吴总目前比较纠结，该如何选择呢？该不该选择家族办公室进行投资服务？到底是选择国内家族办公室还是国外家族办公室呢？

1. 什么是家族办公室?

家族办公室最早起源于古罗马时期的大“Domus”（家族主管）以及中世纪时期的大“Domo”（总管家）。现代家族办公室研究的核心内容是如何管理、保护和传承自己家族的财富和广泛的商业利益。几个世纪前，欧洲大家族的家族企业或者“家族办公室”原型机构就开始进行早期风险投资。例如，15 世纪佛罗伦萨的美第奇家族通过投资年轻艺术家，积极支持年轻艺术家，从莱昂纳多·达·芬奇和米开朗基罗到伽利略甚至波提切利都提供了创业资金。在成就了这些艺术大师的同时，美第奇家族在佛罗伦萨的办公室成为了有“文艺复兴艺术宝库”之称的著名的乌菲兹博物馆。要知道，这些针对艺术天才的风险投资距离现代第一家正式的风险投资公司（ARDC）成立提早了 500 年左右。在欧洲皇室家族也有很多著名的风险投资案例。比如出生于热那亚的商人与航海家哥伦布先生，花费了 7 年时间辗转于欧洲贵族与各国皇室成员间兜售其“环球航海探险计划”，最终得到西班牙女王伊莎贝拉的支持，并签署了一份著名的投资协议——圣塔菲协议。该协议规定：行政上，女王封哥伦布为海军元帅，在探险中发现和占领的岛屿和陆地由他担任当地的总督。经济上，哥伦布可以从这些领地经营当地的黄金、珠宝、香料以及其他商品的收益中获取十分之一（剩余部分属于西班牙皇室），并一概免税，还有权对一切开往那些占领地的船只收取八分之一的股份。另外，哥伦布所有的爵位、职位和权利都可以由他的继承人世袭。

最后的结果，大家都知道，探险家哥伦布从伊莎贝拉女王处获得了其允诺的所有物质和精神奖励，同时，作为风险投资家——伊莎贝拉女王及西班牙依靠这项成功的长期投资，获得了更多的收益。据统计，从 1502

年到1660年，西班牙从美洲得到了18600吨白银和200吨黄金。到16世纪末，世界金银总产量的83%被西班牙占有，并且更为重要的是，伊莎贝拉女王的投资得到了一个新大陆——美洲大陆。直到现在，西班牙语还是美洲大陆的官方语言之一。所以，欧洲大陆自从15世纪开始就有了大的家族集团为了各种不同目的进行直接的风险投资的传统。

2. 为什么高净值客户家庭转向寻求家族办公室进行投资？

20世纪50年代马科维茨提出现代投资组合理论，此后分散风险、组合投资的资产配置理念越来越被更多的专业机构投资者甚至个人投资者所接受。传统的金融机构比如银行、基金公司、信托公司、证券与期货公司基于卖方角度以产品模式将财富管理的专业知识与技能销售给高净值家族客户或者财富管理机构，但这一传统模式在2008年经济危机后遭到了很大挑战，一方面，越来越多的富豪家庭客户特别是东南亚一带的新贵家族，他们从上次经济危机的损失中吸取惨痛教训并逐渐认识到卖方金融机构的盈利模式，对传统金融机构丧失了固有的信任度。他们转向到家族办公室，寻求有信任度、有专业性的投资服务；另一方面，传统的财富管理机构对于资产配置方案设计的出发点是仅仅基于客户的风险偏好和预期收益等诉求，金融机构销售部门人员在机构内部的产品库里进行选择匹配，通过分散产品组合，优化方案整体风险，并最大化提升基于特定风险偏好的投资收益。然而在实际操作中，很多富豪家庭客户很少有能够一次性说清楚自己的风险偏好，他们也很少能够充分理解金融机构所推荐金融产品的种种风险特征，从而准确判断出自身是否真实合适购买或者投资于这些金融产品。

（1）家族办公室能够站在家族利益去考虑一切投资事务

传统金融机构很少有站在家族客户时间发展的维度为客户进行有统筹

安排的资产配置服务，如对客户及家庭成员的年龄、身体健康情况、家族主要财富来源变化及未来支出安排等生命周期要素进行预判与统筹规划。因此，富裕家族对于家族办公室的专业投资服务相应的就提出了不同要求。

站在家族办公室专业服务角度来看，仅仅完成配置方案的优化对于家族客户来说是远远不够的。家族办公室面对的客户通常是对家族传承以及资产保值增值的需求，是家族几代人的财富延续，而不仅仅是眼前的三年五年的利益，所以这些家族客户在投资配置方面能够全面定制化，也就是说他们都有自己对风险偏好的理解，对资产流动性、久期的不同要求，都需要在投资配置操作前，事先和我们的理财顾问师、投资配置团队反复沟通 2 ~ 3 次，双方达到充分的沟通与理解，才能够呈现出最终的资产配置方案。例如，有些创一代的家族客户拥有一定的风险承受能力，而且对于投资的流动性诉求相比传统机构产品的投资者而言更加灵活、多样。实际情况中，我们也碰到过有的客户可以 5 年内不要求有任何收益分配情况；有些客户要求投资方案中 50% 的资金能够做到按照季度甚至是月度可赎回的流动性进行配置安排。所以区别于传统资产配置理论中风险收益比最大化的要求，家族办公室在设计资产配置方案时更多的是以客户需要为导向，两者出发点有所不同。

（2）家族办公室更加注重客户资产的合理安全性

家族办公室在为客户进行资产配置时，首先，会对客户家族的资产现状作出全面了解和评估，根据生命周期不同阶段，对其未来财富主要来源和消费支出制定预判方案，结合客户对未来生活的预期进行假设。然后对客户家族资产进行投资诊断，根据客户所需资产配置结果和未来大类资产市场潜在变化情况进行方案设计。在设计时，家族办公室会注重客户资产的合理安全性，这是实现家族财富保值增值的基础。其次，是客户诉求实现的概率，如果有 90% 的概率实现客户的诉求，我们就不会选择 70% 的概率，然后才是风险收益的更大化。最后家族办公室会根据宏观经济周期以及各大类资产自身的趋势变化，对所配置的资产进行动态跟踪和调整，并定期整理反馈给家族客户。

此外，在配置时家族办公室也会有意识地引导并为客户将家族财富区分为传承性资产与投资性资产两类。

传承性资产，比如企业股权、固定资产、无形资产等，往往是客户家族财富的主要来源，也是当前家族在未来一段时间内的创富核心。根据建设银行和 BCG 所做的《中国私人银行 2019》报告统计，2018 年高净值客户财富来源中 66% 来自于经营企业获利，这一比例在 2015 年是 47%。所以在这块资产的配置上我们家族办公室整合平台内、外部的资源，帮助家族客户寻找、筛选在上、下游产业链相关的企业、股权项目等，为客户家族企业提供更多资源整合的机会，同时也在二级市场上寻找合适的标的进行投资，巩固并加强家族企业的财富来源，建立起财富的护城河。另外，如果有的家族客户是以房地产相关行业起家并作家族主要收益来源，出于分散风险考量，我们会和客户充分沟通，在投资配置方面有意识规避与房地产行业相关性较高的资产。

投资性资产是指与主业无关的股权投资，股票、债券等证券类产品，非标债权等金融资产。近年来，宏观经济降杠杆、整体发展模式在转型、供给侧改革等因素迫使原有的僵尸企业、无效率资产频频“爆雷”，我们的家族客户对于投资上趋向于更加理性，对于风险也变得更加敏感，在方案的选择上也更为谨慎。所以家族办公室在这类资产的配置上，需要为客户更多地注重整体方案的安全性，着眼的是长期收益，具有时间局限性的、政策套利性质的资产或策略就不在家族办公室的考虑范围内，而在风险回撤的要求上更为严格。家族办公室通常为这类客户配置具有低波动特质、收益稳健且可持续的资产和策略。

当然客户如果有更高的收益预期，家族办公室也能提供相应的配置方案。在流动性上，有的家族客户是规定这部分资金需要保障家族成员生活和成长的消费性财产以及应急性家业支持，如支付生活费、子女的教育支出、医疗养老支出和旅游等享受型支出，我们则会提供相应的流动性配置方案，提供定期的流动性报告与支持。

（3）家族办公室投资具有长期性特征

家族办公室的核心目的不仅仅是眼前的财富保值和增值，更加注重未来家族基业和财富的传承。家族办公室所服务的对象也并非家族中的一代人或某一个人，也并不在意资产的短期快速增值，其工作重心是对未来家族财富的科学规划和合理传承，使得家族积累下来的财富、荣耀和精神价值可以代代传递，而不会因为个体的差异原因消耗殆尽。如美国的洛克菲勒家族办公室已经存在超过上百年，服务历经 6 代家族成员依然在发挥作用，成为家族办公室历史上的不朽经典。与之相配套，为达成财富代际传承的目的，家族办公室投资也具有长期性特征，通常会持续 5 年甚至更长时间。长期投资有利于熨平投资波动，符合高净值客户安全性的需求。

（4）家族办公室投资更稳健

家族办公室对全球主要经济体进行周期分析及比较，动态确定优势大类资产，并在宏观分析的基础上，按照相关基准对市场和产品进行风格判断与选择，继而严格按照定量筛选、定性分析和尽调分析展开产品筛选，确定最终投资组合构建。所构建的组合通过分散投资，让不同投资品种优势互补，从而降低投资的风险，给到与客户需求相匹配的波动率，获取长期持续稳健收益。

（5）家族办公室投资战略战术相结合

家族办公室为达成投资目标需要严格遵循战略资产配置（SAA）和战术资产配置（TAA）的工作流程。战略资产配置决定长期内（5年以上）不同大类资产的目标配置比例，一旦确定了SAA比例，短期内不会调整。战略资产配置的具体步骤通常包括：①在投资限制下根据投资目标，选取恰当的大类资产种类，并初步设定各大类资产的上下限比例。②选取合适的资产配置模型。比较常见的模型有均值方差模型、BL模型、风险平价模型、固定投资比例模型等。③分析测算各大类资产的收益、风险和相关性等特征。

战术资产配置着眼于抓住市场机遇变化或各大类资产相对价值变化所带来的短期投资机会（数月到1年不等）。通过战术资产配置，可以短期内迅速调整各大类资产的配置比例，以便于及时抓住投资机会，在风险可控的前提下尽可能地增强投资业绩。良好的市场预测能力是战术资产配置成功的关键。如果市场实际运行结果与事先预测相反，那战术资产配置不仅起不到增强业绩的功能，反而带来负面影响。因此在没有把握的情况下，最好的选择是不要盲目地通过战术资产配置进行比例调整，坚守战略资产配置比例不动反而是更好的选择。预测市场有基本面分析法、技术分析法和量化分析法。

总体而言，在时间维度的前提下，家族办公室会根据客户真实诉求和投资不同资产的风险特征，为家族客户进行定制化投资方案设计，帮助其树立起正确的资产配置理念，用更长远的眼光去规划家族财富。

3. 该选择国内家族办公室 or 国外家族办公室做投资？

事实上，两者不是二选一的冲突关系，在全球资产配置的当下，国内家族办公室一般脱胎于国内较成熟的金融机构，对国内的市场环境、政策更了解，因此在国内资产的投资方面更有经验。而国外家族办公室的优势在于海外资产的投资及配置能力，及对国外当地法律政策的了解，两者可以说是各有所长。高净值客户在家族办公室的选择上可以综合国内外的优势，两者并行选择，并把一个家族办公室作为主要服务机构，协调国内外的投资以及资产保护传承等事务性内容。

（1）国内家族信托的投资特色

国内家族信托可以根据投资者的需求，通过资产配置的方式，合理追求收益的同时可以做好动态的风险防范。资产配置简单而言，就是把资金按照一定比例分配到固定收益类产品（低风险）和权益类产品（高风险）中，固定收益产品在其中担当的是一个投资“稳定器”的作用。固定收益类产品作为“稳定器”，就更需要筛选时在风险和收益之间找到平衡。

a. 固定收益类投资

固定收益类投资指投资人可以在特定的时间内取得固定的收益并预先知道取得收益的数量和时间，主要包括债券、固定收益类基金、信托、资管计划、私募基金、债权基金、定向融资等，不过并不是所有的固定收益类理财产品都是保证本金和收益的，只是在没有意外发生的情况下可获得预期收益。反之，如投资的资产发生意外，投资者将自行承担投资风险，本金和收益都有可能受损。固定收益类投资特征为利息发放的频率固定；有一定的到期日，到期偿付本金；投资人具有优先求偿权，相对较有保障；收益不高但比较稳定、可预测、风险较低。

债券分为国债、地方政府债、金融债、短期融资券、中期票据、企业债、公司债、资产证券化债券、定向工具等。由于属于标准化金融产品，债券流动性比较强。目前我国已成为第三大债券市场。债券收益率主要与货币政策、市场供求变化以及券种风险状况有较大关系。不过，我国债券市场投资门槛较高，个人投资者所能够投资的品种较少（国债除外），主要包括部分国债、交易所高等级券种，多数券种主要适合机构投资者配置资产。同时由于完全市场化运作，投资低级别信用风险的债券需要更加谨慎。

固定收益类基金主要指债券基金，具有集中管理、风险分散、专业投资等特点，而且风险低、流动性高、收益适中，是银行存款的重要替代产品。同时，债券型基金能够规避债券投资门槛、投资标的选择难等问题，而且门槛较低，适合于个人和非专业机构的投资。

信托作为一类非标准化金融理财产品，流动性较低，市场流转较为困难，但是收益率相对较高，目前平均预期收益率为8%左右。信托产品发行依然受到严格的监管部门备案监管，同时也建立了信托保障基金，对于投资者的权益得到充分维护。当然，信托产品只能销售给合格投资者，主流产品起点认购金额为100万元，门槛相对较高。

定向融资指依法成立的企事业单位法人、合伙企业或其他经济组织向特定投资者发行，约定在一定期限内还本付息的投融资产品。其本质是经各地方金融办公室审核批准，以支持实体经济发展为目的，遵守相关法律法规政策规定开展的业务。定向融资计划属于私募性质，每期定向融资计划的投资者合计不得超过200人，其实质是发行方直接融资；定向融资计划的安全性取决于发行方的资信情况和增信方的担保能力。

选择固定收益类产品，对产品发行机构的选择尤为重要，一些金融领域的乱象根本原因就在发行机构的不规范经营，风控体系做得不到位等。选择资质好、口碑好、长期经营的机构会大大降低相关的风险。投资人也需要根据自身需求和承受能力来选择理财产品。如果投资人风险承受能力有限，建议优先选择风险较低的固定收益类理财产品。综合来看，目前国内固定收益类理财产品的市场还是比较成熟与稳健的，尽管目前受到相关因素的影响收益逐年下降，但是对于投资者来说，固定收益类理财产品仍是必备的配置。

b. 权益类投资

权益类投资就是指针对二级市场的证券投资基金和一级市场的私募股权基金等权益类资产的投资。

证券投资基金是一种间接的证券投资方式，通过专家进行理财。通过汇集众多投资者的资金，进行分散型的投资，继而分散了投资于个股的风险。证券投资基金具有易于变现等特点。其中股票型基金指 80% 以上的基金资产投资于股票，作为主要的基金品种在股市中占有重要的地位。与直接投资于股票市场相比，股票基金可以分散风险，风险较低收益也较为稳定一些，而且投资于股票基金还降低了投资成本，相对的投资收益也获得了提升。由于其投资的对象也是经过专业筛选，也会更为优质一些。根据不同的投资对象，股票型基金可分为优先股基金和普通股基金。

股权投资是指投资方以一定的对价及交易结构取得目标公司的股份，预期通过一定的方式退出以获得收益的一种投资形式。私募股权投资基金作为股权投资的一种组织形式，其数量和规模的迅速增长说明了股权投资市场巨大的潜在空间。股权投资退出时间和退出方式不确定性大。股权投资项目常见的退出方式包括 IPO、并购、新三板挂牌、股转、回购、借壳等。尽管投资方在投资时会对项目的退出时机和方式形成相对可行的方案，亦会通过对赌条款的设计来对冲部分风险，但基于股权投资高风险、高收益的特点，项目最终的运行情况常常与最初设想差别较大。投资收益浮动空间大，基于宏观经济、行业走势、企业经营等多重不确定因素的影响，加之项目退出时间和退出方式较大的不确定性，股权投资项目的收益浮动空间很大。也正因为如此，投资方从投资到退出全过程的风险监控和增值服务尤为重要。

（2）国外家族信托的投资特色

由于发展阶段的不同，家族办公室已经成为海外富裕家庭进入到第3代、第4代甚至更多代后人的家族财富传承的重要操作平台。经历过战争、多轮经济危机后，海外富裕家族在财富代际传承、税务国际规划、家族企业发展、家族人才发展方面都通过家族办公室来实现其相应的诉求。

在投资方面，这些家族的“老钱”在投资周期上可以更长，这是家族财富比一般基金公司资本而言独有的优势。这也是很多股权创业机构非常青睐家族办公室投资的重要原因之一。在应对长期低利率、低增长环境和机构基金相关的高额费用方面，家族办公室的投资通过将资金分配到收益率相对高、流动性合理的资产中得以对冲潜在机会成本损失。根据2018年Campden Wealth的研究，另类投资目前占海外家族投资组合的近46%，其中房地产（占17%）和私募股权项目（占22%）是最重要的贡献者。当然，股票类二级市场资产仍然是最受欢迎的独立资产类别，占总投资的28%，对2017年获得的平均总投资收益的15.5%做出了重大贡献。

而随着海外社会和环境的变化，新兴投资工具、资产类别的出现，海外家族投资在考虑规避相关风险的同时，对于其家族的投资有延续，也有创新。

a. 直接投资

基于过往成功的历史投资表现，家族办公室正在成为私募股权投资的重要力量之一。从历史上看，家族办公室在私募股权基金中作为有限合伙人进行间接投资，但近年来随着直接投资的兴起，例如美国的家族办公室，越来越多地直接投资于并购中等市场的运营公司中。一方面，在直接投资的标的选择方面，有些人更愿意投资于他们熟悉的行业，并取得了成功，而另一些人则寻求多元化或具有吸引力的特点。因此，越来越多的家族办公室正在建立内部团队，配备经验丰富的并购专业人员和经营管理人员，如行业内声名在外的退休首席执行官和首席财务官等。

另一方面，成本和透明性是家族办公室考虑直接投资的两个主要原因。家族办公室需要完全掌握开展相关业务的成本以及与交易相关的任何开销与支出。事实上，他们很乐意承担这些费用，家族办公室想知道他们的钱会走向何方，而不是在支付大量的管理费后却无法掌握所投的方向和标的，因为很多家族客户认为在直接交易中他们自己能够安排得更好。透明度是直接投资受益的另一个原因。自从 2008 年国际金融危机后，更多的家族客户不愿意、不满足将钱简单地委托给专业股权投资机构只是做一个甩手掌柜的身份，他们更多的希望深入参与到投资以及了解更多投资决策过程内容。特别是在 2008 年国际金融危机爆发之前的 10 年中，许多家族创建自己的“机构型”投资平台或办公室，以寻求“顶级”另类管理者（主要是私募股权和对冲基金），从而追求高于市场的回报，比如由于私募股权项目中资金长期锁定所造成的流动性丧失，以及投资回报之间的合理兑价。根据家族办公室合作平台（FOX）的研究表明，许多家族办公室正在重新考虑其在私募股权投资方面的组合形式，他们偏好于不再采用传统的 MOM 形式，即不再偏好于精选管理人的基金形式。许多家族投资者开始绕过基金结构，选择直接投资房地产和各种不同类型的股权项目。

总之，各种研究与统计表明，越来越多的家族更偏好于以直接投资形式参与到不同的股权项目当中。在最近 Capital Network 的报告中显示，在 157 个单家族办公室的调查问卷中，60% 多的家族办公室正在计划增加直接投资的项目，而大约有 25% 的家族办公室已经开展了和直接投资相关的业务，其中包括与其他家族办公室或者机构进行联合投资的业务方式，这种联合投资类似一种家族办公室联盟性质的俱乐部投资活动。

此外，在 2018 年最近的一次针对 FOX 家族办公室或家族投资团队的调查问卷中，FOX研究人员发现有超过80%的会员都开始涉及家族对不同项目的直接投资，这些投资都是家族成员直接参与到项目本身运营或者是联合其他大家族办公室进行的联合投资。当然，像所有投资决策一样，这种投资形式的选择有可能对也有可能错误。潜在的高收益、透明度好、更低的费用也许是更多家族办公室偏好直接投资的原因，但是并不是所有家族办公室都选择直接投资。研究表明，家族办公室投资的成功关键取决于其家族或者相关投资团队是否能够表现出强烈的投资意愿、必要的资金支持、家族办公室的资源、专业知识与投资框架、交易流程和敏锐度，以及持续获取高质量的项目的能力等。

b. 在房地产行业的投资

传统上，对于家族企业而言，由于收益波动相对稳定、回报可观，房地产一直以来是家族投资中仅次于股票类和私募股权类资产的第三大类型资产，同时也是最受欢迎的联合投资类型资产，占家族办公室总联合投资的60%左右。其中，商业地产类型是最受家族办公室偏爱的房地产类型，大概占房地产投资中的59%。笔者认识新加坡嘉佩乐酒店集团的第三代家族传人吴总，在沟通中，他一直强调其家族一直致力于在亚洲及一些岛屿国家开发旅游度假概念的奢侈型酒店，以前有些项目就是家族独立开发投资，目前也开始接受和一些大的家族联合投资开发了，但是他们一般每一个地区的项目只考虑1～2个合作家族进行联合投资。

在实体地产投资以外，考虑到风险的分散和兼顾流动性诉求，家族办公室也会选择一些替代性地产投资品种，例如地产投资信托基金和一些地产公司的债券，获取和房地产行业相关的投资收益。一般而言，家族办公室通常对其所在国家地区相对比较了解、熟悉，因此在更加偏好于直接投资于所在国家的商业或住宅类地产项目。但是，对于一些不是很熟悉的国家或者地区，家族办公室更加偏好投资于房地产相关的金融有价证券类产品，在面对极端情况时能更快的变现。

c. 数字资产

数字货币是一种创新类型的新兴资产，其波动性大、收益也非常可观。虽然目前市场处于相对较弱的行情，但是投资于数字货币的各种基金、基金中的基金数量也在逐渐增加。从央行到很多机构投资人都高度关注这一类别资产。一些海外激进的投资者认为数字货币资产特别是加密货币将成为未来的货币。笔者认识一位专门投资于数字货币基金的基金经理，他们的投资者大都来自于东南亚一带的家族办公室，这些家族办公室出于配置的原因战略性地投资了他们的数字货币的基金。对于这些投资者而言，数字资产是一种新型的资产类别，且目前波动较大，在有效的量化交易策略前提下，能够挣到市场波动带来的收益。但是，目前很少有机构出于储值资产目的而投资于数字货币。

综上所述，过去家族办公室主要是利用第三方专业机构投资经理或团队进行相关的资产配置，如果业绩不好就进行替换。现在，这些家族办公室开始搭建内部投资部门，直接雇佣投资经理团队等，同时在投资项目类别上显得更加的多样化。他们表现的和某些小型资产管理公司相似，在现代化的资产管理系统支持下，致力于优化整体组合的风险与收益。

如何确定收益风险比最高的配置方案

从马科维茨的资产组合理论到默顿的动态资产配置模型，半个多世纪以来，资产配置问题一直是金融研究中非常重要的一个课题。所谓大类资产配置，通俗点讲，就是将可投资的钱分散投资到不同的资产当中，通过多元化投资稳定地创造财富。

随着投资人的不断成熟，从战术到战略，资产配置终究是更高层次的探讨。在投资的过程中，人们往往更容易聚焦当下资产价格的波动，但可能忘掉了资产的长期价值，要么是漏掉了长期的价值，要么是承担了不应该承担的长期风险。无法有效利用时间，通过多元化配置保留财富、进行资产的复利增长，就是造成短期投资回报可能很高、但长期累积下来反而不高的最本质原因。大类资产配置主要就是解决长期短期结合这件事，既要埋头拉车也要抬头望路，才能实现财富长期累积的高回报。

Ibbotson and Kaplan（2000）的研究表明，大类资产配置策略可以解释一个投资组合收益跨时间波动的91%，而其他能力，如选股能力、择时操作对于投资组合的贡献率仅为5%和2%。如果说各类股票投资策略是战术谋划的话，那么大类资产配置则是战略布局，好的战略布局能使投资胜算大大增强。

鉴于不同资产类别对经济和金融市场的变动有不同的反映，每一资产类别都能为组合表现带来各自的贡献，精心选择国内和国际各种类别资产进行组合，可创造有意义的多元化机会，并可能降低组合的波动幅度，从而提高回报。

案例 1：

赵总家庭在近10年的房地产热潮中逐渐积累了一定的财富，但是在投资方面，通常是A股市场走势好，就将手上的闲钱买些股票和基金。A股市场进入熊市，就买些银行理财、信托和非标产品，亏损的资产就持续拿着等待回本。他想了解未来5年该从什么角度对这些资产进行配置。

我们建议赵总首先思考一下对于目前投资组合当中的各大类资产风险收益的特征是否了解，是否有能力对各大类资产走势的关键驱动因素进行一定的预判，同时也要明白自己风险收益偏好的类型以及自我约束的能力。然后再回忆下，所做的投资决策是否从整体组合的角度出发考虑，配置的决策流程是否按照宏观经济预期 → 预判各类资产走势 → 战略配置 → 战术配置 → 资产再平衡 → 对组合进行归因等进行动态调整。在这一系列的过程当中，我们认为赵总需要重点关注战略和战术资产配置部分。

战略资产配置（Strategic Asset Allocation），属于长期策略，投资期限一般在 3～5 年左右。在战略资产配置下，赵总需要设定自己的中长期风险收益目标以及各种约束（比如流动性、资金规模、税收等），并对大类资产的长期收益率、波动性以及各类资产之间的相关性进行预测，划定出适合自己风险收益要求的大类资产配置比例。

战术资产配置（Tactic Asset Allocation），属于短期策略，投资期限一般在 3～12 个月左右；在战术资产配置下，赵总需要做的是抓住市场短期变化或者各类资产间相对价值的变化带来的投资机会，起到降低风险、增强组合收益的目的。

案例 2：

经过沟通，赵总明确了 5 年内自己的收益目标和流动性等特殊需求，在风险偏好方面也是倾向于稳健型，希望组合的波动尽可能的小。但他对于战略和战术资产配置下，具体各类资产应该配置多少比例仍然不是太了解。他觉得自己就可以做出多种配置方案，最后都可以达到预设的目标，但组合的最优解是什么他并不确定。

20世纪50年代，随着各国金融市场的不断深化和交易信息的快速积累，为资产配置决策数量化和模型化发展提供了基础。马科维茨（Markowitz）于1952年首次提出的均值－方差投资组合理论，突破了原有定性分析框架，首次将数量分析引入金融投资领域，标志着大类资产配置步入量化时代。

针对赵总的稳健型风险偏好和希望组合波动尽可能低的需求，我们建议可以考虑用风险平价模型为主，辅以风险预算来确定各类资产的配置比例。风险平价模型是由桥水基金（Bridgewater）在1996年开创性应用，其核心在于风险的均衡分配，即每种资产对组合的风险贡献都相同，从而提高投资组合在各种市场环境下的适应能力。

风险平价的投资理念在后金融危机时期受到广泛关注，因为研究发现，大多数机构投资者尽管进行了分散投资，但投资组合的风险仍集中在少数具有高波动性的资产上。即使是以分散化著称的市场投资组合，也被证实没有达到所期望的风险分散效果，从市场整体表现来看，风险平价型基金在过去20年来的收益水平整体位于行业前列。

该策略优势就在于这是一种依据资产波动率变化所做的被动投资策略，对于宏观经济的预判依赖程度较低，组合中各类资产贡献的风险相同，具体表现为股票类高波动资产占比较低，而债券等低波动资产比例较高。但是这在一定程度上造成低波动资产配置过于集中，所以我们也建议引入风险预算，对单类资产集中度进行控制。

案例 3：

聊完后，赵总对于依据资产波动性进行被动调整的风险平价策略有了一定的了解，但是他提出想在配置方案中加入自己对于市场和各类资产的看法，是否有其他的模型可以实现这一点。

针对赵总希望在模型中加入自己对于市场和各类资产的观点，我们建议选择 Black–Litterman 模型，该模型是对均值 – 方差模型的实用性改进，它在均衡收益的基础上加入了投资者的预期主观观点，使得原模型期望收益率充分考虑了历史和现实情况。均值 – 方差模型的核心思想是投资决策在一个不确定条件下风险与收益的权衡问题，单个资产承担了可分散的非系统性风险，造成风险暴露过大，通过构造有效风险组合可以最大化地分散风险。通俗来说就是解决在一定的风险水平上，该投资组合期望收益最大；相对应的是在一定的收益水平上，该投资组合风险最小的问题。缺点在于优化后配置的结果趋向于过度配置单个资产，并且对于输入参数非常敏感，即较小期望收益的变化会引起优化解的显著变化。

针对传统的均值 – 方差模型的确定，费舍 · 布莱克和罗伯特 · 利特曼在 1992 年提出了一个优化模型即 B–L 模型，它解决了：

（1）减少人为设定，削弱了对输入参数高度敏感性的弱点。

（2）模型导入了投资者对某项资产的主观预期，使得根据市场历史数据计算预期收益率和投资者的看法结合在一起，形成一个新的市场收益预期，从而使得优化结果更加稳定和准确。

（3）投资者在表达自己的看法时，可以给出不同权重，使得投资者对市场的看法表达比较灵活。

（4）结合历史数据和观点形成新的收益率分布。

综上所述，在战略和战术配置过程中，量化大类资产配置策略能够更加科学地解决具体资产配置比例的问题，通过先进的数学模型代替人为的主观判断，减少贪婪、恐惧、侥幸等人性的弱点，以及认知偏差等非理性情绪对投资决策的影响。但是对于普通投资者来说，模型参数的确定较为困难，部分参数需要凭借足够的信息广度和过往经验做出预判，而大多数量化模型对参数输入非常敏感，所以大多数投资者需要借助机构背后专业的投资团队，以及丰富的投资管理经验，完成资产配置方案和资产比例的确定。

买产品还是直接做投资

在经历过“资管新规”和打破“刚兑”等资本市场洗礼后，我们认为投资者特别是高净值家族客户更应该选择财富管理机构提供的全面、专业的资产配置服务，而不是自己去直接参与资本市场投资。资本市场专业化、机构化是所有发达市场的必然趋势。据统计，目前高净值家族客户的主体仍然是第一代白手起家的企业家，通过经营实业获得分红或通过企业股权变现一直是高净值家族金融资产增长的主要来源，其他的还有地产投资和金融投资。在知识储备上，这些企业家对于所处的行业及上、下游企业情况有着深刻的理解，对于宏观经济变化有着自身积累多年的经验判断，同时又富有冒险精神和决断能力，所以在进行资产配置和具体的投资品种上会自行进行选择、直接投资。但是，实际的投资经历往往并不如人意，原因是多方面的，比如主要精力仍然放在企业的经营与管理上，对于投资会出现阶段性的忽视，或者对所投资产无法进行全面的了解和分析，相应的风险认知不足。比如在投资上会选择与自身所处行业高度相关的品种，这是因为他们认为这是熟悉的领域，投资起来会更有把握，但殊不知资产配置的核心就在于风险分散，一旦整个产业链出现衰退，过高的资产集中度会导致他们所有的财富和投资都将大幅缩水。

案例1：

赵总拥有一家肉类进出口外贸公司，对于全球宏观经济变化十分敏感，每天坚持收看新闻联播，关心国家大事。他对于近期朝鲜、中东等地缘政治风险频发十分担忧，所以想购入黄金等避险资产，但是他不了解应该买进黄金类的股票还是和黄金挂钩的ETF等工具，以及这些产品的风险点在哪里？

黄金是少数同时具有金融属性和商品属性的金属之一，它的定价机制较一般商品更为复杂，不仅是由生产企业和消费者供需变化所决定，还包括美元信用、实际利率、劳动生产率、流动性、抗恶性通胀和避险共同作用的结果。

我们先看下影响黄金价格走势的几个重要因素：

首先是美国利率水平。国际上，黄金是一种以美元计价的资产，美元指数的走势是判断黄金价格变动时重要的参考因素。其逻辑链条基本是美国经济下滑→美联储降息→美国利率水平下滑→美元由强走弱，黄金结束熊市开启上涨周期。但结合到国内情况，我们还需要考虑人民币兑美元的汇率问题，假设美元指数在下跌通道中，尽管黄金价格上涨，人民币此时若对美元也是升值的，国内黄金价格涨幅会低于黄金美元价格涨幅。

其次是看美国通货膨胀水平。当通胀水平维持在较低的水平时，会增加美联储降息的概率。美联储降息将会导致美元指数下跌，此时的黄金有可能会开启向上的走势。

然后是黄金的避险价值。作为避险资产，在全球性危机发生的时候，短期市场恐慌情绪和悲观预期蔓延，信用风险溢价上升明显，大量资金流向美元和黄金，避险价值显现，推动两者一起上涨。我们观察到央行黄金储备方面，自从 2008 年金融危机后，全球央行黄金储备规模逐年提升，尤其是部分新兴市场国家，如巴西、土耳其等国在本国货币危机后更是加大黄金储备规模。

最后是商品的供需关系。金饰需求相对黄金价格波动有负相关性。由于金饰的消费属性较强，因此消费者在购买金饰时的价格敏感性较强，当全球黄金价格出现上涨时，金饰的需求会随之下降。

而对于上市公司的股价，我们通常用绝对估值法和相对估值法对其进行定价。绝对估值法，比如现金流折现法（DCF）和股利折现法（DDM），需要对股利和现金流进行预测。这里我们将黄金的来源分为矿产金和回收金，黄金价格上升刺激黄金供给增加，拥有矿山的上市公司更愿意加大黄金开采量，获取更高的销售收入。但产量的增加不是说一蹴而就的，一般来说，从前期的勘探到可行性研究，再到之后的前期建设和运营，金矿需要 10～20 年才能开始生产原矿或者金锭。当黄金处在上行周期中，许多黄金生产企业为了追逐储量和产量往往会收购和盲目开发一些质量比较低的资产，一旦行业不景气，黄金价格下行，该资产又会成为巨额财务负担。这种周期性的波动以及公司的现金流和盈利能力的预判，对于普通投资者来说是个巨大的挑战。

对于以回收黄金为主的上市公司，其 90% 的产量来自于回收含金量较高的珠宝首饰和含量较低的电子废件，这两个渠道的报价会受到黄金现货价格上涨的间接影响，导致企业回收成本不断上升，叠加企业自身的劳动力成本、日常维护成本和一些固定成本，其在黄金上行时的盈利很可能不及预期。如果以相对估值法来看，上市公司的股价风险主要来自于股市整体的牛熊转换影响。以市净率（PB）指标为例，2007 年 A 股牛市，山东黄金和中金黄金曾经市净率达到 50 倍的高点，但是接下来市场持续下跌，两大龙头的市净率中枢长期维持在 2 ~ 3 倍。随后的 2011 年金价再次触顶后进入调整期，两家公司的市净率也上升至 13 倍后大幅回落至 2 ~ 3 倍的底部。

投资黄金相关的上市公司并不能和国际黄金价格形成长期的直接正向相关性。上市公司存在更多诸如企业法人、经营不善、政商环境等不确定性风险，赵总如果投资这类资产，最终收益很有可能不及预期。

案例 2：

近期猪肉价格上涨，赵总想投资国内生猪养殖运输企业，希望了解能否直接在股票市场购买牧原股份、温氏股份等这类行业相关产业的股票，这样能够取得更好的收益吗？

首先，我们来看一组数据，历史上猪肉价格上涨的周期内上市公司的股价表现。第一轮周期是 2006 年 7 月至 2008 年 4 月，猪肉价格由 11.14 元上涨至 25.76 元，涨幅为 131.28%，同期上市公司有正邦科技和新希望，涨幅分别为 –38.96% 和 182.24%，涨跌互现。第二轮周期是 2010 年 6 月至 2011 年 9 月，猪肉价格由 14.86 元上涨至 29.95 元，涨幅为 101.55%，同期上市公司有正邦科技、新希望和雏鹰农牧，涨幅分别为 17.48%、144.04% 和 3.02%，只有新希望 1 家上市公司跟上猪肉价格的涨幅。第三轮周期是

2014年4月至2016年6月，猪肉价格由17.17元上涨至30.13元，涨幅为75.48%，同期上市公司有温氏股份、牧原股份、正邦科技、新希望和雏鹰农牧，涨幅分别为188.24%、205.94%、231.71%、49.14%和104.60%，之前股价表现良好的新希望在本轮周期没能跟上猪肉价格的涨幅，所以并不是所有的相关上市公司股价都能受益于猪肉价格的上涨。

对于销量的变化以及猪肉价格上涨对于上市公司的直接贡献，我们可以从扩张能力，也就是可比公司在建工程以及各公司出栏量、生猪养殖业务占营业收入比重、生猪养殖业务营业成本、毛利率和头均价格等盈利指标观察得到，同时还需要加强辨别各家公司的资产负债率、盈利能力、偿债能力等财务指标的真实性。

从过往历史看，农牧类生产、加工、销售型公司造假案例不断发生，从早年的银广夏、蓝田股份，到近几年的绿大地、万福生科、獐子岛，这也是由于农产品加工企业上游多数是小农户，交易多是现金结算，而非通过银行转账等可以留痕的方式，使得财务审计存在较大困难。此外，林木、种植类农产品和养殖类农产品在核查数量时很难核查清楚，难以盘点和确定相应的价值，如獐子岛的扇贝和猪饿死了。典型的例子是面临退市的雏鹰农牧，曾经的“生猪养殖第一股”，在一系列盲目扩张→业绩下降→资金链承压→债务违约→以火腿、生态肉等偿还债务，并爆出由于没钱买饲料导致生猪大量饿死，导致2018年全年亏损38亿的丑闻，引发股价暴跌，大股东质押遭遇强平等打击下，涉嫌财务造假和违法违规，正面临证监会的立案调查。

所以，面对猪肉价格上涨，并不是只要买卖相关产业的股票就能一劳永逸，同样也要观察宏观经济情况、产业周期、疫病等自然灾害发生地以及上市公司运营管理能力和财务指标等，然后做出正确判断。

综上所述，随着各类资产收益率下降与市场波动性加大，资管新规后非标固定收益类产品刚兑被打破，境内外资产配置的复杂程度日益提升，大多数个人却不了解所投标的的风险和如何利用资产配置来有效的分散投资风险。在这个背景下，专业的财富管理机构能够为客户在投资诊断、资产配置、产品筛选和风险控制等方面提供更多的帮助：包括了解客户的风险收益偏好和投资目标，分析家族现有的投资结构和状况，提出并优化资产配置方案，分析底层投资品种的风险和筛选合适的产品，最后监控组合的运行情况，做出清晰的业绩归因和提出动态调整意见等。这一系列的服务能够帮助财富管理机构进行更精准地客户画像，了解客户真实的风险偏好和需求，从而在资产配置和产品筛选层面上实现与客户需求和目标更好的匹配，分散资产过于集中的风险。

第二篇

选择你的专属资产配置

如何选择固定收益类产品

固定收益类产品指利率固定不变的理财产品，目的是回避利率和汇率风险，增加驾驭经济不稳定性和控制风险的手段。固定收益类产品通常包括信托、银行理财等，基础资产主要为非标准债权资产。

非标资产包括但不限于信贷资产、信托贷款、委托债权、承兑汇票、信用证、应收账款、各类受（收）益权、带回购条款的股权型融资等。非标资产与标准化资产相比，具有收益相对较高、透明度低、形式灵活、流动性差等特点。

在前几年非标类资产投资快速发展阶段，投资收益率一直保持在6%～10%的较高水平，这与高净值客户的需求也相匹配，因此备受高净值客户的青睐。近期受到经济下行与信用风险暴露增多的影响，高净值客户对于现金类资产、低风险金融产品和保险类产品偏好在提升；但与此同时，根据最新调查数据显示，高净值客户未来希望配置类固定收益和信托产品的愿望依然强烈，说明其仍然看重非标类资产相对现金资产更高的收益回报率。

案例1：

张总喜欢有预期回报的稳健投资，最近听说有金融机构的产品不能兑付，想了解如何判断产品的优劣？

判断一家资管公司是否具有对非标资产的主动管理能力，需要把握三个方面：首先，是否为合规持牌机构，是否具有私募基金管理、销售等金融监管要求必须持有的经营许可；其次，要看公司股东背景实力是否足够强大，有充分抵御风险的能力；最后，要看这家资管公司是否具备足够的风险控制能力。

对一家风控能力优秀的资管公司来说，需要始终坚持严格的准入制度，独立审批与尽调，不间断的投后管理，以确保资金投向安全、风险可控。一般来说，风控流程至少要全覆盖以下四个方面：

（1）机构准入：多维介入、严格流程、全面调研与客观公允。

（2）建立资产配置、投资决策委员会，优化提升公司风控流程，强化立项及终审环节把控实质风险的作用。

（3）项目投后管理方面。首先，定期对项目进行总体运营评估，对投资可行性研究论证、实施和运营情况进行回顾。其次，投后管理部门定期收集标的公司的财务报表和经营状况表进行定性与定量分析。

（4）监督机制：主要开展舆情监控机制、建立项目交接机制与风险提示函机制等。

案例2：

王总之前曾经在金融机构工作，有一定的金融知识，想了解金融机构对准入资产的风险评价标准，以便自己通过基础资产判断信托产品的优劣。

非标固定收益目前主要有流动资金类、政信类、信用融资类、地产类、股票质押类、定增类等项目。

1. 流动资金类项目

流动资金类项目应合理测算融资人营运资金需求，审慎确定融资人的流动资金融资总额及具体融资的额度，并根据融资人生产经营的规模及周期特点合理设定业务品种及期限。

流动资金类项目应从融资人主体资格、生产经营合法合规等方面分析项目的风险可控程度。

（1）融资主体是否依法设立并持有有效的营业执照或事业单位登记证、组织机构代码证。特殊行业或按规定应取得环保许可的，还应持有有关部门的相应批准文件。

（2）融资主体生产经营合法合规，符合营业执照范围，符合国家产业、环保等相关政策和金融机构的融资政策。

（3）融资主体人管理制度、财务制度健全，生产经营情况正常，财务状况良好，具有持续经营能力，有合法的还款来源，具备到期还本付息的能力。

（4）融资主体及控股股东、主要股东无不良信用记录，或虽然有过不良信用记录，但不良信用记录的产生并非由于主观恶意且申请本次用信前已全部偿还了不良信用或落实了金融机构认可的还款计划。

2. 政信类项目

政信类项目通常从违约成本和还款来源这两点出发去思考项目的风险可控程度。

（1）违约成本

核心平台：城投债优先选择当地政府核心平台，优先考虑有过银行间交易市场公开发债记录的平台。这类核心平台直接影响当地政府后续财政计划，主观力保意愿强。同时如果能有当地另外核心公开发债平台捆绑担保最好，一旦出现风险，将产生交叉违约。

企业征信：应收账款中登网登记优先，首先中登网是中国人民银行征信中心系统，已登记质押如果出现违约将会纳入企业征信，严重影响融资方再融资能力，也大大提高融资方主观违约成本。

（2）还款来源

主动还款来源：这个是建立在融资方主观意愿上愿意还款，其中需要思考融资平台本身财务状况、经营性资产稳定性、当地政府财政统筹能力。

被动还款来源：这个是建立在融资方被动还款情况下，包括融资方有钱不愿意主动归还（可能优先偿还其他渠道债务，违约成本就是为了防止这种情况，保障主观优先还款意愿），在实在无力偿还情况下，通过担保方和当地政府来统筹还款，最后才会考虑抵质押物的处理。

3. 信用融资类项目

信用融资类项目主要从还款资金来源、融资用途、资产等方面分析。

（1）还款资金来源

重点分析融资主体年经营收入是否吻合借款金额。金融机构借款给有还款能力的主体，如果融资主体没有还款能力或有还款能力但申请远超自身收入的金额，这时你就要考虑融资主体是否会按时还钱，是否会逾期。通常，如果融资主体申请不符合经营收入的借款，就意味着以后要承担的还款压力很大，存在逾期的高风险。

（2）融资用途

重点分析融资主体的融资用途，融资用途与产品是绑定的。融资安全是与用途的真实与否和前景密切相关的。融资主体在融资之前，需要保证融资使用合法、前景要足够客观、预期的收益良好，并且融资的用途是合法和真实的。

（3）资产

资产是证明融资主体经济能力的很好佐证，也是金融机构的定心丸，一般金融机构都倾向于给有足够资产的主体融资，因为有足够的资产会使还款更有保证。

4. 地产类项目

地产类项目主要从区位供需关系、开发商实力、回款来源等方面分析。

（1）区域区位下的供需关系

这是地产类项目最根本的底层。目前土地供应在地方政府手中，需求方面则由政府和市场来相互决定，政府通过各类政策来调节需求，同时市场的地方人口、经济水平、收入等因素也影响需求。

（2）开发商实力和背景

信托目前采用准入门槛（百强），具体来说包括融资方之前的开发案例，再融资能力、土地储备、财务中的负债率、短长债务比、现金流，政府关系处理能力（一个地产项目常常需要跑十几个部门）等。

（3）到期回款来源

如果是早期介入而从本身期限短，则需要考虑融资方后续再金融机构开发贷的情况（需拿证）。如果是中后期介入，则需要考虑项目本身能否正常去化回款。而影响去化回款的因素包括但不限于：交通、业态、成本、配套（教育）、定位（别墅公寓商品房）、户型（小户型刚需）、周边案例以及综合情况下的财务压力测试、现金流测算等。

5. 股票质押类项目

股票质押类项目重点分析股权持有方准入条件和标的股票应具备的条件。

（1）股权持有方准入条件

准入条件通常包括：企业持有人成立 2 年以上，财务制度健全；企业注册资本 1000 万元以上，有固定经营场所；企业实际控制人，主要管理人员近 2 年无违法记录。

（2）标的股票应具备条件

投资标的的股票应该具备的条件通常包括：质押股票原则上应为上市公司流通股；如为限售股份，限售期应在到期日前 3 个月以上；上市公司盈利能力良好，经营现金流充足，近年无重大不利信息；上市公司主业清晰，无大量脱离主业的资本运作；质押股票数量不得超过上市公司总股本的 10%。

（3）质押率

股票收益权业务必须要求质押标的股票资产，股票质押率原则上不超过 30%，一线蓝筹股票可适当放宽至 50%（一般股票为 40%，限售股为 30%）；质押股票不超过该股票总股本的 10%；期限原则不超过 1 年，最长不超过 15 个月。

6. 定增类项目

定增类项目主要分析结构化比例、投资期限、股票准入。

（1）结构化比例

定增类项目主要是指通过信托计划、证券公司资产管理计划、基金专户理财、保险（资产管理）公司产品等设立的具有优先、劣后分层结构型金融工具的优先份额，金融工具最终投向上市公司定向增发股票。以结构化方式最终投向上市公司定向增发股票的，通常仅允许投向优先级份额，优先劣后比例不超过2：1。在参与定向增发时，须同时满足初始履约保障比例（本机构募集资金投资金额与定增认购股票当前市值的比值）不超过60%。

（2）投资期限

通常认购标的股票限售期不超过12个月，投资期限不超过2年。1.5年期以下产品和1.5年期（含）以上产品，定增股票的解禁日应分别在产品到期日前3个月、6个月之前。

（3）股票准入

股票标的以沪深300成份股为主，非沪深300成份股定向增发前股票数不低于5000万股，原则上不可投资于创业板和三板股票。不介入被列为风险警示股票或退市整理的股票、已经停牌的股票；不介入上一年度或本年出现亏损的或发布亏损预告的上市公司股票；不介入近期有重大负面消息的股票；单个项目中SPV认购增发股票的份额占增发后总股本的比例不得超过5%；预警线设定的最低要求为股票价格不得低于优先级部分对应的每股融资额的1.3倍；当股票价格低于预警线时要求次级投资人进行补仓（追加保证金或其他本行认可的足额抵质押物）。仍在限售期内的，在合同约定时间内次级投资人未按照要求补仓的，次级投资人的全部权益归优先级投资人所有（解禁后30个交易日内必须平仓退出）；在解禁后，如次级投资人在合同约定时间内未进行补仓，则进行强制平仓处置。

综上所述，固定收益类产品仍然面临国家法律与政策、经济周期、融资主体实力、流动性等风险，甚至可能导致产品收益降低和本金损失，投资者应选择专业机构购买产品，以便获取稳健的回报。

如何选择权益类产品

面对纷繁复杂和快速变化的股票、商品和债券等权益类市场，投资者通常是顺势买产品，跟随市场节奏变化进行投资，而时点往往是行情已经启动过半，投后短时间内大概率会面对净值回撤情况，投资体验并不好。这是由于投资者在面对市场趋势变化时主动分析和预判较少，对于可投的权益类策略了解不够充分，导致很少能够在行情发生前提前进行布局。

以 A 股行情发生为例，投资者在投股票型产品时往往经历以下流程：指数快速上涨 → 产品业绩爆发 / 确定行情到来 → 主动 / 被动接收产品营销信息 → 了解管理人员团队情况、投资逻辑和历史业绩 → 筹措资金 → 投后产品成立 → 产品协会备案 → 产品正式运作。

通常情况下，基金募集时间 1 个月，备案到产品正式运作需要 1 个月，在这 2 个多月的时间内，行情很可能会出现较大的变化，甚至是反转的可能。所以在权益类产品的投资上提前预期、布局，以及多元化配置是十分必要的。

此外，单一策略在权益、固收、商品市场发生剧烈波动时，由于所投资产过于集中，在面对极端风险时抵抗能力较差。所以需要从资产配置组合的角度出发，覆盖股票类、期货类、债券类多种资产，底层子策略如量化对冲、CTA 趋势与套利、期权等衍生品策略与 A 股市场相关性较低，同时策略俩俩相关性也可以控制在较低水平。因此，多策略组合能够有效避免单一策略在极端市场行情下的风险和局限性，降低整体组合的波动和回撤。

案例 1：

国家对于产能过剩行业实行供给侧改革调整经济结构，在财政上减税降费，扶持中小企业和科技型企业发展。据统计，GDP 增长率已连续两个季度好于预期，通货膨胀保持稳定，采购经理人指数（PMI）连续 3 个季度处在荣枯线以上，10 年期国债收益率缓慢上行。赵总观察到目前上证指数仍然在底部徘徊，认为目前是提前配置 A 股的好时机，想了解多策略组合在这种情况下会如何配置和调整。

对于赵总所面对的这种情况，我们会适当在组合中增加股票主观策略、指数增强策略和 CTA 趋势策略的配置比例，降低债券策略占比。其中，股票主观策略和指数增强策略的选择将依据对于未来市场风格、热点行业的确立和切换频率而决定。如果未来某些行业和大小盘等风格较为确定，选择股票主观策略；反之，如果预期市场出现普涨，对于热点和方向性变化尚不明朗的情况下，我们会选择指数增强策略，以获取更为确定的指数收益。这是由于传统股票主观策略的投资标的集中度相对较高，如果覆盖全市场、全行业则需要大量的人力物力，所以，投资经理往往选择较为擅长的某些行业或公司进行深入研究。对于指数增强策略，其对标的是某一个基准指数，通过复制和调整部分成份股获取相对指数的超额收益，其成份股的调整是基于海量数据分析与模型构建，对大量股票运用数量化方法筛选出投资机会，从而构建投资组合，通过程序化交易执行。与传统股票主观策略相比，指数增强策略更倾向于在无法做出未来行业和风格判断时，抓住指数上涨的机会并获取超额收益。

同时，在组合中增加 CTA 趋势策略的配置比例，商品市场与股票和债券市场相关性系数较低甚至有时为负值，在传统的股债投资组合中加入CTA基金，能平滑投资组合的风险，优化整个投资组合的风险收益比。而区别于以跨期、跨市场、跨品种为主的套利策略，趋势策略更为注重品种的基本面，进行短中长期的跟踪投资。赵总提到的产业供给侧改革，预期将进一步促进产能的集中，有利于提高大型企业的议价能力。此外，PMI指数的上涨，也意味着商品价格有望趋势性上涨。由于趋势策略与商品价格保持较高的相关性，在趋势明显时，能放大投资收益。但需要注意的是，如果商品市场波动降低，进入到箱体震荡的行情当中，趋势策略表现会不如套利策略。

此外，降低组合中债券类策略的配置比例。传统的债券策略是以交易所和银行间的信用债和利率债为主，通过行业筛选、信用下沉，或者对于利率曲线的判断赚取超额收益，在组合中配置债券策略的意义同样在于和股票、商品的相关性较低，能够提高组合的风险调整后收益。我们认为赵总目前对于国内经济的判断是倾向于处在复苏阶段，财政政策较为宽松和积极，GDP增速出现反弹，通货膨胀保持稳定，企业盈利预期开始恢复。经济增速好于预期，将会推动债券收益率逐渐上行，导致未来获得的投资收益将会少于预期。

案例2：

半年过后，赵总观察到海外各主要经济体有衰退的迹象，国与国之间贸易争端和地缘政治问题频发，虽然国内经济的发展韧性犹在，但是担心海外各种“黑天鹅”事件会对市场产生巨大冲击，想了解增加哪些策略能够抵御市场风险。

赵总可以增加量化市场中性类型和CTA高频策略类型的配置。量化市场中性策略主要采用多因子等模型，对海量的数据进行筛选和组合，并通过股指期货、ETF融券卖出甚至期权手段等对冲下行风险，保持组合仓位整体偏中性（即不偏多头也不偏空头的仓位水平）以抵消大部分系统性风险，只留下预期能带来收益的个体风险。从交易频率看，目前国内量化市场中性产品中可分为低频和中高频两种类型，这与使用的因子频率关联度较大。部分中性策略沿袭了传统主观投资的思路，注重低频基本面因子的使用，换手率较低，年换手一般在5倍以内，即每周调整仓位10%；而另一部分中性策略则聚焦于量价等高频因子的组合，换手率较高，年换手可达百倍以上，即每周调整全部组合仓位两次。一般而言，完全市场中性策略呈现的特征是与股票极低的相关性、较低的波动与回撤，所以能够有效避免“黑天鹅”事件带来的系统性冲击。

CTA高频策略主要借助程序化的判断进行趋势或者反转机会的捕捉，并借助程序进行自动下单交易。该策略对于期货品种价格的日内趋势和套利空间极为敏感，主要通过迅速捕捉交易机会、提高交易胜率获取收益，在美国等成熟市场，交易频率的竞争甚至会进入微秒级。在面对突如其来的“黑天鹅”事件时，商品市场波动往往会加大，但是价格走势可能会因为各种意外出现反转，导致趋势策略收益频繁回吐。而高频策略只对短期的波动进行判断，所以受市场大环境的影响较小，在震荡市中仍能产生稳定的投资收益。

综上所述，多策略资产配置组合能够通过调整资产配置比例增强抵御市场风险能力，利用不同资产及策略相关性较低的特点，进行分散配置，使得各自核心风险在一定程度上得到对冲，降低某单一资产及策略发生极端风险事件时造成的损失。专业金融机构的配置组合能够根据市场情况动态调整组合配置，在提前准备好的“合规且合格”的各种管理人名单中配置为投资者取得风险调整后更加理想的收益组合。

案例 3：

赵总这几年炒股经历一直不太理想，最近家里面一些非学区地段的房子刚刚卖掉，考虑投资一些专门的私募基金来赚取稳健收益，但是不知道私募基金是否是合适的投资品种？面临众多市场上的私募基金不知道该如何选择？

按照相关规定，中国证券投资基金业协会是中国证监会下面的行业自律协会之一，简称基金业协会。根据《中华人民共和国证券投资基金法》，基金管理人、基金托管人应当加入协会，基金服务机构可以加入协会。基金业协会对其会员单位实行自律，作为我国统一监管各种公募、私募基金等相关业务的组织机构。目前在我国境内的各种股权类型与二级市场类型的对冲基金的各个产品、契约基金均属于私募基金范畴，为非公开募集，需要在基金业协会登记与备案。值得注意的是，私募基金管理人虽然在基金业协会备案、登记，并不代表基金业协会会对私募基金管理人的投资水平、质量进行考核与过程监控。

相对于公募基金而言，私募基金不能在公开媒体做广告，认购起点为至少 100 万元人民币，每个单一的产品计划其有效个人投资者或者机构投资者不能超过 200 位。狭义概念上理解，在我国私募基金可以大体上等同于海外的对冲基金。国内私募基金在法律上，已经取得了相应的合法地方，是有效且合规的理财产品途径之一。

在市场的共识中，大家统一认为投资或者配置绝对收益的对冲基金的优点在于：

（1）提供相对持续的高回报。收益对冲基金管理人总是在宣传说自己的策略或产品可以提供超过市场基准的超额收益，也就是所谓的ALPHA收益[①]。当然，这个ALPHA收益有可能因为市场宏观环境变化而变化，有可能因为基金自身的交易策略与方式的变化而变化。但是不管这个ALPHA收益能力的或多或少，这恰恰是所有私募基金经理人最关注的一点，也是他们最重要的卖点，是其价值所在。私募基金管理人以发行的私募基金产品为载体，将这个赚取ALPHA收益的能力卖给各种类型的投资人，收取对应的业绩报酬。

（2）私募基金，特别是对冲基金，标榜自己拥有赚取绝对收益的能力，特别是相对于简单的配置股票和债券而言，对冲基金的收益变化受到市场宏观环境影响相对较小。对冲基金一般要求自己在任何市场环境下，都能够为投资人赚取合理的收益。因此，对冲基金与传统公募基金策略、简单的股票或债券等类型资产相比，可以作为一种另类资产，这种资产类别与各类市场指数相关性低，大大提高组合投资中的资产配置效能。

（3）当然，私募基金也可以提供相应市场基准的对应收益，比如专注于投资可转债的对冲基金产品，他们的对标基准就是可转债指数，如果可转债指数上涨了1%，这个产品收益对应的至少也会上涨，如果可转债指数下跌1%，这个产品的收益一般情况下将会没有下跌情况，至少下跌幅度要少于1%的变化。长期来看，私募对冲基金产品的收益表现应该大体上比基准收益要好或者接近，而且在同一长周期内私募基金收益回撤幅度一定要比基准指数小才合理。

（4）我们目前市场上的各种ETF或者ETC[②]等产品都是被动资产配置策略性的产品，都是提供跟进或者100%复制所对应基准指数或者资产的上涨或者下跌。这种指数基金的管理人一般只收取低廉管理人费用，不会收取超额收益，为投资人提供对应资产标的上涨或下跌收益表现，是被动跟踪对应资产表现的投资策略，理论上可以称为市场基准 BETA[③]表现的跟踪策略。然而，私募对冲基金则可以同时提供 BETA 的表现与 ALPHA 收益的表现，所以性价比相对较高。私募对冲基金比传统投资方式更加灵活。就股票市场而言，当整体市场涨幅已经很高时，与其配置公募基金或者被动的指数基金，面临着因市场潜在回撤而造成亏损的可能，不如配置有对冲市场下跌的私募产品，或者一些大宗商品期货交易策略的基金产品，这样性价比相对合理。

在投资或者配置私募对冲基金时也会遇到一些潜在风险或者问题，简单罗列如下：

（1）私募对冲基金管理人有可能以高价格卖给投资人的 ALPHA 能力是假的。这种私募管理人实际上就是提供了一般指数基金、公募基金管理人赚取市场基准的能力，投资者在购买假 ALPHA 的同时还承担了一种系统性敞口风险。还有一种情况是，私募管理人所宣传的这个为投资者赚取 ALPHA 能力（即赚取超过市场基准收益的能力）不具有可持续性。

就如同桥水基金创始人瑞·达利欧先生所说，在下一个范式转移[④]的周期中（这个周期很有可能是未来 10～20 年时间），投资者需要超前的思考、布局什么样的策略产品已经不适应新的经济格局，什么样的策略才有可能更加适应新的市场格局。应该说这种市场范式的转移是缓慢、持续、不可避免的。比如，当人们通过 10 年的时间适应了量化宽松的经济环境而造成的低波动率市场格局，人们通常习惯于采取借贷增加杠杆来增大收益，但是这种行为一旦遭遇到宽松经济环境转变、信贷市场环境的恶化，会一次性对债务人造成巨大伤害，甚至一败涂地，这样反而增大了未来市场的波动性。简而言之，长时间的低波动范式情况——这也是自2008年经济危机以来的实际情况——导致市场波动性会慢慢自我积累与增加，并使市场自身转移到未来更大的波动性市场环境下，将市场积累的范式风险在一个长周期内充分释放、消化之后，我们将迎来下一个长时间的新的范式市场情况。用中国人古老智慧来解释，就是阳去阴生，否极泰来。

所以基于私募基金管理人根据旧市场格局因素研制出来的交易策略所能提供的ALPHA能力（即持续赚钱的能力），有可能在新的市场环境下就会转移甚至消失，当然也有可能增强，这需要投资者站在一个专业的高度去审视、判断。

（2）相对于公募基金而言，私募对冲基金有一个重要弊端就是缺乏透明性。投资人通常很难或者会非常滞后的才了解到私募基金所对应持有的具体资产情况及其变化，这种信息的不透明与滞后性给投资人做出合理的投资与配置判断造成巨大障碍，这也就是一般的个人高净值客户为什么选择更加专业的机构去筛选、判断是否投资于某一个特定私募基金的重要原因。

（3）相对于公募基金而言，私募对冲基金的费率可能很高，或者说收取的费用不合理。基于以上原因，往往投资支付的费用并不能获得对应的超额收益，所以经常感觉自己被欺骗了，投资人支付了过多的费用给各种类型的私募基金管理人。

综上所述，相对于整体公募基金而言，私募型对冲基金虽然有相对高收益、波动小的特点，但是它费率相对较高、投资策略不透明，而且会有不称职的私募基金管理人以不可持续的投资能力来欺骗投资者的现象，对私募基金的投资与筛选造成了很大障碍。这就需要投资人寻找到专业的财富管理机构为您做出更加详细、合理的私募基金情况分析与比较，从而规避不必要的花费，做出合理的投资组合配置决策。

案例 4：

赵总曾经是一个做钢材贸易出身的私人企业老板，50 多岁，现在主要在家帮助带一下小孙子和与家人一起旅游，也买些理财产品。这两年经济情况不好，理财产品或者家庭财富不知道如何投资，他听原来钢材贸易的伙伴提到有一种叫 CTA 的产品，据说可以在经济不好的时候反而获利，希望详细了解一下。

大宗商品期货投资策略作为一种对冲基金投资类型的重要分支，越来越被各种大型资产管理公司所重视。从加拿大教师基金到耶鲁大学基金都在其投资组合里面配置一定比例的与大宗商品期货相关的不同风格的 CTA 投资策略。这种策略由于其独有的特性，逐渐成为人们优化投资组合不可或缺的配置资产，就连美国桥水基金也在其著名的全天候基金中应用了一定比例的 CTA 策略作为其子策略，以达到优化投资组合收益的效果。

这里解释一下什么是 CTA 投资策略？与传统的股票、债券投资不同，CTA（Commodity Trading Advisor，商品交易顾问）又被称为管理期货策略（Managed Futures），侧重于期货市场的投资。早期的 CTA 投资品种局限于大宗商品期货，但随着金融期货的快速发展，投资范围扩展到股指期货、外汇期货、国债期货等品种及相应的金融现货品种。

其中，CTA 主观策略主要指采用人为的主观基本面分析和技术分析，对大宗商品期货进行短、中、长期的投资，大部分以趋势跟踪为主；CTA 程序化策略主要是利用计算机程序化方式进行短、中、长不同周期的趋势交易、套利交易以及高频交易策略。套利主要包括不同品种的跨期套利、跨品种套利和强弱对冲策略。不同周期的趋势策略和高频交易主要借助程序化的判断进行趋势或者反转机会的捕捉，并直接程序化下单交易。

一般情况下，CTA 投资策略由于与股票、债券具有负向相关性，因此，对于我们的投资组合而言具有很好的分散投资边际效果。这种负向相关性关系的存在主要是因为大宗商品期货与通货膨胀、经济周期的不同阶段呈现负向相关表现形式。一般而言：

（1）在经济扩张期，股票市场的表现会好于大宗商品期货的平均表现。一般情况下各个资产类型在扩张期都有正向收益，然而不同的扩张阶段，各种资产表现也不一样。比如，在经济扩张晚期，由于预期经济扩张放慢脚步或转向，股票、债券的收益表现通常弱于大宗商品期货。

（2）在经济衰退或萎缩期，股票市场的表现会大大低于大宗商品期货的平均表现。进一步而言，在衰退的早期，大宗商品期货通常有正向收益表现，而股票、债券市场预期更加强烈，对应收益通常为亏损。在衰退的晚期，大宗商品期货反应慢，表现为负向收益，股票与债券对于市场转好预期相对更加强烈，收益也通常更好。

因此，CTA 交易策略的基金可以为投资组合提供很好的分散风险的效果。

CTA 策略作为一种独特的对冲基金策略，可以对抗通货膨胀，特别是不可预期的通货膨胀。CTA 交易策略本身直接交易各种大宗商品的期货标的合约，一般而言和通货膨胀指数的成份要素高度正相关。也就是说，当通货膨胀的成份要素上涨时，通胀指数上涨，这类大宗商品实物也上涨，期货合约也随之上涨。反之亦然。大宗商品期货合约跟随着通胀成份要素上涨而上涨、下跌而下跌，并且大宗商品期货合约还包含了更多的市场预期因素与交易因素，往往比实物资产波动更大。CTA 交易策略由于能够趋势跟踪这些资产的上涨或下跌，所以能够有效对抗通货膨胀。

另外，美国众多金融工程方面的研究表明，趋势跟踪的CTA策略与通货膨胀指数成正向相关性。特别是观察周期越长，这种正向相关性的现象越明显。然而，股票与债券的表现和市场上的通货膨胀表现一般为负向相关性，特别是短期不可预期的通货膨胀呈现出和股票、债券表现高度负向相关特性。

因此，相比于股票、债券市场而言，趋势跟踪的CTA交易策略可以作为一种特别的配置资产，能够很好地对冲掉由于通货膨胀上涨带来的潜在或有损失。

综上所述，赵总可以根据自身家庭的风险承受能力以及对于资金的流动性诉求，和专业机构沟通后，按照不同的经济发展阶段动态配置一定比例的CTA交易策略类型的基金产品，能够更加有效地优化其家庭投资组合的整体表现，对抗不可预期的通货膨胀。

名词解释

① ALPHA收益：指绝对收益，一般是资产管理人通过证券选择和时机选择获得的，体现的是管理人的管理能力。

② ETF、ETC：ETF是交易型开放式指数基金，通常又被称为交易所交易基金，是一种在交易所上市交易的、基金份额可变的开放式基金。ETC为投资银行发行的债券类产品，其收益率与标的资产挂钩，并承诺给投资者完全相同或数倍于（杠杆型产品）标的指数的收益率。

③市场基准BETA：主要指市场的系统性风险或收益。换句话说，跟着市场行情起伏就叫BETA。

④范式转移（Paradigm Shift）：用来描述在科学范畴里，一种在基本

理论上对根本假设的改变。这种改变，后来亦应用于各种其他学科方面的巨大转变。范式转移可理解为，铸造原始范模或 DNA 模板的性质的转移，Paradigm 不是被动为人模仿的 Example（例子、子范），是主动的母范。

如何选择股票投资基金

案例：

在经历过熊市洗礼后，估值水平降至历史区间的底部区域，A 股市场迎来缓慢的复苏。赵总对未来宏观经济和 A 股市场的表现非常期待，想要申购一些股票类型的私募基金，但是对于市场上主流的股票主观和量化之间的区别不太了解。

传统股票主观策略（股票多头策略）与股票量化策略（无对冲）各有所长，选择哪一个策略取决于当前的市场环境以及对于未来风格轮换的预期。我们以两者之间区别来看其分别适应的市场环境：

1. 投资逻辑不同

传统股票多头的核心思想在于主观的择时和择股判断。从选股策略来看，可以分为自上而下，从宏观经济基本面，如 GDP、通货膨胀（CPI）、采购经理人指数（PMI）和社会融资数据等统计数据，到产业发展前景；如传统制造业和战略性新兴产业之间的分化，再到企业基本面。也可以是自下而上的进行，以企业基本面为主，如管理团队、经营情况、财务状况和产品的销售情况等，再辅之以产业发展演变和宏观经济的兴衰；或者以风格的维度来看，也会存在价值投资和成长投资之间的区别。价值投资的逻辑是股价被低估时买入，价值回归或者被高估时卖出，核心在于企业自身的内在价值和市场估值之间的价差。而成长投资的逻辑是伴随企业的成长，对于目前估值的高低并不是十分关注，核心在于选择具备高成长性的企业，等待企业价值的快速增长。无论是哪一种维度，个股的选择和买卖的时点都取决于人为的经验判断。

对于股票量化策略来说，择时和择股的重要性和股票主观一样，但投资组合的构建方式本质上和主观有所不同，其主要基于海量的基本面和技术面数据的分析与合适的模型构建，通过信息技术对大量的股票进行横向的，例如同行业不同股票间的经营情况和估值水平；和纵向的，例如同一企业历史不同阶段的估值水平等对比分析，以数量化的方式筛选出具备投资机会的个股，从而建立起投资组合。择时的基本思想是来自于技术面的分析，认为趋势是具备延续性的，其中不同时间级别的模型信号预测的时间段也不一样，例如以日为数据建立的择时模型，预测的是下一日的行情走势，而以小时级别构建的模型则是预测后一小时的走势。在择股方面，目前主流的是多因子模型，基本面因子与技术面因子。前者主要是基于对股票基本面的分析，如资产回报率、净资产收益率、资产负债率和流动比率等，后者主要是基于股票的技术层面指标，如量价、换手率、波动率和流通市值等。然后对因子下的组合进行打分，剔除相关性较高的因子，筛选出得分高的组合，并对相应的股票进行排序，选择得分最高的股票进行自动交易。

股票量化策略依据模型发出的信号进行程序化交易，过程中避免了人为的因素对行情判断造成的干扰。而对于股票主观来说，同一个基金经理面对同一市场变化在不同的时间段，受经验、环境变化和情绪变化等做出的决策都不一定一致。所以，投资者在选择股票主观和量化时，如果依赖于基金经理对于市场趋势和个股的选择判断，需要有缜密的思考和判断逻辑，可以选择股票主观。如果是相信历史是会重复的，担心不理智的判断会影响业绩表现，可以选择股票量化。

2. 持仓分散度不同

基于投资逻辑的不同，股票主观策略的底层持仓标的集中度相对较高。由于覆盖全市场、全行业需要大量人力物力，建立起庞大的投研团队，去日常搜集整理各类信息、机构研报，对行业和上市公司进行实地尽职调查，与管理团队进行深入的沟通，然后从宏观经济发展到企业所处的上下游产业链情况，再到企业的基本面、财务状况、发展前景等多个方面分析企业的投资价值。所以，在实际当中，主观策略管理人通常会专注于某几个行业或者某一风格，构建50～100家的股票池，底层实际投资10～20家左右，也有风险偏好较高的，单只股票持仓上限到30%，甚至更高。

而股票量化策略本质是基于大数据下的分析与模型构建，所需要的人力物力集中在数据的获取、IT设备的迭代更新，以及策略投研团队的搭建上，能够全时段接收市场及上市公司的交易数据和披露的财务数据，对舆论进行实时监控，通过数量化模型筛选出合适投资和交易机会，并程序化自动操作。实际当中，量化策略在因子的挖掘和组合中通常会剔除掉ST、财务造假等负面信息的企业，覆盖剩下的2000～3000只股票，底层组合会持有200～800只股票，个股的仓位上限往往不超过5%的限制。

假如投资者没有对管理人的风格、逻辑和持仓进行深入的了解，并且对未来的行业和风格轮换没有清晰的认识，只是认为市场出现上涨机会，这时可以选择量化策略，因为随着行情的演变、行业和风格的轮动，持股分散的量化策略能够有机会捕捉到超额收益。而对于主观策略来说，由于个股集中度较高，调仓较为困难，在行业和题材快速轮动时可能会面临调整不及时的问题，但一旦精准把握到了主题行业和题材，获取的收益上限也会高于量化策略。

3. 风险分散与控制不同

由于持股集中度不同，在面对负面消息和市场突发利空时，主观与量化的风控设置和反应速度各不相同。一般而言，主观策略底层选择的是经过长期跟踪和深入了解的个股，在面对市场突发事件时，都需要时间去分析和判断是否需要调整仓位，利好大涨时是趁势加仓还是见好就收，利空大跌时是补仓降低成本还是果断减仓，考验的是基金经理的决断能力。而且个股仓位较重的时候，加减个股仓位都需要阶梯型调整，以免对市场产生冲击，造成不必要的交易损失。

而对于量化策略而言，市场突发事件是以数量化的形式来呈现，例如每季度新出的财务报告会触发基本面因子的调整，日内指数的涨跌幅和成交量变化、个股的量价波动会触发量价因子等技术面因子的调整，一旦超过某个设定的阈值，会自动触发相应的买入或者卖出。这些风控指标的设定是基于大量的历史数据形成的，依据调仓交易的频率不同，过往历史数据的回溯可能是数月或者是数年。

所以，如果投资者看好某个行业或者个股符合未来的经济发展方向，准备长期持有的话，我们认为可以选择主观策略。因为主观策略对于个股的研究更为深入，在仓位调整上也更为谨慎，不容易受到短期市场环境波动的影响。而量化策略在这一点上执行得更为严格和迅速，一旦因子或者个股出现异常反应，超出预先设置的阈值，就会马上执行交易。

4. 收益回撤特征不同

基于前面所述的持仓集中度和风控机制的不同，两者也表现出了不同的风险收益特征。股票主观策略持股更为集中，单只股票的权重较高。一旦个股出现极端或者异常情况，如财务造假等负面消息，整个组合的业绩表现受到的影响较大，容易出现暴涨暴跌的情形。

而量化策略则相反，持仓较为分散，单只股票和行业的起伏对组合整体影响较小，在风控执行上也避免了主观交易的弱点，不受基金经理主观情绪的扰动而做出非理性的投资决策，业绩表现也相对稳定。

所以，投资者如果追求稳定的收益，可以选择量化策略；如果拥有较高的风险偏好，追求高收益的同时，也能接受较高的业绩波动，则可以选择主观策略。

如何选择公募产品

案例：

舒总，35 岁，资金体量较大，听朋友介绍买了许多公募基金，朋友认为他赚了不少钱，但是舒总总是踏不准节奏，高买低卖，不仅没有赚钱还赔了不少钱，舒总很困惑，公募基金到底要如何选择？

1. 投资者如何投资公募产品？

（1）从投资者的角度出发，确定自身的风险收益特征和合适的基金

对于投资者而言，投资公募基金前应首先确定自己的风险收益特征，

根据自身的风险偏好选择合适的基金类型和组合方式。要做好这一点，需要明确的是：

a. 资金的风险承受能力

投资者需要清楚了解自身所处的生命周期、亏损的容忍程度以及对于底层股票、商品和债券等投资品种的风险认知。此外，从资金的属性来看，闲置资金相比生活必需资金的风险承受能力更高。

b. 预期收益区间

投资者需要将资金的最终目标进行优先级排列，针对不同的目标倒推所需要的收益目标，选择合适的产品并承受相应的风险。例如已经退休的投资者需要基金产生的收益来维持养老生活需求支出，可以选择收益较低但风险也较低的债券型公募；而如果目标是用于创业或者子女教育等大额支出的需求，则相应的对于收益有更高的要求，可以选择股票型的公募。

c. 投资期限长短

不同投资期限也相应地影响到风险收益以及基金类型的选择。同样以养老需求为例，当距离退休还有 20 年的投资者和仅剩 5 年的投资者面临同样的养老资金需求时，20 年的可以从容选择稳健的债券型基金达到养老目标，也可以选择股票型的，以时间去承担波动，尝试获取超越原本的目标收益；而仅剩 5 年的投资者就只能选择股票型等高收益、高风险的基金去达成自己的目标。

d. 流动性需求

假如在投资过程中有间断性的资金使用需求，就不适合投资封闭型基金。此外，资金的用途假如是生活日常支出，可以选择配置货币型基金，T+0 的小额赎回和 T+1 的大额赎回都能满足日常的资金使用需求。

（2）从宏观经济和市场趋势判断的角度，选择合适的基金从宏观经济来看，股市、债市以及大宗商品的市场走势和价格变化是反映经济运行情况的晴雨表，它们与经济运行的方向高度相关，也体现了经济内在的周期性变动。因而当我们考虑投资公募基金时，也需要关注财政政策、货币政策、产业政策和通胀水平等宏观因素与股、债和商品等公募基金的联动表现。以经典的美林投资时钟理论为例，2004 年美林证券提出将经济周期划分为衰退、复苏、过热和滞涨四个阶段。

在衰退阶段时，经济增速回落甚至是负增长。此时央行通常实行宽松的货币政策和积极的财政政策促使经济恢复增长，由于市场货币供给增加，利率下降，根据债券价格的定价公式可知利率越低会导致债券的价格越高，选择债券型基金配置更为合适；同时由于产能过剩和需求下降，企业经营情况出现恶化，上市公司业绩大跌，回避股票型基金；经济衰退下“黑天鹅”事件频出，可以选择黄金白银等贵金属类 ETF 作为避险资产配置。

在经济复苏阶段，继续保持货币宽松，债券型基金仍有配置价值；经济增长加速，企业盈利开始恢复，可以适当的配置股票类基金；同时由于通货膨胀仍处于低位，大宗商品的需求还没起来，所以商品类基金仍需回避。

当经济运行到过热阶段，经济增长速度放缓。央行开始收紧货币投放，利率上升，此时不适合配置债券型基金；而市场需求和企业产能达到峰值，企业利润增长，上市公司业绩由大幅增长回归到平稳，仍然可以配置股票型基金，但需要筛选行业和主题，注意配置时点；此外，通货膨胀上升，大宗商品需求随着企业的生产和发展也呈上升趋势，此时商品类基金更为适合配置。

而进入到滞涨阶段时，经济增长开始下降，通胀率继续上升。但由于消费需求下降，企业经营成本上升，导致企业业绩出现停滞或者下滑。同时也降低了对于大宗商品等原材料的需求，导致商品价格出现滑坡，此时不适合配置股票类和商品类的基金。此外，通货膨胀的上升制约了央行在货币政策上的宽松力度，债券型基金也没有很好的表现。所以，此时可以考虑配置货币型等现金管理类基金。

当然，这只是从经济周期理论进行的简单推论，实际市场环境会比这个复杂很多，而且划分周期的依据也各不相同，需要根据具体情况调整基金的配置。

而简单的从市场趋势判断来看，当预判股市存在上涨趋势时，分成两阶段来考虑股票型的配置，在初期风格和板块切换较快，难以把握行情的核心主线时，建议先配置指数增强型以及被动指数型基金（包含指数跟踪ETF），捕捉指数快速上涨带来的系统性收益。而随着行情的展开，行业和主题逐渐明确，可以切换至普通股票型或者行业主题型基金，以获得相应的超额收益。

当预判股市震荡，上行时可以选择偏股混合型，下行时可以选择偏债混合型。如果是长期横盘调整时，可以选择平衡混合型。而在股市下跌时，可以选择债券型或者货币型基金进行现金管理。当然在市场动荡不安时，黄金白银等贵金属ETF也是不错的配置标的。

（3）从定性和定量的角度，选择合适的基金管理公司

a. 基金管理规模

我们并不完全认为基金整体规模越大越好，这里需要进一步考虑各类型基金的管理规模。例如某家基金公司管理规模占比超过50%的是货币型基金，股票型基金占比不超过10%，而投资者看好的是股票市场，此时就不适合受规模和名气的影响选择整体规模大的基金公司，而应该关注的是

股票管理规模。

b. 规模增长率

这里考虑的是基金公司在规模小的时候集中资源打造明星基金经理和产品，产生市场轰动效应，因此带来规模的急速增长。但是基金公司自身的投研人才储备、管理和激励制度以及硬件设施等跟不上规模的增长，导致业绩出现较大的滑坡。

c. 基金经理的稳定性

基金经理的去留关系着产业风格和业绩的一致性和连贯性，同时也关系着公司的管理制度和激励制度。假如一家公司基金经理频繁的流动，即使是业绩良好，也可能只是一时的运气带来的收益。

d. 产品业绩的一致性和稳定性

基金公司通常配置不同风格类型的基金经理，我们需要关注的是同一类型的基金经理业绩是否差距过大，这里可能出现的问题是基金公司将投研和市场资源集中在某一个明星基金经理身上，导致产品业绩出现较大的差异。而明星基金经理的去留对产品业绩产生较大的冲击。

（4）从定性和定量的角度，选择合适的基金经理

a. 基金经理风格的稳定性

一般而言，同一个基金在一段时间内的风格是趋于稳定的，有积极进取的，也有偏保守的；有偏好大盘蓝筹的，也有偏好成长风格的；有跟随热点漂移、快速适应市场风格切换的，也有长期坚持某种风格不变的。我们一般认为基金经理在该风格或者主题下有着专业和深入的研究能力，但如果面临业绩压力、羊群效应等，也有可能出现风格漂移的情况，这种情况更多是来自基金经理层面，而不是产品层面。我们可以通过对净值进行回归性分析和对季度持仓进行判断，选择符合自己判断的基金经理。

b. 基金经理的专业背景

以某只量化对冲基金为例，基金经理共两人，其中一位拥有超过 15 年的 A 股投资经验，擅长自上而下的选股方式。如果单看这位投资经理，我们会产生疑问，因为专业能力上主观选股与量化选股的方式有较大的差异，以及在对冲时股指期货的选择上会出现不匹配。再来看另一位基金经理，统计学和计算机专业背景，同时也在管理一只量化选股基金。两者的合作我们认为可以弥补相互之间的问题，主观的基金经理可以为量化提供因子挖掘的思路，量化的基金经理可以在股指期货等衍生品上给予帮助。

（5）从定性和定量的角度，选择合适的基金产品

按投资资产的类别，公募基金主要分为股票型基金、混合型基金、债券型基金、货币型基金、QDII 型基金和另类基金几类。筛选上述产品时，我们可以从两个维度去判断基金是否合适。

第一个维度是基金的净值数据和持仓数据。两种数据各有利弊：净值数据可以从基金公司官网和三方网站上获取，获取难度较低，而且更新频率快。可以通过回归等模型进行产品风格和业绩的区分，然后计算各种指标进行排序筛选。但是存在的问题是截取的业绩时间段，假如是 5 年、10 年的数据段，其中可能包含了多次产品操作的风格变化，甚至是基金经理的变化，难以清晰判断产品的风格和业绩的好坏。而持仓数据反映的信息更多，但公募基金一年仅公布四次持仓，其中仅有两次为全部持仓公布。单纯从前十大持仓股很难判断基金经理的投资活动，例如期间的仓位变化和个股的交易。所以，我们建议两者结合起来，综合运用到基金经理和基金产品的风格划分和业绩筛选。

第二个维度是简单的通过同期的年化收益、年化波动率、最大回撤、夏普比率、索提诺比率和卡玛比率等指标进行筛选。但是对于不同类型的

公募基金，关注点也有所不同。例如指数型基金，我们需要关注的是跟踪误差，这是衡量基金收益率和所跟踪的指数收益率的吻合情况，我们在选购指数型基金时自然不希望看到基金偏离指数太多。又比如择时指标，衡量的是基金在择时上获取的超额收益，我们关注的是基金在市场上涨时能否提前做出判断，获取超额收益，在下跌时能否及时果断地做出调整，减少下跌时的回撤幅度。

（6）做好投后管理

在买入公募基金后，并不是整个投资过程的结尾，投后管理也是投资环节重要的一环。投资者应时刻关注基金管理人的变化。基金经理是一只基金的灵魂，当基金经理发生变更时，可能导致基金的风格飘移，甚至使得基金业绩大不如前。此外，基金公司的高管、负面新闻等信息都需要投资者进行持续跟踪。

2. 为何需要专业机构为投资者筛选基金管理人？

目前市场中有逾 130 家基金管理人，对一家公司进行调研需要做的事情很多，比如了解公司的组织架构、内部控制、风险管理、投资研究团队成员的实力、基金经理的过往业绩等，加上市场中信息繁杂，难以一一鉴别真伪，光靠投资者一人的精力，既难以做到准确全面，也难以做到深入研究。专业研究机构则能为投资者解决这些问题。有一定规模的专业机构，往往具备对基金管理人进行调研的科学体系和丰富渠道，这些都是普通投资者难以具备的。选择一家专业的服务机构，可以利用专业的力量为投资者缩小选择范围，再由投资者优中选优。

如何选择股权类产品

案例：

林总是个企业家，50 岁左右，从家庭到企业都有一些现金在手头上，但是感觉现在很多项目都不敢投资，众多的新经济项目自己接触不到，也看不懂，希望了解一下有没有什么方式可以投资股权项目呢？

建议林总在针对各种新经济项目的股权投资时，可以考虑股权 FOF 母基金投资方式，一方面可以高效率的介入对新经济股权项目的投资；另外一方面，在风险角度而言，股权 FOF 投资比单独投资一个项目风险要相对小很多，而且不需要花费大量的时间去尽职调查每一个项目，而是由母基金管理人代替投资完成对每一个业内领先的股权基金公司进行筛选、尽调、监控，并对其具体项目布局有一个整体宏观把控与调整。

1. 什么是股权 FOF？

首先我们了解一下 FOF（Fund of Funds 基金的基金）的基本概念。一般基金的投资标的就是股票、债券、期货、黄金甚至于具体的企业股权项目，而 FOF 基金的投资标的是前面持有这些标的的具体基金产品。FOF 通过这些具体的基金间接的投资到了股票、债券、企业股权等这些标的资产。作为 FOF 基金的管理人，我们通常也可以叫他们为母基金，一般在经过尽职调查和筛选后会投资在同类别里面盈利能力更强、更具有稳定性的基金，从而为投资者获取收益。

简单理解，股权 FOF 母基金是指专门投资于专业的股权 PE 基金①的基金。

2. 选择股权 FOF 投资的优点有哪些?

（1）分散风险

FOF 投资的内在特性决定了其天然可以提供一个潜在亏损保护功能，也就是说不会因为个别失败的项目而对整体基金造成巨大的亏损情况。

以沈南鹏先生的红杉资本而言，2007 年至今，红杉资本中国各基金总退出案例数目约 82 个，其中 2014 年是红杉资本中国回报最多的一年，退出 29 个项目，仅一年就为机构带来 42.5 亿元人民币的回报。十几年时间，总回报金额 122.376 亿元人民币，项目退出率约 18.22%。

从实际情况是，目前中国最顶尖的 PE 股权机构，比如红杉资本在 10 年左右期限下，其项目成功退出率不超过 20%。因此，个人富裕家庭投资者在考虑投资股权类项目时，需要充分认识具体股权项目与自身情况，避免过分自信与相信单一股权项目管理人而造成的未来因退出困难发生的基金亏损。这一点投资人通过采取 FOF 形式的投资可以很好地规避潜在风险。进一步而言，股权 FOF 可能会投资 10 个下面不同的私募股权子基金，而每个子基金可能会具体投资到 10~20 个不同公司主体的股份。因此，通过一个股权母基金投资，可以间接的完成对 100~200 个不同公司股权项目的投资。相对于投资单一股权 PE 机构而言，股权 FOF 基金的风险 / 回报比②更加优秀且稳定。

（2）资源与信息获取能力强

FOF 股权投资机构作为机构投资者身份能够获取到更多的行业信息与资源，能够更加高效地做出市场反应。而传统机构和个人投资者往往缺乏经验、获取资源有限，缺少同类型或者同质资产标的比较、谈判经验，从而无形中会损害到未来潜在的自身利益。

获得项目的能力尤为重要。很多知名的杠杆收购基金、银行基金、大型风险投资基金和对冲基金都需要最低投资额度的承诺才接待投资者，而这一点是许多个人投资者无法跨越的鸿沟，采用股权 FOF 基金形式能够帮助个人投资直接规避这个障碍。

私募股权市场具有缺乏透明性的特点，只有市场上持续、专业的机构投资者能够获取关键市场信息并做出有效反应。而个人或一般机构投资不具有这种专业度，因此常常错失机会。股权 FOF 基金可以帮助投资者与不同项目基金建立起高效的对接桥梁。

（3）激励机制

一般的金融机构很难给到股权投资精英足够的奖励；而股权 FOF 基金一般接受这些顶尖股权投资精英们对于分享超额业绩收益的比例要求。

（4）投研、尽职调查能力更强，能有效地介入顶尖 PE 机构的投资项目

股权 FOF 基金规模大，能够接触更多的私募股权机构，有人员与财力去完成更加具体的研究与相关尽职调查。一般机构投资者、个人投资者由于缺乏经验和专业性，通常无法完成对股权私募基金有效的尽职调查。而一直致力于股权私募基金筛选的股权 FOF 机构则具有更强的专业度、更多的市场资源，他们可以采用各种形式去对股权私募基金、股权投资标的项目进行有效的尽职调查。一个有效的尽职调查非常重要，它能够从法律合规、宏观经济、产业经济链、个体项目等方面最大化地降低投资的不确定性风险，提高项目的退出概率，获取更好收益。

相对于个人投资者而言，有经验的股权 FOF 基金经理可以更加容易进入到专业的、高质量的顶尖股权私募基金项目，甚至可以和顶尖团队进行联合投资，这也是股权 FOF 可以为基金创造更高回报的关键。

3. 选择股权 FOF 投资的缺点有哪些?

（1）不透明性

由于股权子基金的不透明性，造成了股权 FOF 母基金的信息更新慢甚至不透明的情况，FOF 基金在私募股权基金中获得业绩数据的渠道非常有限，这给投资者在衡量投资潜在风险时造成了很大障碍。

（2）双层收费，成本相对较高

由于股权 FOF 基金的双层架构设计，投资者不可避免地会缴纳两次管理费与对应的业绩报酬提成。与直接投资股票市场或者股权基金相比，会降低投资者的利润和总收益。

（3）投资期限一般较长

股权投资项目的退出期限一般在 3 年以上，因此很多机构的股权投资基金一般要求投资者资金也要在基金里面保证 3 年甚至更长时间来达到投资项目的有效退出，从而兑现收益。

4. 股权 FOF 母基金投资时的多维度投资考量

通常，我们只能看到一个股权投资公司取得的亮丽业绩，但整个基金团队内部又做了哪些重要的工作，却鲜为人知。现在，我们就来看一看股权基金公司在投资时一般需要覆盖哪些必要的步骤。

（1）宏观经济与股权投资组合的考量

股权投资基金公司首先需要对自身情况做一个客观分析，了解其自身实际的优劣势，之后就需要对经济环境进行熟知，以便于从宏观的角度去设计投资组合的基本战略，最后再考量不同类型的私募股权基金，基于每只基金在不同维度下的特点来搭建投资组合的多维动态策略。

此外，投资组合与宏观层面的经济环境以及公开市场均具有关联性，从而直接或间接的影响其投资业绩。尤其对于人民币股权基金，在其宏观层面关联性外，还和国内资本市场方面的相关政策和相关行业政策有很大的联系。比如2018年习主席在进口博览会上对于科创板的提出，就立即引起各方投资人的强烈关注。从目前已开板的情况来看，科创板已成为未来股权投资比较重要的退出渠道之一，使与新经济相关的股权投资退出渠道更加多样性，对未来新经济领域的投资带来更加重大的利好。

专业的股权基金公司在挑选每只不同的股权基金时往往要考虑宏观经济的发展阶段，未来5～10年社会的发展态势，根据每只不同股权基金的投资方式、专注板块、团队自身特点的不同而进行动态的组合设计。下图是中岩股权母基金多维动态组合图，中岩股权母基金始终遵循名单准入、择优增补、限额管理、动态监测、适时淘汰等原则，为投资人把好任何一道风险关口，尽全力保障投资人的投资收益。

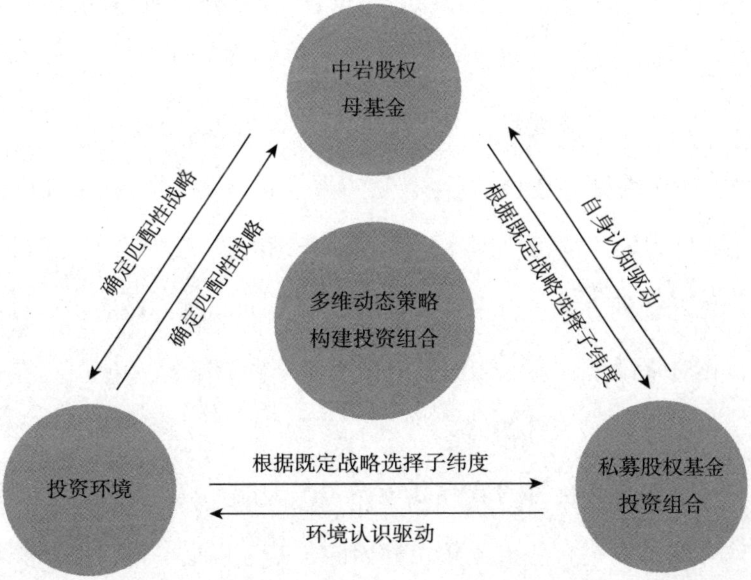

（2）股权基金的不同类型

股权投资根据投资的不同阶段，可以划分为四种阶段，分别是早期、成长期、扩张期、成熟期，对应的基金类型分别是种子 / 天使投资基金，风险投资基金（VC）、股权投资基金（PE）、并购基金 /Pre-IPO 基金。另外，随着私募股权投资市场的日趋成熟，私募股权二级市场基金也已逐步体现出其重要位置。二级市场基金是指当私募基金投资者参与一只基金后，在基金完全实现清算退出之前，投资者根据自身财务状况、对现金流的需求变化等原因，将所持有的基金份额转让给其他有意向购买的投资者，这一转让及购买行为被统称为私募基金二手份额转让交易行为，所以私募股权二级市场基金可以贯穿于上述任何一种基金类型中。

我们可以看到，不同类型的基金对应的投资周期、投资风险以及投资收益都是不同的。早期基金周期长、风险高，但同时也能获得更高的收益，而成熟期基金虽然投资周期短很多，且成功退出的概率更高，但投资收益就相应的也小很多。所以，不同类型股权基金都有不同的风险特性、投资时间和投资收益，这就需要投资者结合自身的实际情况，比如资金流动性特点、风险偏好等因素，再组合进行一个合理的安排。

比如一个股权投资组合基金，它主要是以 VC 基金为主，PE 和 Rre-IPO 基金项目为辅，该组合即在一个相对合理的投资周期内，通过参与多只头部机构基金的方式，分散一定的投资风险的同时，获取一个较高的投资回报，相对来说是一个比较稳健的投资组合。

（3）投资方式 & 人才策略

每只基金都有其自身的 DNA，就像每个人都有其自身独特的特点，有些人比较开朗外向，有些人比较文静内向，基金也是一样，根据其合伙人团队的产业背景、投资经验、自身资源的不同，都有其偏好的投资方式。

对于投资方式的考察，也能了解基金管理人团队投资的侧重点在哪里，偏好哪些项目。

例如，嘉御基金的特色即是“免费的贝恩咨询 + 贝恩资本”模式，并且专注于互联网 +、蓝领、95 后这几个方面。这和其创始合伙人卫哲先生有很大的关系，卫哲先生有多年的投行和外企高管职业经验，32 岁成为最年轻的世界 500 强中国区总裁，36 岁担任阿里巴巴 B2B 总裁和集团执行副总裁，之后担任 CEO。离开阿里巴巴后成立嘉御基金，通过免费的企业咨询服务，深度挖掘股权投资机会，形成更为稳定的长期投资合作关系。结合上述分析，我们可以看到，嘉御创始合伙人具有互联网、投行、企业管理等背景，具有相关行业的独有资源，结合其基金所专注的领域，特点鲜明。

（4）行业策略

投资人在了解了股权基金公司的基金投资方式和基金合伙人之后，就需要结合行业策略做一个综合的考虑了。一般来说，每只基金都会根据合伙人的背景、经验、资源等，组合几个发展迅速、市场潜力巨大的行业进行投资。这个时候，投资人就要考察合伙人对所投领域的专业性、行业经验以及人脉资源等。简单地讲，具有行业背景、专业性强、有丰富行业经验和优质人脉的基金管理人对项目的判断能力较强，能给所投企业带来更多资源整合和协同效应，也就能很好地形成强大的投资优势。

例如，启明创投专注于投资互联网消费、医疗健康、信息技术以及清洁环保技术这四大领域，这就需要对每个领域的合伙人相关背景做一个调查，就拿启明投资最多的医疗健康领域来说，主管合伙人之一梁颖宇女士在加入启明前是生原控股有限公司的合伙创始人。该公司主要在中国从事医疗仪器、药品和医疗保健服务的运营和投资，包括专业从事肿瘤和中枢神经系统的诺凡麦医药（上海）有限公司（被赛生药业收购，纳斯达克股票代码：SCLN）和U-Systems Inc（被通用电气医疗集团收购）。梁女士是位于美国加州PacRim风险投资公司的投资合伙人，还曾就职于Mobius风险投资公司。

投资人通过对投资方式、行业策略及人才策略相互结合的方式进行考察，可以很好地了解基金管理人真实的投资能力，以及基金及基金公司的稳定性与可持续能力。

（5）团队文化

一支核心团队更稳定、有较好的合作意识，有合理的分配机制的基金管理人会更受投资人的青睐。不稳定的团队会对基金造成较大的波动，影响LP对GP之前所做的考察，影响基金的投资收益。所以投资人需要站在远处眺望，从点到线再到面的去了解合伙人和合伙人之间的联系，以及整个团队之间的协作关系。这些有可能需要投资人从行业内、朋友间去打听，从产业链上、下游去尽职调查等，从侧面去尽职调查这个股权基金公司的团队文化是否和谐。

例如，戈壁创投成立于2002年，是中国早期的风险投资机构之一，至今已深耕VC领域17个年头，有别于投资圈经常出现的“空降”合伙人，戈壁的新一代管理人徐晨先生、蒋涛先生和朱璘先生均是戈壁创投内部培养提升的合伙人，几位合伙人都有着自身的投资风格和偏好，可以相互协作，从不同的方向和角度看项目。团队的稳定也反映出该投资机构内部优质的晋升和分配机制，是一家能够留住人才，吸引更多人才加入的基金管理人。

（6）退出方式

投资人投资一只基金最终的目标就是为了标的退出后获得收益。退出方式的不同，获得的收益也不尽相同，一般退出方式分为上市退出、并购退出、转让退出及管理层回购等，上市退出又根据不同国家分为境内上市及境外上市，境内上市分为A股上市、中小板上市、创业板上市、新三板上市以及最近火热的科创板上市，境外上市主流上市通道又有香港地区上市及美国上市。可见，不同地区、不同国家对于上市企业的要求是不同的。对于上市退出的方式，基金管理人根据所投企业的实际情况就需要选择在什么地方进行。对于境外上市来说，发行过美元基金的基金管理人就有更大的优势，一是管理人对于境外市场更加的熟悉，二是在团队经验、人脉资源等方面也更加的国际化。但在不同地区进行退出各有各的优劣势，境外相对来说更加的容易，比如美国市场对于高成长企业没有强制盈利的要求，但境内上市相对PE倍数更高，退出收益更好。

所以，对于每只基金及基金管理人的尽职调查，都需要投资者从至少以上几个方面去考量并进行综合的评定。单一个人投资者在进行股权项目投资时，由于时间、精力等诸多因素的限制，无法做到对基金项目乃至股权基金公司客观、全面的评定，难免遗漏造成潜在风险隐患。综上所述，林总可以根据自身家庭情况，和专业机构沟通，按照自身的风险特性与流动性诉求，有针对性的配置符合未来经济发展趋势的股权FOF母基金类型产品。

名词解释：

①股权PE（私募股权基金）：从投资方式看，是指通过私募形式对私有企业，即非上市企业进行的权益性投资，在交易实施过程中附带考虑了将来的退出机制，即通过上市、并购或管理层回购等方式，出售持股获利。

②**基金的风险 / 回报比：**是指这个基金由投资者承担风险而额外要求的风险补偿率。风险收益率包括违约风险收益率、流动性风险收益率和期限风险收益率。简而言之，就是每个基金单位对应的潜在亏损和潜在收益的比率。

如何选择保险产品

案例：

胡总，40 岁，最近受朋友的影响开始关注保险产品，这几年经济全球化，很多朋友在海内外都配置了保险产品，听朋友说保险的收益虽然不高，但是比较有保障，而且定期可以领取收益，在胡总的意识里，保险主要是为家人健康和生命安全做保障的，定期可以领收益的保险是真的保险吗？

自改革开放以来，我国经济上了一个大台阶，综合国力上了一个大台阶，人民物质生活水平上了一个大台阶，财富积累的数量与日递增，同时投资需求不断增加，投资工具也不断更新迭代。投资的工具不再局限于外币存款、股票、基金及相关衍生性金融商品，其中，投资型保险是相当受欢迎的投资工具之一。

投资型保险是人寿保险下面的一个分支，这类保险是属于创新型寿险，最初是西方国家为防止经济波动或通货膨胀对长期寿险造成损失而设计的，之后演变为客户和保险公司风险共担、收益共享的一种金融投资工具。投资型保险分为三类：分红险、万能寿险、投资联结险。按地域划分，可以分为国内投资型保险及海外投资型保险。

国内分红险投资策略较保守，收益相对其他投资险为最低，但风险也最低；万能寿险设置保底收益，保险公司投资策略为中长期增长，主要投资工具为国债、企业债券、大额银行协议存款、证券投资基金，存取灵活，收益可观；投资联结险主要投资工具和万能险相同，不过投资策略相对进取，无保底收益，所以存在较大风险，但潜在增值性也最大。从投资配置的角度看，目前国内的投资型保险主要以年金类产品为主，大多数高净值客户选择该类产品的主要目的在于人民币资产的底层策略，国内年金类产品分红较为稳定且万能账户有保底利率。

近年来国内保险行业竞争日趋激烈，各家保险公司相继推出创新类产品，但主流保险产品仍分为两个大类，即储蓄类和保障类。

（1）储蓄类产品

由于人民币汇率持续下行，导致很多客户赴港投保香港的保险产品。因其美元计价、收益高且稳定，受到广大高净值客户青睐。但内地的储蓄类产品依然有其自身的优势，主要是考虑人民币的可获取性更强、提供投资的低层策略等优势。内地互联网平台近期推出的很多产品，现金价值明显高于香港地区的同类产品，为投保客户提供了充足的资金流动性。另外，国内投资产品，现金价值增长多为固定增长，没有非保证部分或非保证部分极少，因此可以给不能接受投资风险的客户提供一个安全可靠的投资平台。

（2）保障类产品

目前主流保险分为寿险类、重疾类和医疗类三种。国内寿险类产品因其法律属性，进入越来越多的投资人的视野，一方面基于对税务的担忧，另一方面基于对债务问题的担忧，而寿险类产品刚好可以解决类似的问题，在资产的保全方面拥有独特的、不可替代的功用。医疗类产品当中，很多高净值客户在与香港同类产品进行对比，在这里我们浅谈一下内地与香港同类产品各自的优劣势。首先，分析一下很多人选择香港重疾险的原因，主要原因在于香港医疗险具有分红、可以全球赔付。但因为近年来内地赴港客户骗保的情况日益增多，理赔时保险公司背调的周期越来越长，影响了理赔的效率。内地的重疾险理赔速度快成为了核心优势，如果将来需要在国内就医，选择内地的重疾险产品确实是明智之举。我们认为，内地重疾险主要解决患病后急需用钱看病的棘手问题，而香港产品主要解决患病之后丧失劳动力的收入补偿问题；其次，医疗类保险属于报销类的损失补偿型保险，我们建议客户生活在哪里，医疗保障就做到哪里。比如，客户是中国人，主要生活在中国内地，医疗产品就要做到内地，香港亦然。内地医疗险对于内地很多高端私立医院可以提供直付服务，不需要客户额外垫付，除营养类药物外，其余100%报销，为投保客户提供了最大限度的便利条件。

如何选择香港保险

案例：

李先生今年35岁，在外资企业担任中层管理，在下属眼中，他是掌握前沿技术、善于倾听的优秀管理者；在太太和孩子眼中，他是家庭核心，用辛苦付出护航家庭的未来。到了这个年龄，李先生其实有很多无法轻易说出的担忧：大经济环境下行，企业不免受到影响；年龄增长，维持现在的工作强度更辛苦；孩子在逐渐成长，希望自己能够长期健康，一路陪伴；未来的生活，希望有更多时间上和财务上的自由。

在这样的考虑下，李先生开始关注保护健康的重疾保险，以及解决现金流问题的储蓄保险。善于调研的他通过多种信息对比，最终选择了香港的重疾和储蓄，重疾可以给予美元计价的医疗保障；而储蓄可以按照设想，从特定年龄每年领取，这样他就能够用这笔年金开始享受生活，或者将这笔钱用于任何需要的地方，如作为儿子的教育金以及回馈父母等。

1. 为什么选择香港保险?

“香港保险”这个词，距离我们普通人的生活其实并不遥远。任何一个国家和地区的保险产品都有其独特的优势与魅力。为什么选择香港保险？这与香港保险业悠久的历史、丰富的投资品类以及美元计价保单都有重要关系，而形成的香港保险业这种独特风格的推动原因，也正是香港地区自身的发展历程。

香港保险的历史最早可追溯到鸦片战争时期。1804 年英国占领香港后，便将中国首家保险公司谏当保险行（又称广州保险社）迁至香港。二战结束后，香港借助大陆经济快速发展，成为连接国际和大陆的重要港口。随着国际物资流量的不断增大，香港保险业迎来快速发展时期，不少著名的国际外资保险公司也纷纷驻扎香港。往后，香港作为重要的国际金融中心，已经成为中国经济面向世界的窗口，至今也是如此。

2014 年，因为央视的客观报道——《远方的保单》，再次给公众打开了一扇门。通过这扇门，公众看到的不仅是高收益、高回报，通过这扇门，公众获得的还有相对独特的安全感。随后，在人民币国际化，汇率逐步接近 7 的背景下，内地居民赴港投保的保费及占比一直在攀升。

根据香港保险业监管局（2019 年 8 月 30 日）公布 2019 年上半年香港保险业临时统计数字，个人寿险新单保费总额为 $997 亿港元，与 2018 年同期（$841 亿港币）比较，上升了 18.5%。其中，内地访客带来的新造保单保费在 2019 年稳步上升，有关新造保单保费高达 $263 亿港元，占个人业务总新造保单保费的 26.4%，与 2018 年同期（$223 亿港元）比较，上升了 18%。

香港保险的购买理由有很多，第一大类优势是围绕香港特殊的经济制度所展开的，它们分别包括：

（1）《中英联合声明》中明确规定香港回归中国后依然实行普通法（及衡平法）。此一条非常重要，因为在普通法环境下，现代金融体系才能更高效的运作。

（2）香港实行联系汇率制度。由于港元与美元保持固定汇率（俗称联系汇率），使得香港金融机构间及香港金融市场与国际金融市场间的交易成本大大降低。而香港政府拥有庞大的外汇储备及香港政府可以长期保持财政盈余，使得香港始终可以获得最高主权信用评级。

（3）香港没有货币管制制度，资本可以完全自由进出香港。

（4）香港是亚洲金融中心，拥有发达的资本市场。

以上多项优势是其他国家或地区所不能同时拥有的，例如英国虽实行普通法，但无法实行联系汇率；又如某英属殖民地既实行普通法，又实行联系汇率制度，却无国际金融中心之地位。正是香港地区拥有独特优势，而使得香港保险公司和香港保险产品亦拥有独特优势，进而吸引愈来愈多内地人士在香港保险公司购买香港保险产品。

第二大类优势就在于保险产品本身，可以总结为高保障、低保费、高回报。

（1）高保障和低保费。买同样保障额的保险，香港保险的保费低，这是因为香港的人均寿命长，从而使保费便宜，同时香港保险的绝大部分收入不是来自保费，而是公司的投资收益。

（2）高回报。中国内地经济增长的速度开始放缓，银行降准降息、人民币贬值波动等等。这对一些有海外资金需求的人来说影响还是很大的。香港保单货币大部分是美元和港币，而香港的保险公司全球性运营，盈利能力和风控能力都很强，其中的储蓄型保险作为长期投资计划来说，平均长期收益可达6%～7%。

2. 如何选择香港保险?

当我们选购香港保险时，需要先明确，香港保险产品按功能主要分为保障型和投资型。

（1）保障型保险。保障型保险产品主要用来保证未来的收入，购买的是保额，保额越高，未来可获得的保险收入就越多。

分类：保障型保险包括医疗险、重疾险、人寿险、意外险等。

作用：保障型保险针对的是保障“人身风险”，即发生人身或生命风险时，保障型保险就会发挥其作用给投保人相应的经济补偿。

（2）投资型保险。投资型保险产品是为了保护过去的财富，保费越多，守护的个人财富就越大。

分类：投资型包括储蓄分红险、万能险。

作用：投资型保险目的是为了规避“经济风险”，当投保人家庭陷入经济危机时，投资型保险便可以提供一笔备用资金，帮助家庭和个人渡过难关，具有一定的收益功能。投资型保险的卖点不仅是投资回报，而且是可以把未来一定要花的钱，以契约的形式固定到个人身上，做到老有所养，幼有所护，财有所承，业有所依。

3. 如何购买香港保险?

香港保险业在世界保险业排名中，也常年和伦敦、纽约一起位列前三名，可以说代表着保险业和保险产品的发展前沿。不过，李先生不要担心挑选会很复杂，事实上，我们可以用内地和香港都适用的逻辑，帮助李先生更明确的分析，具体包括三个步骤：

（1）明确自己的购买目的。可以通过自我分析，明确需要保险的功能，不同的目的会指向不同的产品类型选择，这些目标包括为孩子准备教育金、为自己准备养老金、闲置资金保值增值、财富传承、为自己和家人准备医疗或重疾保障等。

（2）明确自己投入资金的时间周期、预计孩子或家人使用养老金的时间点，以上的分析将会决定这笔保险投资的预期收益和持续时间。另外对收益也要有一定的预期，是倾向于稳健更多些的储蓄险，还是更加喜欢积极型的储蓄产品。当然，整体上香港保险都是安全投资，并且倡导长期持有，为家人和自己创造长期收益。

（3）我对一家保险公司的感觉。不同的公司有着自己的历史、品牌和投资风格，抑或倾向于老牌公司的历史悠久？更倾向于选择中资公司还是外资公司？过往的分红实现率是不是能够达成——这将决定投资者对保险公司的选择。

4. 香港保险的理赔会不会很麻烦?

当然，很多读者会因为香港的距离感，容易产生香港保险理赔麻烦的错误印象，在这里，我们就将香港理赔的相关信息做如下整理：

（1）根据《香港保险条例》，所有在香港合法销售和签署的保单都受到香港法律保护，无论签署人是本地人、内地人或者外国人。所有的保单持有人在理赔程序中地位平等、权利一致，所以绝对不会出现区别对待的情况。

（2）由于香港保单投保的时候需要来港，所以很多朋友担心理赔的时候还要再跑一趟。实际上，理赔就是简单的四个字“文件齐全”。只要把所需材料邮寄给保险公司或理财顾问，本人是不需要亲自来的。

（3）香港保险公司的理赔原则是“严核保、宽理赔”，所以在客户投保时，会要求客户如实申报健康状况。有医疗记录或健康状况的客户，保险公司会要求做相应的体检。在这个核保过程中，保险公司可以全面地评定客户的风险级别，并决定以何种条件受保。所以，销售人员过硬的专业素质和客户对核保过程的配合，是香港保险理赔顺畅的基础。香港保险公司的理赔流程简单，结果公开透明，每年都会公布理赔报告。

（4）有些会提到疾病定义不同，这是错误的理解，由于语言翻译的原因，同一种疾病，两地有不同的译名，例如 Parkinson ‘s Disease，在内地译为“帕金森氏症”，在香港称为“柏金逊症”，但都指的是一种疾病。因此，疾病名称翻译上的不同，对理赔没有任何影响。

从香港和内地保险市场的发展程度来看，香港保险的优势确实是很突出的，但站在客户的角度来看，香港和内地的保险并不矛盾，并且可以综合搭配。内地产品是人民币计价，比较互联网化，并且拥有地理优势，客户会感受到熟悉；香港产品以美元计价，强调传统的文件投资及文件审核，遵守全球通用的普通法系，客户会因此走向国际化。站在本地，眺望国际化，这既是中国发展的大原则，也是配置的好方法。

海外置业投资应该如何规划

案例：

林总是一个进出口贸易公司企业家，50岁左右，多年来一直将家庭和企业的现金资产存在香港银行账户上，从2008年经济危机后林总就不再相信以前他的香港私人银行经理了，面临众多的新经济项目自己又看不懂，希望了解一下在目前国际经济的各种不确定性增强时期能否有一种简单、看得懂的投资方式，达到财富保值的目的，并且能够避免CRS带来的潜在问题。

CRS是国际经济合作与发展组织（OECD）成员国缔约的一套规则，根据这个规则，全球不同地区的税务机关将进行密切合作，并交换税务信息，主要是为了因各国税务信息不透明而造成的逃税问题。截止到2019年1月18日，全球形成了3600多项双边税务信息交换合作。中国大陆将向63个国家和地区提供税务信息，同时将从91个国家和地区收到税务信息。但是在CRS中规定了一些资产是豁免申报的。比如说，记在自然人名义下的房地产就不用被申报，因此不涉及因CRS问题而交换信息的问题。众多研究表明，房地产投资能够对抗长期的通货膨胀，也是海外超高净值家庭进行家族财富统一规划时首选且重要的资产类别之一。

因此，在林总能够理解的范围内，从简单投资角度而言，我们建议林总考虑一下海外的房地产投资事宜，作为其家族资产保值的方式之一。简而言之，建议林总考虑为其家族投资一些日本、欧洲核心地段的投资性或者旅游度假类地产项目。

1. 为什么要考虑海外置业投资?

近几年，受国内外各种经济和政策形势影响，海外置业逐渐成为国内投资者的关注目标。首先，国家严格执行房产限购限贷，让大批国内投资者纷纷转战海外房产市场。与此同时，放眼国际。中美贸易战已经持续近两年，近期美方更有转向金融战的势头，受此影响，国际货币汇率近期出现不小动荡，2019 年 8 月初人民币多年来首次“破七”就是一个代表性事件。此外，因为世界经济增速放缓，包括美联储、中国人民银行在内的多国央行纷纷降息，一些国家甚至出现了负利率。而拖延了整整一年的英国脱欧进程，也因为政局反复变动，协议迟迟不出，导致英镑价格今年多次“跳水”。夏秋季节国内猪肉价格的“意外”高涨和沙特石油产量锐减，也给国际投资市场新添震动。

众多的“黑天鹅”事件，让投资市场波诡云谲，每次投资都充满了风险和不确定性。“鸡蛋不要放在同一个篮子里”是投资者的至理名言。诺贝尔经济学奖获得者马科维茨说过，资产配置的多元化是投资唯一的免费午餐。风险，是财富增长最大的障碍。理论上，通过分散投资，能够在同等效益的情况下降低风险。对于国内投资者，现阶段需要考虑的不是如何让财富迅速增值，而是如何保值。海外房产置业就是一种较为可靠的财产保值方式。

海外置业一定程度上能够规避市场风险，这里不仅指的是单一投资产品带来的风险，更指的是单一市场投资所带来的风险。前者是指股票、房产、债券、黄金等投资方式，后者是指在国内投资市场以及其他各国市场的投资，两者都容易在经济或政治突发事件后而导致的投资市场暴跌中受影响。因此，贯彻“鸡蛋不要放在同一个篮子里”的投资理念非常重要。

总体而言，受贸易战影响，国内经济增速放缓，如果局限于国内或美国单一投资市场，容易因为单一市场的波动而造成家族资产的巨幅波动。

因此，对于超高净值家庭有必要考虑在不同地理区域将财富进行保值性投资。海外置业是一种相对稳健的投资方式，同时因为是国外市场的投资，即便国内市场有波动，也不会影响到其他海外投资的地产。

在海外置业方面，东南亚房产市场大量热钱涌入，不断推高当地房价，但高昂的房价没有雄厚的经济实力做支撑，易出现“崩盘”情况。日本、欧洲经济虽然整体增速放缓，但由于各国近期纷纷降低贷款利率，激发当地购房刚需，同样引发新一轮房价高企，加上欧洲多国经济实力相对雄厚，如果此时选择这里进行房产投资，通过房价涨幅和租金收益，一定程度上也能弥补其他投资领域的损失。以前投资房产是为了升值，现在投资是为了抗跌。现在房价虽然不会大幅上涨，但放到长期来看，房价一直都是保持着稳步增长的趋势，房产是能够对抗长期通货膨胀较好的标的资产，是很好的保值方式之一。

2. 海外置业项目如何选择?

海外置业，首先要有一个较为清晰的投资目的。为了移民自住？为了养老投资？还是为了孩子海外上学、工作住房？或只是因为有一笔积蓄，纯粹想做个投资？目的不同，将直接影响到海外置业的选择。

（1）自住型购房

如果因为移民自住或为孩子国外留学工作使用的住房，建议选择国外大城市郊区新建一手房或市中心二手房。国外发达国家的社会资源（人才、商业、资金等）向大城市汇聚，居住在大城市能满足便捷的生活和工作需求。此外，大城市的房地产市场经营多年，不会轻易受到炒房影响，房价相对比较稳定。因此，为了方便居住、生活和工作，大城市和核心城市是这一类投资者应该重点关注的目标。

（2）投资型购房

如果是纯投资型购房，则选择面很多。除了购买欧洲大城市市区房产用于出租，国外热门旅游景区的度假房产也是一个不错的选择。既然是投资，是不是一手或二手房源，就没有自住型投资影响大，反而地段和房价的上升空间才是应该考虑的问题。

同时，还要明确对于此项房产投资的期望：希望短期炒一波房子，升值后就迅速转手；还是想避免风险，长期投资？前者短期内能迅速带来收益，但风险很高。这里的风险，不仅是资本上的，也是法律上的。比如近期不少发达国家，如澳大利亚、加拿大，都出台了政策，严格限制海外资本进入本国房市炒房。这就需要对投资目的地房市、政策和当地经济有详细地了解，贸然进入，很可能竹篮打水一场空。后者短期收益不明显，但收益稳定，且长期看来，“租金 + 卖房收益”同样收益不低。

（3）旅游度假型房产投资

除了上述两个主要模式外，旅游度假型房产投资同样可以作为选择之一。在发达国家，尤其是欧洲，向来有假期度假的传统。因此投资这些国家热门旅游景区的旅游度假房产，一样可以获得不菲的收益。

图片来源：作者方提供

旅游度假房产投资模式起于法国，是一种将旅游地产开发、售后回租、旅游运营相结合的房产商业模式。这一模式自 1967 年由法国旅游地产开发与管理公司 PVCP 璞蔚集团首创以来，已经形成了一套成熟的运营体系。

PVCP 璞蔚集团旗下巴黎自然村庄项目

图片来源：PVCP 提供

经过 50 多年的发展，现在旅游地产投资不仅包含售后回租这个基本投资模式，而且部分旅游地产公司还会为其业主提供不少独享优惠。

PVCP 集团还有其特色的度假交换权：每位业主在房产投资时，都可以选择带有度假权的投资套餐。选择此类套餐的业主，在正常收取租金收益的同时，每年还能前往自己的旅游房产中入住一段时间，同时可以将自己的入住权益与其他业主进行交换。这意味着，选择了带度假权的业主，能有机会入住其旗下包括雪山、海滨、乡村、城市等百余座度假村和度假酒店。

在明确了海外置业的目的后，在选择项目时，可以归纳为八个字：核心位置，量力而行。

一般发达国家的房产市场相对较稳定，但相对需要的资金就比较多，通常都在百万起步。此外，如果在海外有账户，可以避免很多买房中所遇到的不必要的麻烦。除了购房资产外，还需要预留一部分资金用于支付购房流程中所需的中介费，合同费用，目的地国的各种税以及汇率波动而产生的额外支出。有些国家会有政策优惠，比如法国就有非职业带家具出租者（LMNP）制度，对海外投资者租金收益有个税减免的优惠。这些就需要投资者在购房之前做好功课，或者在购房过程中了解清楚。

既然是地产投资，就需要做好放长线钓大鱼的准备，通常发达国家房产市场稳定，法律健全，想要靠购买房产一夜暴富几乎是不可能的。在收益上，眼光要放长远，要综合考量当地地价的上升空间以及所在城市的经济发展程度和前景。

既然目的确定，资金准备好了，下一步就是房产的选择。与国内相同，海外房产投资选择，需要考虑的只有一点——地段。地段可以拆分成很多因素：交通，区位，气候，周边配套，距离重点地标距离、政策，甚至居住的主要人群，当地租房者的主要人群，距离公共设施（警局，消防局，医院，公园等）的远近，都是需要考量的。

交通上，要着重考虑公共交通的方便程度，如地铁，地上轻轨电车、公交、有轨电车等。建议提前看好目标城市的公交线路，所在的公共交通线路最好为通勤主干线。通常，所谓的通勤主干线，是指连接该城市的主要居民区和商业区，或连接几大商业区，又或是连接旅游区、机场、车站、港口等交通枢纽的线路。

房产项目周边的设施等情况，建议项目靠近医院、警局、公园和大型超市。国外公共设施的完善程度对当地房产质量的影响很大。其他周边可以参考地产商所给信息。

如果有条件的话，建议投资者去目标城市的政府或国家官网，查询一下项目所在地的人口构成情况。发达国家这方面统计相对较完善，查询也较为方便。建议选择所在地人口主要为本地人或临近商业区工作人员或学生，不建议选择外来人口占比太大，且周边无知名大学或商业区等吸引外来优秀人口因素的地段。

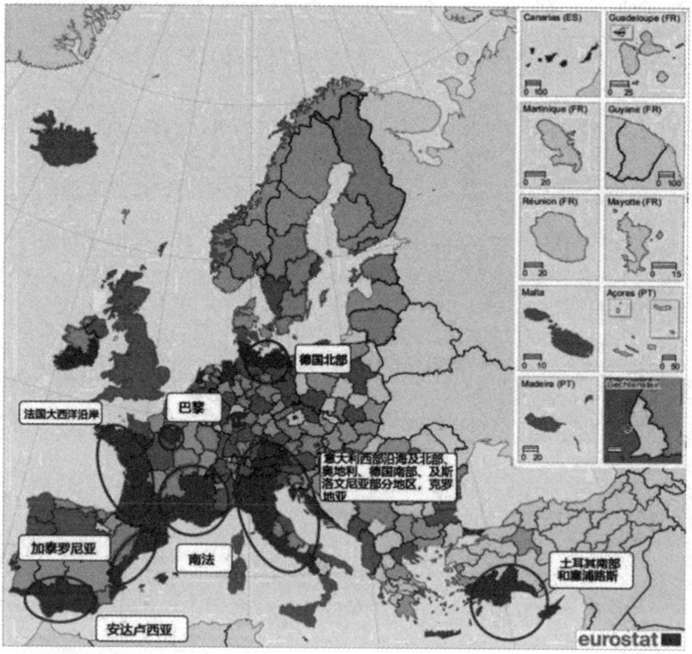

数据来源：欧盟统计局 eurostat

上图是欧盟各地区的旅游住宿数，可以直观地体现欧盟哪些地区是热门旅游区，图中最深的区域住宿数最高，越热门，从这里可以看出来，画圈的部分就是值得投资的地区。有名的旅游区一般都集中分布在欧洲发达国家（如西、意、法、德）的地中海西部沿岸、阿尔卑斯山区、地中海沿岸以及几个国家的首都地区。

因此，建议以这些地区作为投资的选择。一方面，这些地区客流量大，酒店、度假村经营状况良好，不会有扣欠租金的情况出现；另一方面，这些地区本身就是热门旅游区，如果有机会选择有度假交换权的旅游地产，来此度假也不失为一个好的选择，投资度假两相宜。

3. 如何规避海外置业中潜在的风险?

海外置业中主要的潜在风险来自于房产中介问题、房价与租约问题、税款问题、生活问题。

首先，房产中介不专业、不可靠，是海外置业中最有可能遭遇到的问题，而且其他三个问题出现的原因多半会与房产中介出问题有关。海外置业中有不少投资者被海外中介利用信息不对称，以高于市面的价格购入一些次级甚至是烂尾的海外房产；或是购入地段极差的房产，几年内无人愿租，之前提到的租金保障成为空谈；或者房产中介对房产相关交易、税务等知识不清楚，导致业主因为税务漏缴等问题被所在国税务机关处以重额罚款，甚至被列入黑名单的情况也是屡见不鲜……因此，选择大品牌、专业的房产公司旗下的房产项目，能最大限度避免投资资产和收益的损失。如果目标地产公司是上市公司，还可以通过其每年公布的财报，来基本了解该公司的运营情况，帮助投资者作出正确判断。专业的房产中介，不仅会为投资者量身定制一套房产投资理财模式，帮助投资者打理房产运营中的各种税费问题，还会根据投资者的具体情况，为其提供海外合理避税的选择。

其次，建议选择国外重点城市或热门国际旅游地区。这两个位置，不仅有充裕的人口为当地房产提供增长的动力，而且因为人口集聚，城市的基建和相关配套也会比其他地区完善很多。选择这些地区自住，生活会相对便捷，超市、影院、医院、警署等生活配套近在咫尺。最重要的是，无论是选择普通房产出租型投资，还是旅游地产投资，当地充足的人流量和租房需求，能够保证租金收益的稳定，房产运营中介极少出现破产跑路的情况。可以说，在海外房产投资中，人流量就是房产投资的重要基石。此外，这些地区大部分居民、从业者都可以使用英语交流，即使投资者不懂得当地语言，一样可以使用英语交流，便于更好地融入当地生活。

最后，买房从来都不是一件小事，海外购房更需要费心费力。选房、购房时一定要小心谨慎，建议选择一些有品牌保证的国外大型地产商的项目，相对可以省下很多不必要的麻烦，也可以规避很多购房陷阱。简言之，海外置业目的要明确，准备要充分，稳步投资，最终实现财富增值的目标。

如何选择东南亚房产投资

案例：

赵女士34岁，常住温州，为家境优渥的家庭主妇，孩子还小。先生早年制造业起家，现在已经半退休状态，平常夫妻两人就是出门旅游或者做些投资。赵女士最近参加了许多投资说明会，发现东南亚房产出奇的便宜，因此想简单咨询东南亚房产是不是适合投资。

的确，近年来中国投资人对境外投资首选房地产，而对于东南亚房产投资则是自2016开始显现高速成长。中国在2017年对东南亚和南亚的房地产投资额达25亿美元（超158亿元人民币），是2016年的4倍。

促使东南亚房产升温有几个原因，譬如国内限购、距离近、价格低、宣传收益高等，投资者都想要在房价和租金上获取高回报。

我们从宏观角度来看的确可以嗅到商机。东南亚这个新经济体，近年的确发展迅速，柬埔寨实际增速达到了6.9%。越南、菲律宾、缅甸的GDP本币实际增速也都在6%以上，泰国和马来西亚也都超过4%。且由于中国劳动力成本大量上升，生产厂家开始搬迁至东南亚，东南亚许多地方的确有取代中国成为新的世界工厂的大趋势。但是，如果考虑到东南亚买房，需要注意的是，如果房地产是投资而不是准备到东南亚养老，那么获取不动产的收益就是考量的核心，投资人得确保买进的房产是资产而不是负债。

首先，大范围的宏观数据不一定和房地产市场完全画上等号。东南亚国家的经济收入结构上下差异很大：譬如新加坡、文莱属于高收入国家，马来西亚、泰国可算是中上，印尼、菲律宾、越南就算是中下收入国家，而柬埔寨、缅甸、老挝等地就算是低收入国家了。不同的经济环境下，投资风险自然更加有所差异，因此不能将所有东南亚国家放在一个盘子上讨论。作为外国投资者来说，在东南亚投资不动产很可能与当地人的条件会有许多不同，这些条件包含了外国人对于土地持分额度的限制、贷款政策、产权性质等等。中国投资人切勿以国内的逻辑来判断东南亚房地产市场。

1. 很多中介最近推荐我到柬埔寨购房，说柬埔寨的西港就是30年前的深圳，日后会建设成下一个澳门，发展潜力巨大，房子价格也不高，是否适合投资？

柬埔寨的房产最近很火，目前金边核心区域的房价以每年20%～25%的速度增长，投资报告甚至宣称5年内平均每年房价会保持在15%～20%的增长率，租金回报率预估可达6%～10%。且有“一带一路”政策红利，听起来非常不错。

赵女士提到的柬埔寨西港（西哈努克港）是国内中介目前最热销的产

品，但是以目前所得到的数据和市场环境，对于西港的投资，希望赵女士保持非常慎重的态度。原因如下：

首先，柬埔寨相较于其他东南亚国家仍属于较落后地区，许多中介提到柬埔寨 2017 年人均收入超过 1200 美元，每年 GDP 增速达 7% 以上，是东南亚增速最快的国家，因此具有高度投资潜力。但从 2017 的数据同时也可以看到，其 GDP 总量约为泰国 5%，甚至只为越南的 10%，且柬埔寨 GDP 的组成大多是房地产建设等累加，而非工业增长，因此虚值较多。整体来看当地经济仍然很落后，市场卖房的售价与国民所得相比，投资人被套牢的机会就非常大。

其次，柬埔寨的确作为东南亚最稳定的国家之一，非常适合投资，且人均年龄不到 30 岁，有着巨大的人口红利。但由于人均收入仍然过低，也就是说当地人短期租不起也买不起您的房子，因此这些利多与现在用几十万美元买房出租 / 转售的计划并没有正相关。

2. 柬埔寨西港的房产不是都宣传增值空间巨大吗？

对于西港的房地产投资，个人认为就是个高度风险的地方。因此，就用国内买房的思维逻辑从下面几个角度来分析：

（1）环境复杂危险

目前西港内中国人群集，以炒房客与赌场业居多，市内抢劫黑道等治安问题较严重，这些相关信息投资人可以登录中国领事服务网查询西港的实际状况。

（2）并非永久产权

房产中介宣传柬埔寨土地是永久所有，且投资商铺和写字楼收租就有至少年化 10% 的收益，事实上柬埔寨的土地只有当地公民可永久持有，外国人买房则只有 50 年 + 50 年租借期的土地使用权。当有些投资人对此提出质疑时，中介就会建议用“本地人代持”或者“信托计划”来持有。但是要进一步对这样的持有计划提出法律依据的时候，投资人会发现大多数中介是说不清楚的。

（3）房产增值速度问题

自 2011 年起柬埔寨的房屋增值速度确实是 10% 以上，但是，如果将中国买家炒作标的分开计算，会发现与当地市场价格的高度差异性。西哈努克港的土地有相当部分是国内的地皮炒家在 2015 年 ~ 2016 年囤的地，大量地产商涌入的短期后果就是供应过剩，而现在是以数十倍的价格套现，并且乱象频发。

（4）硬产权、软产权与争议性土地

柬埔寨房子产权分为“硬产权”和“软产权”，硬产权为国家土地管理规划局颁发的；软产权是由当地政府颁发的，特别之处是柬埔寨很多房子同时拥有硬产权和软产权。有些无良的销售就会把一件不动产的两个产权分别卖给不同的买家。另外，柬埔寨有很多土地其实是存在争议的搁置土地（也就是产权不清的土地），卖地的人是不会告诉你是否存在争议，一旦不幸买到这类产权有问题的不动产，就立刻成了价值不菲的烫手山芋。

（5）法律衍生的套路

在柬埔寨长期租赁的房子，是可以和土地分开作为一个实体单独注册的，甚至租客还能办出一张软产证，然后把软产权卖了。投资人一方面要小心买到的是租客办出的软产证，一方面也要避免帮忙代租的中介拿着您的资产办出软产证卖给其他人。

（6）洪区房 / 地

柬埔寨基础排水设施不佳且雨量充沛，因此柬埔寨还有“洪区房 / 地”（这地方是否闹洪水）的概念。是否为洪区房和价值就有巨大的相关性，但是对于促销土地 / 房产的地点是否为洪区，卖方并没有告知买方的义务规定，如果投资人买到这种房地产就会欲哭无泪了。

（7）夸大面积

夸大面积也是柬埔寨地产的不确定性。在柬埔寨，硬产权房一般证上会有明确的标识，但是软产权的话，房屋面积可能充满了不确定性。在交易前卖方说的面积格局，在交屋后实际上可能差距甚大，如果加上了土地争议，则还会有面临违建拆除的隐患。

3. 我自己还飞到柬埔寨实地看过，那边有 CBD 的开发，到处都有在建高楼，这应该不会假吧？

西港炒地还有一个 CBD 表演秀的玩法。卖家之间相互串通，甲卖家负责开发客户，拉投资人至柬埔寨看地买房，乙卖家则在这块建筑基地的隔壁挂上大型看板，并在当地报纸及网站发布广告，显示出隔壁将进行如企业总部大楼、商场、国际学校等大型的地产开发项目，甚至在广告上可冒用国际知名开发商的名称。所有表演目的，就是让实际调查的投资人感觉利润空间巨大，这种针对中国投资人的套路非常多。记住，眼见不一定为实。

如果您对柬埔寨房产情有独钟，建议去暹粒（就是吴哥窟所在地）等地，既有观光资源，又没有那么多国内炒作套路的地方，暹粒当地有许多外国投资人购买了当地别墅酒店经营，且治安良好，建议赵女士可以去暹粒考察。

4. 那泰国如何？ 2018 年我去泰国看了，但一直都没下手，中介说那边不仅房产增值空间大，买了以后还可以包租 3 ～ 5 年，可以投资泰国房地产吗?

相较于其他东南亚国家，泰国的房地产的确是个不错的选择，首先泰国公寓由于公共空间规划的相当好，一般的公寓物业费 45 ~ 85 泰铢每月 / 平方米，也不需要额外购买车位。当地人民友善，阳光灿烂，都市内交通也非常方便。在购买泰国房产前，有几点需要注意。

（1）产权

泰国房产没有房产税，而且有永久产权，外国人都可以购买，但是要注意的是土地持有股份外国人最高的限制是 49%，也就是说外国人如果买别墅，就需要找当地人代持，公寓项目整个建案卖给外国人的比例也不能超过这个限额。

（2）合约问题

大部分泰国房产合同以泰文为主，其中部分翻译成英文，这样购房对投资人的保护太少，赵女士可以要求购房合同全文翻译为英文及中文，如果可以拿到中国驻泰使馆对翻译文本的公证更佳，来确保自己的权益。

（3）租金回报的差距

许多泰国公寓广告动辄宣传 8% ～15% 的包租高收益，可能与实际差很多，泰国真实租金回报约在 3% 左右，同一区域内，距离轻轨越近的公寓售价越高，租金自然也就越高。出租部分需要刨除一年中一个月的租金付物业费，如物业代理长租则需抽取每年一个月的租金作为服务费，所以租金收入应该计算为每年 10 个月的房租。

（4）二手房的误解

中国人投资房地产是期待房产本身增值，但是泰国人本身并没有购买二手房的习惯，一方面泰国本地人可以自建房屋，有钱人都是住别墅，另一方面每年各地都有新楼盘，而且买房是0首付、贷款50年。因此，除了找自己同胞接盘，在泰国二手房大幅度升值可能会是个迷思。

（5）包租承诺问题

包租并非开发商所能承诺的，实际上扳手指算算，所谓包租返现的钱是投资人自己出的。如果打着包租名号与临近建案相比，每平方米议价幅度至少会超过保障租金的全部金额，也就是说投资人感觉得到的保障，其实只是开发商在真实的房价上加价后卖出，承诺包租3～5年，然后出租给租客，如果承诺的租金无法达到，就用投资人多付的钱部分补贴返还给投资人。

5. 我看中了曼谷一套公寓，我又不是泰国人，怎么分析地段？

泰国土地并非稀缺资源，但是市区交通拥塞，天气又炎热。因此，买房地点要以公共交通为选择主轴。

以赵女士看中的曼谷为例，绝大多数在曼谷居住的泰国人和外国人都前往Silom/Sathorn片区和Sukhumvit片区上班，因此买房首选建议是Sukhumvit线（Siam站至Thong Lo站，除去Nana站），这个范围集中了所有大型商圈，是有相当保值空间的。但通车不久的紫色轻轨线沿线，因为有大量已竣工公寓及开盘物业，物业存量过大就会难租难卖，因此都在降价求售。另外机场快线（Airport Link Railway）并非泰国当地人所喜欢，因此也不建议考虑。还有，中国人喜欢坐北朝南，而泰国人喜欢坐西向东，而且喜欢的格局与中国人差异非常大。因此如果在泰国买房的计划是出租，建议赵女士购买当地为泰国人设计的地产，而非在国内透过销售“专门为中国投资人设计”的房产格局。

建议赵女士投资曼谷的房产，选择BTS沿线车站300米内距离的物业最佳，不要相信什么接驳车等淡化距离概念的说辞。如果有人对这个距离提出质疑，他只要在泰国炎热天气下走路超过10分钟，就会知道为什么曼谷的房子一旦距离BTS站超过数百米，价钱就会掉好几个档次了。

6. 是否还有其他东南亚房地产适合投资？

我们的建议是可拿出10%～20%可投资资产，适当进行海外资产配置，但绝非卖掉国内资产换成几套东南亚房子等增值。下面对其他东南亚国家房产市场做个简单分析：

（1）新加坡

外国人买房贷款利率和新加坡本国居民一样，最多可贷七成，租金回报一般可以高于贷款利率。但外国人在新加坡不能购买土地，只能买私人公寓，且只能买一手房。另外要注意的是新加坡房产税种类很多，外国人购买新加坡自住房产税率是4%，其他类型的房产税率是10%。除此之外，在新加坡买房印花税有两种，一种是买家印花税（BSD），这是在新加坡购买任何房产都需要交的税种。房价的首\$18万元征收1%，次\$18万元征收2%，接下来的部分征收3%。因为大部分房价高于\$36万元，买家印花税就是房价的3%再减去\$5400元；第二种则是额外买家印花税（ABSD）。自2018年7月，因调控房价将买房额外印花税税率提高，无论购买的是第几套房产，统一征收20%的额外买家印花税。

（2）越南

越南也是目前国内投资人看中的市场，越南房地产法规2015年才开放外国人购买房产。2015年～2017年平均房价每年上涨10%～15%，房贷利率7%～13%，租金报酬率约6%。而越南盾兑美元汇率3年共约贬值

10% ~ 15%，因此，贷款买房有额外的利润空间。2018 年越南房地产平均涨幅接近 30%，胡志明市几个热点建案甚至有 50% 的惊人涨幅，租金微幅上涨，租金报酬率约 7%。同时，由于越南的制造业与旅游业不断发展，为其经济体量提供非常实际的支持，因此，越南胡志明市等地产是个不错的考量。投资者要考虑的是货币贬值可能造成房价获利的回吐，同时房价的蹿升不代表二手房市场兴旺，因此越南房产只能求稳健，还要注意的是越南也实施外汇管制，日后获利汇出的流程问题在购房前就需要先咨询清楚。

（3）马来西亚

马来西亚房产销售在国内已有一段时日，外国人能在马来西亚购买任何类型的房产，而“第二家园”计划可以帮助购房申请人获得 10 年期限的签证，到期后马来西亚政府保证永久续期。要注意的是在第二家园计划下，不足 50 岁的外国人储蓄户头或定期存款必须至少有 80 万元人民币，50 岁以上的外国人则至少须有 58 万元人民币，且须缴纳 15%额外印花税及 5% 以上的房产持有税。

（4）菲律宾

菲律宾的房产机会主要在马尼拉，规模较小但市场稳定，截至 2018 年底，马尼拉大都会区至少有 7300 套新房，其中 84%集中在马尼拉湾。从 2019 年 ~ 2021 年，马尼拉的房地产公司预计将完成约 8600 套新房，空置率现房在 12% ~ 13% 之间。相对投资稳定性较高，但无法立刻得到丰厚回报。

（5）缅甸和老挝

暂时不建议投资的地点是缅甸和老挝，缅甸的房产算起来性价比不高。一方面，缅甸房价已被炒高，而且也有对外国人土地持有股份上限的规定，缅甸规定外国人可购买 6 层及 6 层以上的楼宇中 40% 数量的房屋，但前提是该楼宇须建在政府所拥有的土地上，也就是说，私有土地上所建的房屋外国人是无法购买的。还有，向外国人出售的公寓楼的占地面积必须大于 20000 平方英尺（约 1858 平方米）。另外一方面，购买房产的税费不低，房价 3000 万缅元（约 16.5 万元人民币）以下需缴纳 15% 的税费，3000 万～1 亿缅元（约 55 万元人民币）之间需缴纳 20% 的税费，1 亿缅元以上的需缴纳 30% 的税费。至于老挝是内陆国家，经济体量不高，且地广人稀人口红利薄弱，部分区域还成为国内诈欺犯的境外栖息地。对于房地产市场来说，目前“抄底”后可能会有很长的时间等待才能获利。

如何选择房地产信托投资基金（REITs）

案例 1：

高总一直喜欢在房产方面的投资，自己家里也是有一些大城市的房子，更是一个拆二代。高总找到理财顾问师，提出想做一些和房地产相关的投资，但是随着国内房地产市场加强监管和一系列税务政策的出台，他认为直接购买商品房进行投资会有很大的风险，想咨询是否有其他方式可以实现这一目的。

有一种产品可以满足高总的愿望，即实现了投资于房地产相关的产品，同时又有很高的流动性，属于交易所挂牌交易的不动产资产证券化类产品，名字叫做房地产信托投资基金（REITs）。

1. 什么是房地产信托投资基金（REITs）？

房地产信托投资基金（REITs）是房地产证券化的重要方式。事实上房地产证券化就是把一些流动性较低的、非证券形态的房地产投资项目，直接转化为资本市场上的证券资产的金融化过程。简单来说，就是将持有的不动产项目的股权单位直接到证券交易所进行 IPO，然后每个股票单位就等同于这个不动产项目包中每个不动产股权单位，损益情况大致相同。

房地产证券化包括房地产项目融资证券化和房地产抵押贷款证券化两种基本形式。

（1）REITs 按照其设置模式可划分为公司型 REITs 和契约型 REITs

公司型 REITs 是享有独立法人资格的信托 / 基金公司向社会公开发行股票，投资者通过购买公司股份进行投资，由股东选举的董事会进行基金的投资管理，最后将投资所得收益以股息或者红利的形式分配给投资者。

契约型 REITs 由投资者、信托 / 基金管理公司和资产托管机构三方组成，投资者与信托 / 基金管理公司通过契约的方式设立信托关系，信托 / 基金管理公司按照契约将受益凭证发放给投资者，并受托负责资金的日常运营，资产托管机构则接受委托保管信托资产，成为名义上的资产所有人。

（2）REITs 根据基金募集方式的不同，可以分为公募型和私募型

私募型 REITs 以非公开方式向特定投资者募集资金，募集对象是特定的，且不允许公开宣传，一般不上市交易。公募型 REITs 以公开发行的方式向社会公众投资者募集信托资金，发行时需要经过监管机构严格的审批，可以进行大量宣传。私募型 REITs 与公募型 REITs 的主要区别在于：第一，投资对象方面，私募型基金一般面向资金规模较大的特定客户，而公募型基金则不定；第二，投资管理参与程度方面，私募型基金的投资者对于投资决策的影响力较大，而公募型基金的投资者则没有这种影响力；第三，在法律监管方面，私募型基金受到法律以及规范的限制相对较少，

而公募型基金受到法律限制和监管通常较多。

（3）根据投资形式的不同，REITs 通常可被分三类：权益型、抵押型与混合型

权益型 REITs 投资于房地产并拥有所有权，权益型 REITs 越来越多的开始从事房地产经营活动，如租赁和客户服务等，但是 REITs 与传统房地产公司的主要区别在于，REITs 主要目的是作为投资组合的一部分对房地产进行运营，而不是开发后进行转售。

抵押型 REITs 是投资房地产抵押贷款或房地产抵押支持证券，其收益主要来源是房地产贷款的利息。

混合型 REITs 顾名思义是介于权益型与抵押型 REITs 之间的，其自身拥有部分物业产权的同时也在从事抵押贷款的服务。市场上流通的 REITs 中绝大多数为权益型，而另外两种类型的 REITs 所占比例不到 10%，并且权益型 REITs 能够提供更好的长期投资回报与更大的流动性，市场价格也更具有稳定性。

2. 为什么要选择 REITs，目前市场上都有哪些地方可以做 REITs？

（1）全球各地的 REITs 各有特点，但是 REITs 的优点一般如下

- 高分红：不低于 90% 的净收益用于派发股东红利；
- 享受税收优待：公司型 REITs 免交公司所得税和资本利得税，分红后利润按适用税率交纳所得税；
- 流动性好：在股票交易所进行交易，随时买卖；
- 分散风险：与其他投资相关性低，可以作为投资组合成分；
- 长期收益高于其他资产类别：过去 20 年间（1997 年 5 月 ~ 2017

年5月），美国大类资产（股、债、大宗商品）的年化总回报中，FTSE NAREIT权益类REITs指数排名第一，达到12.01%；

• 与其他资产相关性低：2009年~2016年期间，REITs与全球股市、债市、黄金、原油相关性为0.71、–0.09、0.15、0.2。

（2）新加坡REITs（多以资管计划、信托计划为载体）的优点

• 市场完善，制度规范，有大量熟悉并认可REITs的投资者；

• REITs的层面不需纳税，即派发股息给REITs单位持有人的时候不征收所得税；房地产转移到REITs里免征3%印花税；非居民机构单位持有人享有新加坡预扣税（Withholding Tax）减免（从20%降至10%）；

• 对于上市的REITs资产，新加坡不强制要求过去三年财务数据，提供Pro Forma数据即可；

• 对于上市的REITs资产，新加坡不强制要求产权转移完成，提供未来可以完成转移的证明亦可，比如预售证明；

• REITs将至少90%的应税收入派发给单位持有人；

• 境外外币融资，一举多得，既可规避人民币汇率贬值风险，亦可部分资产用于海外投资；

• 新加坡银行体系熟悉REITs，上市REITs可以获取国际银团的贷款，利率低于国内，可以降低整体资本成本（国内不仅仅是利率高，关键是对房地产融资有较高的政策门槛）；

• 部分资产配置在国外，公司与国际接轨，提高治理水平。

（3）美国REITs的（多为公司制）优点

• 股本金低，持股灵活。通常合股性质的公司或企业会要求的最低投资额不低于15000美元，但是对于REITS来说只需要每股10美元~25美元，投资者可以通过这种方式分享到美国宏观经济增长带来的收益；

• REITs 收益率较高。股利支付较高，由于 REITs 必须把 90% 的应税收入作为股利分配，因此股东们能够稳定地获得即期收入；

• REITs 收益稳定。REITs 的收入主要以相对稳定的租金收入为主，因此股利较为稳定，波动性小，相对固定收益证券类，其有对抗通货膨胀的保值功能；

• 税收优惠。其一，REITs 具有避免双重征税的特征；其二在支付股利时具有递延纳税功能，这也是许多投资者选择 REITs 股票投资的主要原因之一；

• 具有较高的流动性。与房地产证券化的其他方式相比，REITs 在产权、资本经营上更具有优势，由于可以在证券市场上公开交易，所以流动性仅次于现金；

• 投资风险低。REITs 对房地产进行专业化的管理和进行更为分散的投资范围选择。

3.REITs 在国内的发展现状?

我国的 REITs 和国际意义上的 REITs 还有所不同。在国内第一个比较接近国际标准的房地产投资信托产品是上海国际信托投资公司在 2002 年推出的新上海国际大厦项目资金信托，在短短 10 天内 2.3 亿元额度全部售出，市场反应很强烈。但是，市场上的房地产信托产品大部分集中在市政建设项目、危改小区项目等基础建设项目上，纯房地产项目的信托产品则是少之又少。

在 2004 年国内 31 家信托公司共发行大约 83 个与房地产信托概念相关的产品，总募集规模约 122 亿元。由于我国金融体系尚待完善，资本市场发育的还不是很健全，同时相应的配套法律法规正在建立，这就使得我国的房地产信托产品与REITs在形式上存在着差异，主要表现为运营模式较单一、规模较小、利率缺少弹性、期限较短、流动性较差。

（1）国内地产行业的融资有些过度依赖银行贷款

据中国人民银行统计结果来看，自1997年以来，房地产开发资金来源中银行贷款的比重高超55%。虽然房地产开发资金的主要来源为房屋销售“定金和预收款”、开发企业自筹资金以及银行贷款，占比分别为43%、30%和18%。但实际上，如果考虑房地产自筹资金主要来源于房屋销售收入的情况，按首付30%计算，自筹资金中有70%来自购房者的银行按揭贷款；此外，“定金和预收款”中也有30%的资金来自银行贷款。

（2）在国内REITs具有较大的需求市场

虽然国内出台了一系列限制各商业银行发放用于购买房地产的贷款数量的措施，目的是为了控制逐步变大的房地产贷款风险。但是，根据购房资金来源来看，如果只是一味的“节流”而不想办法“开源”的话，房地产市场就无法实现持续健康的发展。简而言之，无论是本着维护经济稳定的国家层面来看，还是从解决地产行业资金来源的企业角度来看，REITs在中国具有巨大的市场需求。

（3）国内REITs相关立法还不完善

目前国内虽然有《中华人民共和国信托法》《信托公司管理办法》《信托公司集合资金信托计划管理办法》和《信托公司净资本管理办法》，但是从严格意义上来讲，这些都只是房地产信托的基础法规，还没有一个真正意义的房地产投资信托基金法出现，来对基金的资产结构、资产运用、收入来源、利润分配和税收政策等事项作出严格的界定和明确的限制。

案例 2：

高总对 S-REITs（新加坡房地产信托）比较感兴趣，希望了解是不是所有的企业都可以发行 S-REITs，另外构筑的组织架构是否有相关法律法规的支持？

由《集合投资计划守则》可知，S-REITs 投资时在投资范围和借贷杠杆比例上有一定的限制，此外，为了能够享受到税收优惠政策，S-REITs 还需要将营业收入的 90% 分配给投资者。

S-REITs 主要投资于能够产生稳定租金收益的不动产，根据不同类型的用途，基础资产包括酒店、写字楼、购物中心等多种行业形态；同时，基于 S-REITs 需遵守开发限制原则，基础资产通常为已完工并进入成熟营运的不动产。除此之外，基础资产的选取还要考虑物业权属的完整性及其负担情况、物业的经营情况、宏观和微观环境的影响、物业的现金流这几个因素。

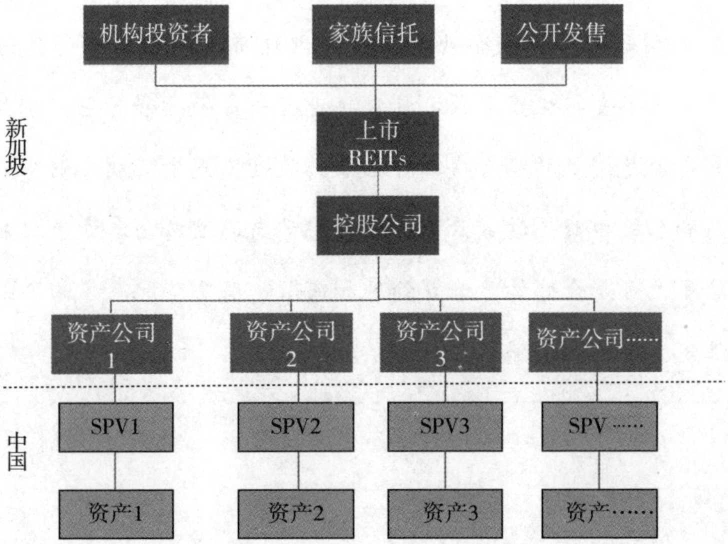

S-REITs是通过在境外设立的信托主体上市，于是S-REITs需通过收购将国内物业运营的实体纳入到合并报表中，从而完成境内物业运营实体的间接上市（红筹）。根据普通的红筹架构搭建来看，境外上市主体实现对境内运营实体的并表有两种基本方式：协议控制和股权控制。协议控制也就是我们常说的VIE模式，主要应用于中国法律、法规对外资有限制的行业，例如互联网、教育行业等。另外，根据《外商投资准入特别管理措施（负面清单）（2018年版）》，除电影院的建设、经营要求中方控股外，房地产行业不在负面清单涵盖的范围内。基于此，S-REITs可以通过直接持股的方式实现对境内物业运营实体的并表。在S-REITs实现对境内物业运营实体的收购过程中，需要注意的问题有关联并购、外汇登记、重组的税负成本及并购资金来源。

如何做好全球资产配置

案例：

王先生是一位跨国企业家，在国内外都有企业且经营良好，企业的盈利除了支持生产运营之外每年都有一定的结余资金，在多数时候这些资金是闲置的或者存银行活期，最近王先生听朋友说在全球经济动荡和人民币贬值的背景下，现在要考虑通过做全球资产配置来对抗风险了，可是全球资产配置到底如何做？有哪些配置方向可以选择呢？王先生对此表示茫然。

1. 什么是全球资产配置？

全球资产配置追求的是控制风险下的稳健回报，投资者需要考虑的主要因素是流动性、风险和回报。最古老的配置是在股票多头和债券多头中分配。随着海外成熟市场的发展，现在可以配置的范围大大增加，投资者可以在股票多头、债券多头、房地产、对冲基金、大宗商品、私募信贷、私募股权等多个资产类别中进行配置。

当前的经济和市场环境，简单来说就是一个成长周期的尾端。最近的宏观数据已经显示，欧元区和日本可能已经在衰退的边缘。而全球资产价格处于高位，中美贸易战起起伏伏，以及各种地缘政治冲突，都增加了投资的风险。在这种情况下，我们全球资产配置的方向是稳字当先。在非常不确定的市场中寻找相对确定的投资机会，并加强投资的防御性。

因此，我们的建议配置是根据每个投资人自己的需求，在以下三类产品中配置：私募信贷、长周期全天候投资、新经济导向的股权投资。

2. 什么是私募信贷？

传统信贷就是借钱给一个机构，然后根据合约，未来连本带息收回来，获得本金和回报。公募就是在二级市场可以交易的信贷，一般叫做债券；私募就是不在二级市场交易，是一对一做的信贷，比如一个基金贷给一个机构。而广义来说，今天投资者投出一笔资金，未来根据合约连本带利收回来的投资方法，大致都可以归为信贷投资。私募信贷的方法是很灵活的。

3. 私募信贷不能交易，那为什么要投资私募信贷，而不去投资二级市场债券？

正因为私募信贷不方便交易，缺少流动性，所以在相同风险下，回报超过二级市场债券。这就好比定期存款利率高过活期存款利率。另一方面，有很多信贷投资并不适合一个统一的标准，难以进入二级市场交易，只有通过私募信贷的方式才能参与，而这些投资，在一定的市场环境下可以提供更好的风险回报比。因此，私募信贷特别适合对流动性要求不那么高的投资者。事实上，从过去20年的数据来看，私募信贷的投资是攻防结合得最好的一类投资，在市场环境不好的情况下，防守获利效果最好。长期来说，这种投资应该成为全球资产配置中一个打底的稳健产品。

4. 什么叫长周期全天候投资?

长周期投资指的是投资期通常数年完成，也就是资金分批在几年中投出去，而回报也是分批在几年中回来。最典型的是私募股权投资（PE）。其他像私募债、私募房地产都可以是长周期投资。而全天候指的是和宏观经济关联比较小，也就是可以穿越不同的经济周期依然取得较好回报。这一类投资因为周期较长，对投资管理人的尽职调查要求就更严格。最好是和那些经过不同经济和市场周期考验，持续稳健能取得好的投资结果的团队合作。千万不要随便相信不规范的公司所谓保证多少回报的承诺，一旦出问题，这些公司都不存在了，所有保证都没有意义。

5. 新经济投资为什么是热点?

股权投资包括一级市场和二级市场，目的都是追求公司高速利润增长，从而带动公司价值较大提升。而新经济代表的是当今世界经济的热点和未来经济的重点，发展前景很大。拿美国股市来说，传统上都是金融、传统制造业等主导，但现在已经是由高科技、医疗这些新经济的行业执牛耳。一方面是旺盛的需求，另一方面是新科技带来的产业革命促进了这些新经济行业的高速发展。所以，它们成为投资热点。

6. 既然现在的经济和市场环境不好，即便是新经济行业是不是也不是好的投资时间点？

有的行业和整体宏观经济关联度较高，而有的行业则关联度较低。比如医疗健康行业，其涨跌和整体市场关联度就比较小。毕竟，市场不好的时候，该生病还得生病，甚至心情郁闷的时候，更容易生病，这个需求是刚性的。医疗行业的风险尤其自己的特性，也是属于高风险投资，需要很好地管理。但是，不需要过多担心整体经济和市场的状态。

7. 能不能具体讲讲医疗健康行业的投资前景？

医疗健康方面的需求增加是远远超过经济成长和居民收入成长的，随着全球老龄化的加速，这个趋势只会更加明显。另一方面，大家对医疗健康的需求正在经历一个从量到质的变化，需要更好、更舒适、更有效的医疗。而这个需求，正随着科技在医疗中的应用逐步广泛而得到满足。比如过去我们做手术，医生打麻药是根据公式计算的，可能会出现打多了或者打少了的现象。打少了，醒来以后就一直疼痛；打多了，该醒的时候还晕晕乎乎。而今后可以数字化人的疼痛指数，从而准确地使用麻药剂量，做到不多不少，恰到好处。这就是医疗质量提高的案例。当然，新的治疗方法，例如基因疗法、免疫疗法，对攻克很多疑难病症起到过去难以想象的效果。这些新技术大大推进了医疗的效果和质量，所以，这个领域的投资机会非常多，潜力巨大。

8. 我们怎么去参与这样的医疗健康投资机会呢?

医疗行业是专业性非常高的行业，正如港交所总裁李小加先生说过的那样，如果一个人都看不懂一个制药公司招股书里面对药物的专业介绍，那就不该参与这个投资。因此，做好医疗投资，需要非常专业的投资研究，尤其是对行业专业细节的把握能力高低，直接决定投资效果的好坏。我们建议，要通过专业能力强的投资机构来参与医疗健康行业的投资。

9. 最近美联储降息了，后面可能还有更多的降息动作，全球都会跟进降息，是不是对市场有一个刺激作用，从而导致市场持续上升呢?

降息给市场提供了更好的流动性，从这个角度讲，是技术上的利多。但是，我们不要忘了为什么要降息。通常，美联储或者别的央行降息，是因为看到了经济中的风险。回想一下 2007 年，美联储开启了降息，标普 500 指数受此刺激在接下来的两周大涨 6%。再后来，美联储连续降息 10 次，而我们都知道市场发生了什么。标普 500 在接下来的一年下跌超过 50%。所以说，降息不是万能的灵丹妙药。

10. 我的银行客户经理告诉我，他们有很棒的结构性产品，我是不是该投资那样的产品?

结构性产品通常都隐含衍生品，甚至比较复杂的衍生品。我们建议，投资任何产品前，一定要充分明白这个投资到底是什么。衍生品是不容易理解的，其内涵的风险，往往被忽略。例如 2008 年爆雷的累计期权（Accumulator），很多客户买的时候也觉得不太可能出问题，但也没有弄明白一旦出问题会怎样。结果，很多投资者甚至包括专业投资机构的损失惨重。所以，我们建议投资者在购买任何投资产品前，都要搞清楚到底买的是什么，要询问有没有隐含衍生品，如果有，风险是怎样的。

11. 银行有时候会推荐有银行担保的债给我，是不是就没有违约风险了？

当然不是，也许风险小一点，但绝不是没有违约风险。2008 年李曼兄弟公司倒闭时，一大批买了雷曼兄弟公司担保的债券的投资者损失惨重，其中很多还是风险承担能力很低的老人用退休金买的。因为银行销售人员没有尽到风险披露责任，法庭判罚银行承担部分责任，进行了部分赔偿。所以，没有免费的午餐，不要迷信所谓担保，一定要明白投资的风险。

投资不是赌博，确定性越高，投资效果越好；越理解投资性质，风险管理效果越好。走稳健投资的路，避免踩雷入坑，让时间做自己的朋友，才能取得优异的长期投资效果。

从 2019 年下半年看未来如何考虑外币资金的配置

案例：

还是以前面篇中做进出口贸易的林总为例，多年来其家族企业的外币现金资产都在香港银行账户上，自从 2018 年以来，林总发现其部分港币资产价值在大幅度波动，从朋友那里又听说港币自 2019 年面临下跌的可能，之前港币跟着美元走，跟得很紧，但听说有脱离与美元挂钩的趋势，想问一下有没有这个可能性。

1. 港币与美元有脱钩的可能性吗?

首先在联系汇率制度下，汇率的稳定主要由自动利率调节机制实现。香港金管局通过自动利率调节机制及履行兑换保证的坚决承诺来维持港元汇率的稳定，若市场对港元的需求大于供给，令市场汇率转强至 7.75 港元兑 1 美元左右时，香港金管局会向银行卖出港元，买入美元，使总结余增加及港元利率下跌，从而令港元保证汇率水平回复至 7.75 ~ 7.85 的兑换范围内；相反，若港元供过于求，令市场汇率转弱至 7.85 港元兑 1 美元时，香港金管局会向银行买入港元，使总结余减少，进而推高港元利率，港元汇率随之回复至兑换范围内。另外，需要注意的是在 2019 年 3 月，香港金管局已经连续 5 次入市买入港元，维护联系汇率机制。

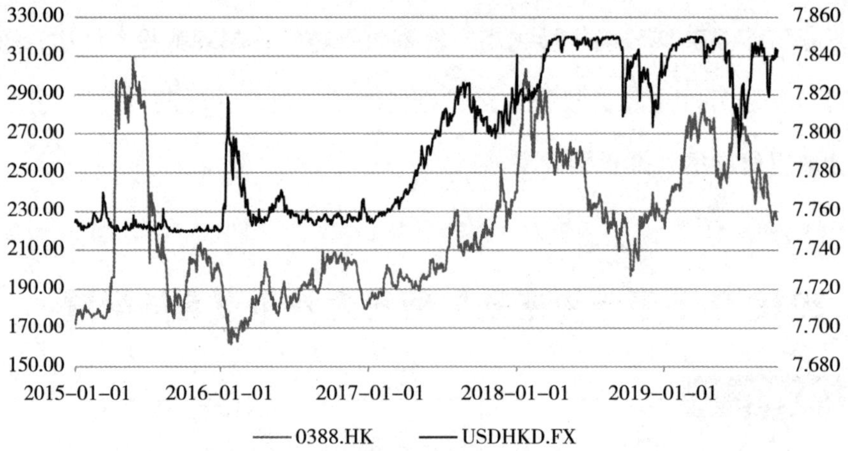

自 2015 年以来香港交易所与港币走势图

数据来源：Win.d，恒天家族办公室

我们认为港币与美元脱钩的呼声在上升，但短期内发生脱钩的概率非常小。金融市场是一个反应其中各种不同身份参与者对于市场预期的集中体现场所。不同派别、立场的参与者将其对经济情况、社会情况的种种解读与预期都通过交易所的交易行为表现出来。多年前一个香港投行界的前辈告诉笔者，香港交易所（股票代码：0388.HK）是一个非常好的反映与预测香港股市整体涨跌情况的先行指标，即上图的灰色曲线部分，港交所的涨跌基本上也代表了资本市场对于香港股票市场情绪涨跌。上图黑色曲线部分是港币兑美金的价格曲线。

从上图中，我们观察到黑色的港币曲线，自 2019 年以来多次逼近 7.85 水平，逼近香港金管局的弱方承诺水平区域。通过简单的相关性分析，我们发现香港交易所（灰色曲线）和港币的价格（黑色曲线）在过去 3 年的时候是强度正向相关，在过去一年的时间段内转为轻微负向相关（这个时间和美国与中国开始发起贸易冲突的时间基本吻合），在过去 3 个月时间段内，这两条曲线的相关性达到了强度负向相关。换句话说，港币自从 2018 年初以来这波贬值与升值波动，主要由于中国与美国之间贸易冲突的升级与缓和、对香港近期的暴乱事件引发的对香港经济与社会发展的悲观预期、人民币“破 7”等诸多因素的叠加，这些因素确实影响了市场上投资者对于港元、港股的看法。2019 年 2 季度市场上主体参与者抛售港币资产加上港币的贬值，股票市场整体上走弱，但是我们注意到 2019 年 3 季度以来港币贬值幅度缩小且窄幅震荡，也就是前面提到的强度负向相关。这反映出香港金管局维护港币稳定的决心与对应操作。当然，如果未来美国取消给予香港的一些优惠待遇，甚至将香港列为不受欢迎交易对手方的话（就如同当年欧洲国家联合制裁俄罗斯一样，不和俄罗斯的金融机构发生任何交割业务），港币与美元的挂钩确实就失去实际意义了。

但是，这种改变对于香港金融体系来说将是非常重大、非常本质的改变了。因为香港的金融资产，比如股票都是以港元作为计价单位的，如果港币和美元脱钩转向和人民币挂钩的话，那就变成在香港上市交易的股票、债券等有价证券其本质上就都是人民币属性资产了。即使内地仍然保持资本项目下的非自由汇兑制度，但是其人民币的定价权也会因为转而和人民币挂钩的港币资产而暴露在外了。从这一点上看，相信无论是香港金管局还是国家外汇管理中心都没有做好准备。所以这种本质上的改变需要诸多方面考虑与配合，在未来的3～5年内，港币与人民币挂钩的概率基本上很小，港币应该还是大概率保持与美元挂钩的情况。反而未来有可能会看到人民币在香港的广泛被接受与使用，对于金融市场的影响会更加小一些。

综上所述，林总短期内没必要过分担心港币与美元脱钩，港币价格会在一定范围内继续与美元挂钩且波动。

2.如果把港币换成美元或者英镑、欧元，兑换成哪种货币比较好呢？

将港币兑换成美元或者英镑的真实诉求是什么呢？如果确实未来有在美国投资、置业，则可以兑换美元；如果未来确实计划要在英国投资、置业，则也可以考虑部分货币兑换成英镑。但是，如果只是为了规避潜在贬值风险，从财富保值、增值角度挑选一种避险资产或者是储备型货币的话，在美元、英镑、黄金、日元等“硬通货”中，我们建议考虑海外上市的黄金ETF及日元等资产。

（1）短时间内谨慎考虑英镑及对应资产

市场预期2019年10月底英国就要进行“脱欧”实质性操作。英国的新首相鲍里斯·约翰逊多次表示不管是有协议还是无协议他都会强行推进“脱欧”进程，10月初他又向欧盟递交延迟“脱欧”的申请。因此，不管是有协议脱欧还是无协议脱欧，短期内英镑存在巨大的不确定性。一方面，我们观察到英镑兑美元已经接近了自1985年以来的底部区域，但是不排除由于未来几个月不确定性造成英镑短期继续下滑的可能；另外一方面，英国经济增速仍低于趋势水平，英镑并不具备上行内生动力。从下图可以看出，近几个月英国 GDP 增长持续下滑，2019 年 5 月的年化 GDP 增长只有 0.3%。从资产保值角度看，不建议林总考虑将港币大量兑换英镑资产。

目前市场是极度地低估了英镑及英国房产的价值。如果从投资配置角度看，林总可以少比例的配置一下英镑或者其对应的有深度打折后的英国核心商业地段、重点学区概念的房产、公寓等资产。

英国GDP增长率（2017年第3季度到2019年3–5月）

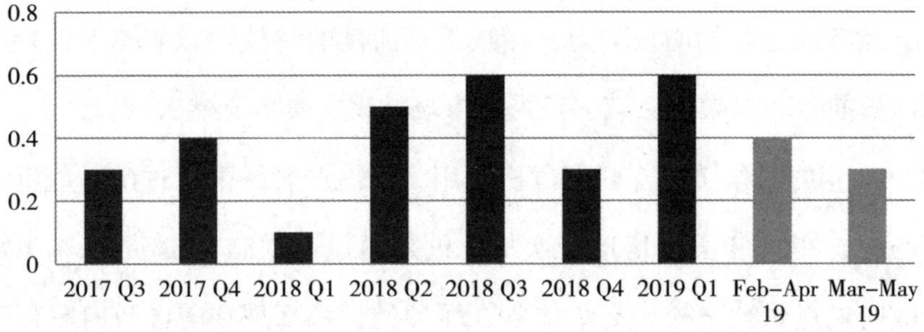

（2）欧洲政治经济不确定性持续存在

欧洲经济的火车头德国的消费者信心指数和商业信心指数从 2018 年高点以来一直在下跌，给欧元区整体经济情况带来很大的阴霾，这也可以解释为什么德国总理默克尔在她最后任期阶段多次来到中国谋求更多的贸易合作机会。2019 年 9 月初，欧洲央行及时的反馈了市场对欧洲央行降息的预期。欧洲的制造业复苏与提升需要一些时间去证明，在整体通货膨胀率低于 2% 的情况下（德国目前通货膨胀率在 1.2%，法国通货膨胀率在 0.9%），欧元的相对贬值有利于欧元区对外出口的修复，欧元兑美元可能会维持相对较低水平。未来，不排除美元主动贬值而造成欧元汇率上升的可能，因此，不建议林总未来几年将欧元作为其家族常规储备资产货币。

（3）在期看美元也有下跌的需求

表面上看美国各个方面经济指标都不错，失业率水平表面上看是50年来最低，但是美联储却在前不久做出了降息的决策。短期未来几个月内，美元应该不会有太大的风险，但是从长期看，特别是未来12个月左右时间上看，美国或者美元都将会迎来一次比较重大的风险释放的可能。

既然经济数据这么好，为什么政府债务上限要被迫不断放大？既然经济很健康，为什么美国金融市场上在2018年中后期时大家还在激烈争论2019年将会加息至少两次的声音尚未消失的情况下，美联储于2019年8月1日马上宣布降息25个基点？美国的问题是，在未来几年的时间周期上看，经济缺乏新的增长动力，在缺乏革命性的科技创新前提下，看不到未来增长前景。未来这一点一旦形成市场共识，美股必然大跌。

2000年的时候美国互联网危机是用了房地产刺激来渡过市场危机、恢复信心的，2008年美国房地产次贷危机是通过美联储FED货币“放水”，美国政府通过量化宽松、高举债务来缓冲的，那么现在美国政府联邦债务是22万亿美元，接近百年来债务最高值，达到了GDP的106%。美国财经网站分析师约翰·鲁比诺前一段时间公开表示，企业债务将会成为这一轮美国周期最危险的泡沫，其所占GDP比例重回2008年金融危机时的水平，并高于20世纪80年代、90年代以及2001年经济衰退时的水平。企业债中最危险的BBB级债券（投资级债券中评级最低的债券），其规模自2000年后房地产泡沫破灭后便一路走高，从7500亿美元增加到目前的2.25万亿美元，近20年增长了3倍。美联储2019年5月上旬公布的半年度金融稳定报告中表示，2018年初到今年，企业债务负担处于历史高位，非金融上市公司的债务与资产比率接近20年来的最高水平，而负债最多的公司获得的新增贷款份额接近2014年达到历史新高。同时，美联储也指出，企业债务的快速增长值得关注，如果经济疲软，它可能会让弱小公司承受压力。美联储理事布雷纳德表示，虽然美联储认为金融系统整体健康，但企业债务水平仍然突出。举例来说，3 年前还拥有 AAA 债券评级水平的美国通用电气（GE）公司，其债券评级在近 1 年时间左右陆续被下调至 BBB+，仅比垃圾级高出 3 级。Refinitiv 数据显示，通用电气（GE）未偿交易债务规模已经达到 1220 亿美元，为全球公司之最。

解决美国联邦政府及私人公司庞大债务负担的简单而有效途径就是美元贬值，只有美元贬值才能减轻政府到私人公司的庞大债务负担。因此，美元不建议作为林总未来几年周期内常规的储备资产货币，一定要保留美元资产的情况下，建议林总尽量投资配置不同风格的美元投资基金，而且这种基金的对应策略在遇到经济危机情况时还能带来对应的良好收益。

（4）为了规避潜在贬值风险与未来的经济危机，建议考虑海外上市的黄金 ETF 及兑换日元进行储备

一旦发生新的经济危机，从安全资产角度看，建议配置部分黄金 ETF 资产。以美元计价的黄金将会得益于美元的贬值而升值，外来潜在的经济动荡也会刺激各个金融机构争先配置黄金等保值功能强的资产。

从储备、保值型货币的角度看，林总可以考虑兑换成大量的日元。2019 年至今，日本 GDP 增长已经连续几个月给市场带来惊喜，非常亮眼。从 2018 年以来，日本的 CPI 一直保持一个缓慢增长的态势，让大家摆脱了对日本长达 20 ~ 30 年的通缩认知。在目前的发达经济体里面，日本相对更加健康。未来中美贸易摩擦一旦升级，由于特殊的地理位置，日本很有可能两边受益。而且，多年以来国际金融市场上存在着借便宜的日元（零利息的日元）去炒作美国资产、美国股票获取高额收益的典型现象（金融市场称这种行为叫做 CARRY TRADE），未来一旦美股下跌，这些金融机构都有进行反向操作的可能与必然，即平掉美股资产兑换成日元归还日元

借贷给银行。这种反向操作也会助推日元的升值。

（注：由于外币相关问题和时事结合紧密，作者仅就 2019 年市场情况做出分析，因而本文具有比较明显的时效性，建议读者在阅读时参考文中的分析逻辑，以利于对外汇市场的分析，希望对广大读者的投资选择有所帮助。）

如何用 SPAC 直接造壳上市

案例：

张董为国内企业家，原本计划在香港买上市壳，将国内公司在香港上市，最近听说在美国可以直接用 SPAC 上市，请问这应该如何操作？

随着赴香港买壳上市的热潮逐渐消退后，近几年如新风天域（NFC.N）等国内企业都陆续采取 SPAC 方式在美国上市，而 2019 年第一家互联网金融的中概股也成功上市，更引起许多人关注，询问如何寻求这种资本市场的登入捷径。

1. 什么是 SPAC？

特殊目的并购公司（Special Purpose Acquisition Companies，简称 SPAC）其实就是借壳上市 / 反向收购的创新融资，特色是不需要花钱买一个已经上市的壳，而是自己造壳。简单来说，就是首先在美国设立一个只有现金、没有业务的壳公司，即 SPAC 公司，其成立唯一目的是寻找目标公司与其并购，为其实现上市目的并实现盈利。

这种SPAC壳公司本质上是个只有现金，没有其他任何资产的“现金壳”，所以SPAC上市又被称作现金上市，手头没有运营资产，上市后再去筛选资产，然后透过股票对价、现金对价等模式装入资产。而被SPAC收购的公司，实际上就等于变相上市了。

相较于传统模式，SPAC收购上市有成本低、耗时少的优点。一般IPO上市至少要准备一年，SPAC并购上市顺利的话大约4~6个月就可以搞定。同时SPAC整个上市过程中，不存在融资费、借壳费，也无需支付IPO的承销费及挂牌上市的费用。

这就会产生一个疑问：如此不是绕开监管直接上市吗？美国怎么会允许呢？

事实上，SPAC也是并购基金的一种，但与一般的并购基金相比，SPAC属于公募型的并购基金，因此赋有的募资能力较强。也因为SPAC股份属于证券化，因此SPAC的投资者退出更为简单，只需在二级市场上减持股票即可。而在美股监管规则下，SPAC被认定为是“Pubilc Shell”（公众壳公司），因此也受到专门针对壳公司的监管规定。

2.SPAC的关键角色及上市流程？

我们先来看看怎么造壳上市。SPAC在上市过程中主要有两大关键角色：一是发起人，二是公众投资者。简单陈述如下：纽交所对于SPAC上市采取“一事一议”原则。在SPAC成功与否，发起人的背景至关重要。发起人通常是由投资领域资深人士或商界精英（管理团队）组成一个发起人团队，其通常包括投行券商、律所等专业机构，实力强大的专业团队是SPAC成功的必要条件，而发起人之所以愿意承接，自然与相对可获取高额回报有关。一旦接受发起人的创始人股份条件，就可以一同通过股票市场获利，同时得到融资。在发起人的协助下，管理层成立 SPAC 公司之后，开始制作申请发行相关文件、与 SEC 进行预备会议、提交 SEC 注册登记申请书并依照意见信复核通过，最后经 NASQ 复核后，就可准备向投资者的路演。

SPAC 在纳斯达克或纽交所中挂牌交易 IPO 时，管理层一般以 10 美元的价格作为一个投资单元，这个投资单元一般包含一股的股票和不等量的权证。管理层则要在 IPO 之后的 24 个月之内寻找到收购标的，确定并购方案。

在整个并购流程完成前，所募资金不是企业立刻就可以拿来用，而是需要将 90% 以上的资金放在托管账户中。当资产与并购方案确定时，由股东投票来批准是否收购这家公司。如不幸 24 个月之内管理层没能找到合适的收购标的，则 SPAC 就可能面临清算，把托管账户的钱加上利息全部归还给投资者。

发起人团队既然作为 SPAC 成功上市的关键要素，其风险压力与高额报酬自然成正比：发起人团队通常支付 2.5 万元美元左右获得 18% ~ 20% 的优先股，然后按照交易所规定和流程操作 SPAC 上市募资。

那么我们可以计算一下成功后发起人的获利，假设募资 2 亿美金，10 美元 / 单元，总发行 2500 万个单元，20% 的股份就是 500 万个单元，发起人团队每股的成本只有 0.005 美元，在上市的时点，发起人就已经赚了 2000 倍，等到资产收购阶段，发起人可说是最大赢家。但是如果失败了，发起人损失就不止是 2.5 万美元，其信誉和名声也将大打折扣。

由于 SPAC 在设立完成后，管理团队需要在 24 个月之内寻找标的并完成并购，否则就面临清算，在此期间 SPAC 的股价会随着并购所剩余时间而变化。

这就有一个很微妙的规定，SPAC上市不能携带项目进行，也就是说SPAC上市时必须是没有任何并购目标项目。SPAC公司必须通过筛选项目，尽职调查出具几个项目的并购说明书，一同经过股东路演，股东投票决定最终的合并是否完成。

另外一方面，投资SPAC有着“下降空间有限，上涨空间无限”的期权特性。SPAC初期股价是波动极小，但当SPAC收购信息开始出现，如投资资产优质，等于把手里的现金换成了一家便宜的好企业，股价有机会在短时间内呈现大幅上涨；但如想收购一家很烂的公司，股东还可以投票拒绝，就算24个月内无法完成并购而需清盘时，SPAC也需要从信托托管账户中将资金还给投资人，因此从风险收益比看，对投资人有很大的吸引力。并购完成后，SPAC公司就可以更名，并且转板，在交易所主板上市进行二次融资。

纽交所对SPAC公司上市门槛取消了历史经营期限、营业收入、净利润、现金流等指标，仅设置股东户数、市值与股价的量化指标，符合SPAC的实际条件。要求设置资金托管、大部分股东支持、异议股东现金选权、并购失败清算等机制，切实保护投资者权益。SPAC需将超过90%的IPO募资都存放在第三方托管账户中，除非公司已完成交易金额相当于募资额80%的并购交易，并购交易必须获得大部分公众股东投票支持，反对并购交易的公众股东可将股份转换为现金，并赎回现金（扣除税费及公司管理费用）。

3. 从上市企业角度来看，SPAC上市有什么优势？

SPAC的基本逻辑就是：发起人承诺用首次公开募股（IPO）筹集的资金收购一家有着高成长发展前景的非上市公司，与其合并，使其获得融资并上市。发起人将这个“空壳公司”在纳斯达克或纽交所上市，并以投资单元的形式发行普通股与认股期权组合给市场投资者，从而募集资金。

因此想快点上市的企业，基本上是看 SPAC 的三个基本优点：①无需明确商业计划也可实现 IPO 与上市；②投资者门槛低，没有合格投资者资格限制；③ IPO 在并购之前实现，退出模式相较一般并购基金更简单。

那为何不采取传统方法募资呢？下面简单将 SPAC 与其他几种募资方式做个简单比较：

（1）无借壳上市风险

借壳上市要付出一定比例的借壳费用，SPAC 不需要；借壳上市需留下 10% ~25% 的“干股”给壳股东，SPAC 则需投资 3000 万 ~2 亿美元不等的现金换取股权；借壳上市的公司可能面临壳公司原来负债、法律诉讼等问题，而 SPAC 公司没有实际业务，完全没有风险；美国借壳上市多在 OTC 板块操作，难以登陆美国主板，SPAC 可直接在纽交所或纳斯达克上市。

（2）比 IPO 时间快

周期短。没有需要披露的历史财务业绩或需要描述的资产，业务风险因素非常小，综合成本较低。SPAC 不需要支付券商费或买壳费用，所产生的支出主要用于公司合并程序中所涉及的相关服务费用，而且 SPAC 事先募集金额，融资金额确定，目标企业估值定价、增发价都是事先确定，并购双方同意即可，最重要的是 SPAC 能绕过美国证监会对于 IPO 的硬性规定，更适合国内中型企业。且上市时间具有确定性。首先，通过 SPAC 项目在美国主板上市，多数企业只需 6 个月，这有赖于美国上市标准的注册制、透明度；其次，因 SPAC 壳公司是新设立的公司，手续相对简单；第三是因为壳公司的账本上只有现金，没有实体经营，不会有附带债务危险等。而且，审计做尽职调查时，相对更简单，时间更紧凑。

（3）无过高的认购门槛

SPAC 的投资者是公众投资人，即使不符合合格投资人的标准也可以购买 SPAC 的股票，成为 SPAC 的股东。并购基金的退出方式一般是并购、清算或 IPO。而 SPAC 则相对容易很多，股东直接通过股票减持来实现退出。

（4）高度流动性优势

一般而言，投入私募股权基金的资本通常被锁定 7～9 年。私募股权基金向私人公司投资资本，但不保证通过出售或首次公开募股其证券的最终流动性。由于退出时间距离 4～5 年，私募股权基金面临巨大的市场流动性风险，它们也会在较长时间内面临货币贬值的风险。相比之下 SPAC 的 IPO 单元是流动的，可以在交易所自由交易。

（5）无管理费

投资私募股权基金通常需支付 1% ～2% 的年度管理费及 20% 的表现费，而 SPAC 管理团队在初期并无固定现金收费。SPAC 创始人和发起人在并购结束前承担风险，但若并购资产成功，SPAC 管理团队则可获得 18% ～20% 的股份作为补偿。这些股票在第一次交易后被锁定 12 个月，以确保 SPAC 管理团队专注于长期价值创造（类似国内大小非）。如果 SPAC 的股价比 IPO 价格上涨 25%，那么其中一半的股票可以在 12 个月的锁定期限前出售。

（6）团队 / 投资的透明度

私募股权基金全权由投资委员会的决定交易，LP（有限合伙人）的权益相对不流动性低，没有现成的市场可随时交易，所以其估值通常会低于票面价值，且私募股权基金可在未经 LP 同意的情况下自由更换投资人员。

而SPAC投资者持有的是可流动的证券，如果他们对被收购实体不感兴趣，可随时出售其股份，且依照上市流程，对SPAC管理团队需进行尽职调查，并依照相关交易规则承担信息披露义务。

4. 如果是从投资人角度看，SPAC有什么风险考量?

既然我们看到SPAC上市的优点，那么投资人是否也真的如表面看起来一样，风险小获益大呢？投资人可简单换个方向参考一下：

（1）前期投资人的风险

在SPAC公开发行时，尚对未来收购标的无法确定，因此在并购资产完成之前，SPAC投资人所持有的证券流动性仍然有限，不是说要卖掉股票就卖的掉的；在进行并入资产时，美国证券交易委员会等部门在处理合并/收购代理程序意见上，依然有潜在的不确定性。此外，由于公众股东的特殊权利和作为注册公众公司运作的成本，也有可能出现延误和产生费用。

（2）"公共投资者"的操作

如前所述，和普通IPO一样，SPAC的公众投资者可以是机构，也可以是个人。SPAC最后要并购的资产标的，是需要股东投票决定的。问题是企业花了那么大人力物力来上市，大老板们总不会真的那么宽心，让大家投票定生死吧。因此实际的操作手法各异，很多是透过共同基金、对冲基金等渠道来募集主要资金，再在市场中释放出符合规定的流通股（譬如大量员工认购极少数股）。如此就可以在同时满足股东数量和占比的要求下，管理层充分把握投票权，使得资产收购方案能够顺利进行。路演中好几个并购标的哪几个资产会获得投票通过早有定数，如此一来，投资人是否依然可通过投票来"保障投资标的优质"，就值得细细品味了。

（3）不如实信息披露的劣根性

这里要提一个重点，公司成功上市并不是终点、而是起点。由于涉及公众投资人的权益保护，美股对壳公司的监管规则其实很严，比如当借壳或者壳公司进行大体量并购时，都需要使用非常详尽的 8-K 表格（海外发行人对应的是 20-F 表格）。事实上 SPAC 的 8-K 表格要求并购的信息披露接近一般 IPO 的水平。也就是说，SPAC 最为关键的并购运作，最主要的要求就是信息披露。

那问题来了。国内许多企业常有“家丑不外扬”的习惯，因此公开信息多所隐晦。譬如最近在美国上市的优信二手车，就被分析报告抨击其虚高交易 40%、隐藏公司债务、夸大存量、循环交易、非法挪用现金等问题，造成其股票大跌、两度熔断。

网上有相当多的文章认为这是 P2P 公司或小贷背景私募基金上市的最佳选择，我们认为，虽然从表面上看或许是上市捷径，但国内大部分的 P2P 都有涉及资金池等问题，同时从历史证明其多存在大量的关联交易、设立虚假公司成为借款方进行自融、私自违反公司法挪用子公司账户现金补洞、因销售及公关造成资本开支巨大、持股比例相对集中（一般代持模式已经无法解决控制人及最终受益人的穿透）等问题。无论这些问题在上市前解决了没有，在信息披露上的两难，最后做出的决定势必造成这只股票的系统性风险。如果 P2P 还硬撑着说自己纯粹提供平台业务不涉及借款资金，或是上市后不久暴雷了，那么这些不实信息披露责任势必会引起涟漪效应，涉及参与不实信息的各方在美国也都将同时面临民刑事责任。

（4）粗暴操控股价风险

一家公司上市后对于股价一定极为敏感，在过往内地企业买了香港创业板壳公司后，通过公关不断炒作硬要把不值钱的仙股往上拉抬，但是企业主往往忘了，一旦公司上市，就不是自己在公司内部不负责任的忽悠一下就搞定了，市场各种金融研究机构都会从不同的角度寻找这只股票的真正合理定价。

假如一只在美国上市的SPAC股票在宣布合并资产几天后，股票大涨900%，本益比达到上千倍，而交易总量却无法合理说明，那么不仅市场会怀疑，一旦监管单位怀疑涉及操控股价、关联交易等行为责任，都会是所有参与者必须面对的梦魇。

（5）做空机构结合基金的狙击风险

虽然美国证券交易委员会自2009年7月决定永久禁止裸卖空，也就是说得真的借到券才能做空，但是机构的做空风险对投资人来说不可小觑。

一般做空机构的研究报告会结合背后的对冲基金甚至券商，若SPAC装入的国内资产原本就具有实际问题，那么提早布局的做空狙击一旦成型，高位接货的散户投资人解套就遥遥无期了。当然，上市管理层也会想办法透过国际大行等机构，考虑对这只股票的评级是否上调至“买入”，如果管理层真能募到的新进资金够多，那么就利用多头资金来逼空，血洗做空机构。这里建议张董在投资前，可查询SPAC公司并入的资产过往历史背景，是财大气粗、还是资金移来移去重复交易，就可大略判定其是否有抵挡国际做空机构的实力了。

总之，募资载体结构方式无法一一尽述，在金融创新的阶段大环境下，讨论国内创业板、新三板、科创板能否如欧洲一样考虑导入SPAC模式，在此笔者抱持乐观其成的态度，因为对于优质发展有潜力的公司来说，SPAC的公募性质具有相当大的募资优势。但亦建议如将SPAC模式导入国内二级市场，监管单位对于其信息披露、底层资产及最终受益人、控制人等信息的穿透，皆需从投资者保护的核心角度出发，方能成为企业、投资及市场多赢的制度。

作者简介

郁　隽 女士

恒天睿信家族办公室　总经理

- 理财规划师国家职业资格认证 CHFP
- 具有 15 年以上金融管理工作经验
- 曾服务于知名券商资管机构，深耕于国内金融产品的设计与管理领域，熟悉各种类型产品的创设和大类资产配置模型的运用
- 致力于为国内家族客户家庭及家族企业提供金融综合解决方案，实现家族资产的隔离和传承

郭升玺 先生

恒天睿信家族办公室　家族财富传承管家

- 28 年跨境金融及资产保护实务经验，专攻于衡平法及冲突法。20 世纪 90 年代即开始从事加勒比海等法区离岸资产税务结构操作
- 现为人民大学汉青研究院特聘教授，历任新加坡银行董事、中信银行香港私人银行部资深董事、瑞士 EFG 银行副总裁等职，获耿西政府授予财富管理大使荣衔。2000 年被列入世界专业名人录。历年来获上海证券报、金臻奖、亚洲私人银行协会等十余项国内外奖项

董海洲 先生

恒天睿信家族办公室　全球资产配置专家

- ❖ 注册另类投资分析师
- ❖ 拥有逾 15 年国内外资本市场及财富管理工作经验
- ❖ 曾先后服务于国有大型股份制银行卢森堡分行、法国农业银行、法国兴业银行新际集团及 BBSP Paris 等欧洲金融机构及央企期货公司、上海期货交易所衍生品研究院
- ❖ 拥有丰富的高净值家庭客户服务投资配置经验与家族企业转型规划经验

鲁文龙 先生

恒天睿信家族办公室　全球资产配置专家

- ❖ 经济学博士，国家注册咨询工程师（投资）、副研究员、高级工程师。毕业于上海交通大学
- ❖ 曾任兴业银行总行私人银行部财富顾问处和专家支持处负责人，主要从事通过资产配置推动产品销售、产品评价与引入、投资研究、家族信托及针对私行客户的法律税务服务等工作。参与银监会、银行业协会组织的“私人银行开放式产品平台构建和客户金融资产配置”等多项课题研究和法规撰写
- ❖ 拥有超过 10 年的高端投资咨询和私人银行工作经验，对高净值客户的大类资产配置有深入理解和实务操作经验

刘梦竹 女士

恒天睿信家族办公室　家族财富传承管家

- 南开大学硕士，注册会计师（CPA）专业资格
- 金融从业经历9年以上
- 曾先后服务于国内知名会计师事务所、国内知名私募股权投资机构
- 具有丰富的企业投融资、收购兼并、投后整合、税务筹划、风险管理相关经验，主要负责家族事务相关工作，致力于为家族客户及企业提供税务咨询及传承规划服务

舒　梅 女士

恒天睿信家族办公室　家族财富传承管家

- 中南财经政法大学民商法学硕士
- 在婚姻家事法律方面有深入研究，拥有8年以上金融及法律从业经验
- 获国家法律职业资格证书，银行、证券从业资格
- 曾任职于平安信托总部、平安银行总行私人银行部，拥有丰富超高净值客户家族服务经验，现致力于运用金融法律工具为国内家族客户定制财富保全与传承方案，提供一站式家族事务服务

高　笛 先生

恒天睿信家族办公室　全球资产配置专家

- 美国圣约翰大学硕士、特许金融分析师CFA
- 拥有7年以上资产配置及研究经验

❖ 曾任职于国内知名财富管理机构、私募证券投资基金等

❖ 拥有丰富的资产配置经验，在管理人评价与引入、大类资产配置模型应用以及全权委托产品设计等领域有深入研究，致力于为客户提供专属资产配置方案

张皓宸 女士

恒天睿信家族办公室　家族财富传承管家

❖ 英国金融投资学硕士

❖ 主管恒天家族办公室家族信托架构设计及运营管理相关工作

❖ 在家族信托领域拥有多年超高净值客户服务经验，专注于围绕高净值客户财富管理、财富保全以及财富传承的全方位需求，结合法律、税务相关服务，同时依托于对信托设立、运作及资产管理的实践经验，为客户量身定制家族信托法律架构及金融服务方案

戴　婧 女士

恒天睿信家族办公室 家族事务经理

❖ 英国布里斯托大学金融与投资学硕士

❖ 曾就职于国内大型股份制商业银行

❖ 主要从事家族信托架构设计、产品运营、投资管理与相关架构优化工作，致力于为高净值客户提供境内外资产保全与传承架构方案研究与实操落地

谷大帅 先生

恒天睿信家族办公室 资产配置经理

- 应用数学硕士
- 主要从事金融数据的分析与研究、产品运营和投后管理。在基金交易的清算、基金资产的估值、基金资产净值的估值、编制基金投资管理、运作分析所需的报表与报告方面有丰富的经验

李宗沂 先生 Alex Li

恒天财富 执行总裁，恒天国际资本 联席总裁兼首席投资官

- 美国麻省理工学院数学博士，南开大学数学研究所理学硕士、理学学士
- 特许金融分析师（CFA）
- 具有20多年全球金融与资产管理资深经验
- 曾任德意志银行全球主要金融部亚洲风险总监、香港某对冲基金CEO、MSCI中国区总裁、香港永隆银行资产管理CEO和董事，并兼任数只基金的基金经理

王 沫 女士

恒天中岩股权母基金机构业务部 董事总经理

- 毕业于华东师范大学金融工程学硕士
- 金融从业13年
- 曾就职于国盛证券、华宝证券，负责经纪业务总部的营销督导以及机构业务等
- 2012年入职恒天财富，累计为高净值客户配置了逾300多亿元的各类资产，2016年起参与了恒天首支股权母基金－琅琊母基金一

期和二期的设立及投资

❖ 现负责琅琊荟股权专户系列，优选了多支国内顶级股权基金，采用“P+S+D”策略为超高净值投资人做好股权资产配置

倪晓骏 先生

股权母基金部门　高级投资经理

❖ 毕业于上海交通大学

❖ 曾任职于某知名外资银行和基金子公司，期间先后负责开发及管理几十亿元的资管计划产品，具有专业的投资管理经验

❖ 于 2017 年初加入恒天中岩股权母基金事业部，目前主要负责股权专户定制以及投资管理工作

闫　石 先生

恒天财富一号事业部　营销管理部总经理

❖ 天津财经大学工商管理硕士

❖ CFP 国际金融理财师、CHFP 国家理财规划师

❖ 银行、证券、基金、保险从业资格证书

❖ 10 年金融从业经验

❖ 曾就职于知名保险公司及大型外资银行，任职高级讲师及产品研发部经理

宋书波 先生

恒天财富（香港）保险经纪有限公司　董事

❖ 拥有在金融行业超过 10 年的工作经历。曾服务于 2 家上市世界

500强寿险险资企业，任职营销部、培训部、营业区区经理等管理职位，历任国际知名保险经纪公司产品专家、创新业务部经理。目前就任恒天财富（香港）保险经纪公司董事、副总裁

- ❖ 擅长全方位进行投资理财配置，家庭财富风险管理咨询及家族财富传承配置，对家族信托、家族财富传承有独到见解

威廉 先生 Guillaume Hubert de Fraisse

PVCP璞蔚房地产首席执行官，中国法国工商会董事会成员

- ❖ 2010年加入PVCP集团房地产投资部，凭借丰富的海外经验，率先为PVCP集团房地产投资部开拓亚洲市场，并于2016年在上海成立PVCP璞蔚房地产，担任CEO至今
- ❖ 2019年3月被任命为中国法国工商会董事会成员

如果您有关于家族财富管理与传承方面的问题，请扫描下方二维码留言，您将有机会与本书专家团队进行交流。